AS

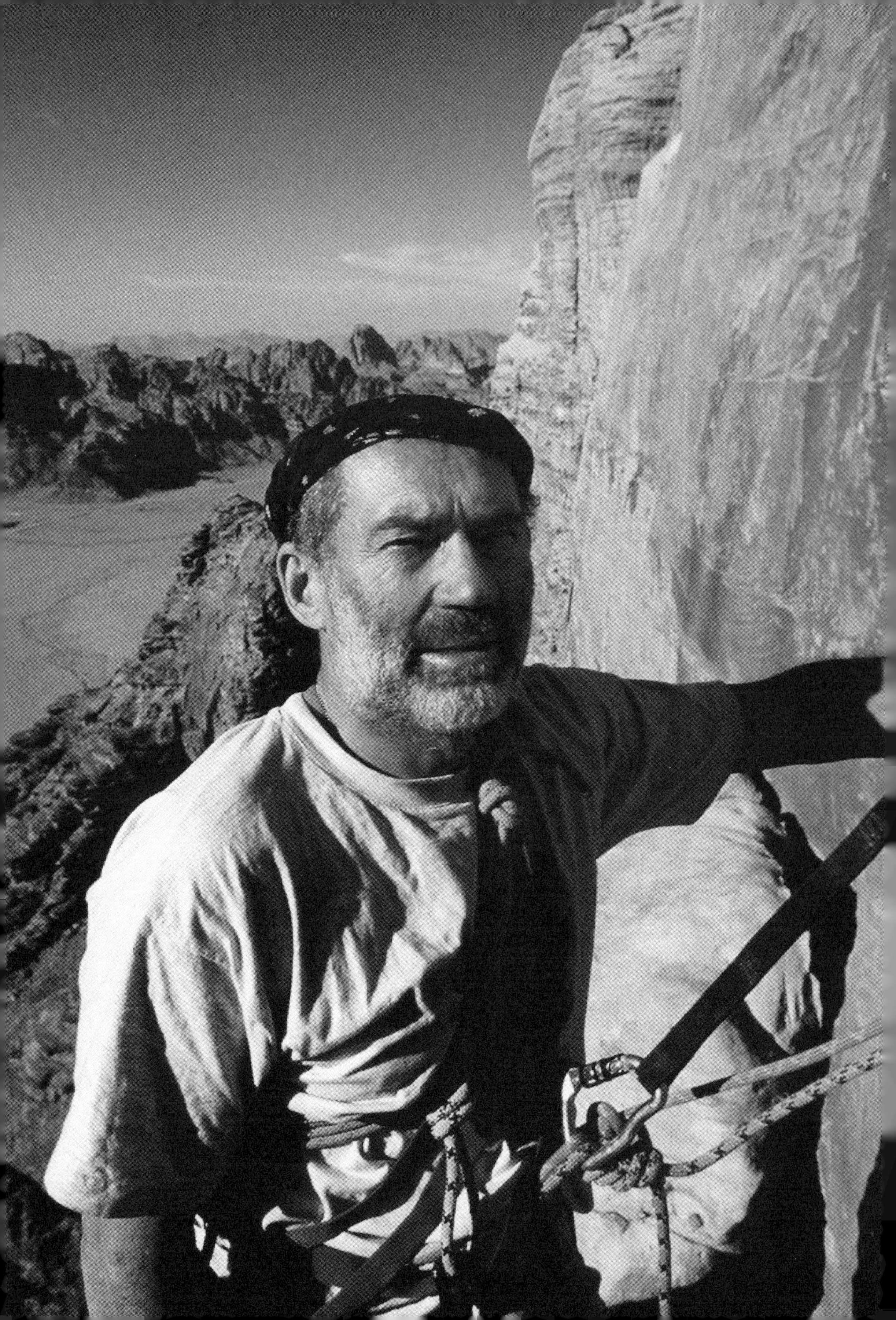

OSWALD OELZ

Mit Eispickel und Stethoskop

Reihe Bergabenteuer

Herausgegeben von
Christine Kopp

AS Verlag

1. Auflage August 1999
2. Auflage Oktober 1999
3. Auflage Dezember 1999
4. Auflage Januar 2000
5. Auflage April 2002

Bildredaktion und Gestaltung: Heinz von Arx, Zürich
Textredaktion und Lektorat: Andres Betschart, Zürich
ISBN 3-905111-42-x

Inhalt

«Achttausender-Versuche, das ist so, wie wenn du einen Haufen Tausendmarkscheine in die Kloschüssel legst und abziehst.» Oswald Oelz und Reinhard Karl in Katmandu, April 1982

PROLOG

Die Cho-Oyu-Südwand von Gokyo aus, im Vordergrund Gebetsfahnen

Reinhard Karl bewarf uns vergnügt mit trockenem Yakmist: «Bulle», sagte er mit dem breitesten Grinsen der Welt, «du musst unbedingt ein Buch schreiben, und ich weiss auch schon den Titel: Mit Eispickel und Stethoskop, Bulle, der Bergarzt, berichtet.»

Das war am 16. April 1982. Wir sassen auf einer Alm auf 4000 Metern während unseres Anmarsches zur Südwand des 8201 Meter hohen Cho Oyu. Vier Tage später war ich sterbenskrank und wurde im letzten Moment in lebensrettende Gefilde mit «dicker Luft» abtransportiert, Reinhard starb am 24. Mai in einer Eislawine.

Dabei hatte alles so übermütig und vergnügt angefangen. Die Cho-Oyu-Südwand war erst einmal durchstiegen worden, nämlich 1978 von den Österreichern Edi Koblmüller und Alois Furtner. Da die beiden für diese Tour gar keine Bewilligung besessen hatten, waren sie heimlich vorgegangen. Die Wand galt als besonders schwierig und gefährlich, was uns natürlich reizte. Wir waren vier Bergsteiger: zunächst Reinhard Karl, mit dem ich zwar erst eine Tour gemacht hatte, aber das war immerhin der Everest gewesen. Er hatte es zum erfolgreichsten Bergsteiger Deutschlands gebracht, hatte sein Studium abgebrochen, um sich ganz dem Klettern, der Fotografie und dem Schreiben zu widmen, und war ein Gesinnungs-Achtundsechziger, der, was immer in seinem Kopf brodelte, ungefiltert freisetzte. Dann war da Wolfgang Nairz, genannt Wolfi, dessen Reiseunternehmen mir seit 1972 mehrere Achttausender-Expeditionen ermöglicht hatte, und schliesslich Rudi Mayr, der Newcomer, den Reinhard wegen seiner jugendlichen Naivität «Rudi Ratlos» genannt hatte. Vanessa, meine Frau, wollte während der ganzen Reise bei uns sein und so hoch hinaufsteigen, wie es ihr gefiel. Eva, die Frau von Reinhard, begleitete uns bis zum Basislager. Wir waren unruhig wie Schlittenhunde vor einem Rennen, da wir in Katmandu wegen bürokratischer Hindernisse und schlechten Wetters, das Flüge nach Lukla unmöglich machte, über eine Woche Zeit verloren hatten. Ich musste spätestens sechseinhalb Wochen nach Abreise wieder in mein Spital zurückkehren, denn mehr als drei Wochen unbezahlten Urlaub hatte mir mein Chef Paul Frick trotz allem Verständnis für mein unverständliches Tun nicht gewährt.

Am 11. April hatten wir es – einmal mehr – gar nicht bis zum Flugzeug geschafft: «No flight today, too many clouds.» Dabei war das Wetter ganz früh am Morgen klar, vor sieben Uhr durfte aber niemand fliegen, da der Flugplatzdirektor erst um diese Zeit ins Büro kam. Ich begann zu toben, brüllte

Das Basislager unter der Cho-Oyu-Südwand. Malerei von Sherpa Kapa Gyaltzen

unseren unschuldigen Sherpa Gyaltzen an, endlich irgendein verdammtes Flugzeug mit einem fähigen Piloten zu finden. Reinhard meinte, wir sollten, statt diese blöden Achttausender zu versuchen, lieber in der Pfalz klettern, dort müsse man sich wenigstens nicht mit unfähigen Leuten herumärgern. «Achttausender-Versuche, das ist so, wie wenn du einen Haufen Tausendmarkscheine in die Kloschüssel legst und abziehst.»

Schliesslich klappte es. Wir stürmten durchs Sherpa-Land und spielten Frisbee. Reinhard hatte beschlossen, ein Frisbee vom Gipfel des Cho Oyu segeln zu lassen. Mich nannte er wegen meiner Ungeschicktheit beim Spiel «Dr. Useless». Zwischendurch trafen wir alte Sherpa-Freunde. Der Chang, das trübe Bier des Himalaja, floss in Strömen und wurde mit zunehmender Höhe immer besser. Den Höhepunkt des an Terror grenzenden Chang-Rituals erlebten wir im Hause unserer Freundin Ang Kanchi, die schon während Wochen vor unserer Ankunft Dong Chang gebraut hatte, ein besonders starkes und besonders köstliches Getränk. Immer wieder forderte man uns auf: «She, She, She!», also «Trink, trink, trink!». Sobald wir die Becher abstellten, füllten die freundlichen Frauen gleich wieder nach.

Trotzdem gelangten wir schnell – zu schnell – in die Höhe. Wir hetzten uns gegenseitig in vier Tagen von 1200 Metern auf 4600 Meter Höhe, dabei hatte ich selbst doch wenige Tage vor der Abreise noch in einem Aufsatz geschrieben: «Die meisten Bergsteiger, die einige Tage über 3000 bis 3500 Metern Höhe verbracht haben, erlebten zumindest leichte Symptome der Bergkrankheit schon am eigenen Leib, besonders wenn sie zu schnell zu hoch hinaufgestiegen sind.» Das galt für uns selbstverständlich nicht... Am 17. April sahen wir erstmals die gewaltige Südwand unseres Berges, hoch und ernst. Wir fühlten uns grossartig, obwohl wir, da unsere Zelte nicht rechtzeitig eintrafen, zusammengepfercht in einem Stall schlafen mussten. Reinhard kommentierte das noch mit der Bemerkung zu Eva, die selbstverständlich alle deutlich hören sollten: «Gut, haben wir gestern gevögelt, heute ginge das nicht.» Dann umhüllten uns die Träume und das Bangen um den Cho Oyu. In den vorangehenden Jahren war ich bei mehreren Besteigungsversuchen gescheitert, aber nun hatte ich das tiefe Tal der Niederlagen durchschritten.

«Trink, trink, trink!» – der freundliche «Chang-Terror» von Ang Kanchi und ihrer Mutter

Der Anblick unserer Südwand vom 5100 Meter hohen Basislager aus dämpfte unsere Hochstimmung. Sie sah schlimm aus, ein Irrgarten zerbrochenen Eises, durchzogen von Felspfeilern und drohenden Séracs, darüber eine sehr steile Gipfelwand. Ich litt etwas unter Atemnot, bemerkte ein Rasseln, das meine Atmung begleitete, und bestätigte mit Hilfe des Stethoskops die Diagnose eines Höhen-Lungenödems. Also war ich doch wieder einmal zu schnell zu hoch hinaufgestiegen. In früheren Jahren hatte ich mich in solchen Fällen jeweils geheilt, indem ich einige hundert Meter tiefer geflüchtet war. Diesmal aber hegte ich andere Pläne. Die Rasselgeräusche waren eine willkommene Gelegenheit, um eine Behandlungsmethode auszuprobieren, die bei Patienten mit einem Lungenödem infolge Herzversagens gute Wirkung zeigt: Ich kaute Nitroglyzerinkapseln. Dieser Wirkstoff erweitert die Venen und reduziert somit den erhöhten Blutdruck im Lungenkreislauf, welcher der wesentlichste Faktor bei der Entstehung des Höhen-Lungenödems ist. Und tatsächlich brachte die Therapie Erleichterung. Ich konnte wieder flach liegen, die Atemnot nahm ab. Zudem blies ich am Abend und während der ganzen Nacht, immer wenn ich aufwachte, durch ein Widerstandsventil, das ich aus der Klinik mitgenommen hatte. PEEP – positive end expiratory pressure – wird diese Methode genannt; sie bewirkt beim Ausatmen einen zusätzlichen Druck in den Lungenbläschen, welcher kollabierte Lungenareale öffnet und möglicherweise den Abtransport des Blutwassers fördert. Dies verschaffte mir zusätzliche Erleichterung.

Voller Begeisterung verfasste ich schon während der Nacht in meinen Gedanken ein «Paper», also einen Beitrag für die führende Medizinzeitschrift «Lancet», in der ich meine neue Methode zur Behandlung des Höhen-Lungenödems bekannt machen wollte. Am Morgen des 20. April war mein Lungenödem, wie ich mittels des Stethoskops feststellte, verschwunden. Ich fühlte mich als grossartiger Arzt und würde es dem Cho Oyu schon zeigen.

Ich blieb noch etwas liegen, sagte Vanessa, ich wolle noch schlafen. Erst vierzig Stunden später wachte ich wieder auf.

Vanessa schrieb über diese Zeit wenig später: «Es ist fünf Uhr nachmittags. Wieder schaue ich in unser Zelt. Oswald schläft, so hat es den Anschein. Ich spüre, dass etwas nicht wie sonst ist. Er schläft tief, atmet schwer, und als ich seinen Puls nehme, berechne ich eine Frequenz von 140 Schlägen pro Minute. Ich rüttle ihn wach, um ihn zu fragen, welche Medikamente ich bringen soll: ‹Du spinnst, ich bin ganz normal›, ist seine Antwort. Am Abend hat sich sein Zustand nicht verändert. Er schläft, gibt keine anderen Lebenszeichen von sich, das Lungenrasseln hat wieder zugenommen. Wolfi meint, dass man ihn erst am nächsten Morgen hinunterbringen könne. In der Nacht zu gehen, sei zu gefährlich. Nicht einmal Sauerstoff haben wir. Die Flaschen sind auf dem Weg irgendwo zwischen Katmandu und Base Camp. Es wird eine schlimme, endlose Nacht. Oswald ist nicht mehr zu wecken, er atmet ganz schwach, viermal kurz hintereinander, dann lange nicht, wieder viermal hintereinander. Ich stopfe ihm immer wieder Nitroglyzerinkapseln in den Mund und warte, bis er wieder atmet.

Auf Wolfis Geheiss verlässt uns der Sirdar um sieben Uhr morgens, um einen Helikopter anzufordern. Die Sherpas bauen aus den Stangen des Küchenzelts eine Bahre. Um neun Uhr morgens ist es so weit. Wolfi und Rudi holen den regungslosen Oswald aus dem Zelt. Reinhard steht fassungslos daneben: ‹Ach Gott, der Bulle sieht furchtbar schlecht aus, wenn er das überlebt, ist er für ein halbes Jahr ausgepowert.› Wir packen Oswald auf die Bahre, acht Sherpas tragen mit, alle vierhundert Meter müssen sie rasten. Immer wieder versuche ich, Oswald einen Teelöffel Flüssigkeit einzuflössen. Die Sonne brennt gnadenlos auf uns nieder, reflexartig reisst sich Oswald immer wieder seine Brille und den Hut vom Kopf. ‹Fesselt ihn endlich›, sagt Reinhard, ‹der merkt sowieso nichts mehr.› Mechanisch gehe ich hinter der Bahre bergab, meine Gefühle habe ich irgendwo begraben. Nach achtstündigem Marsch erreichen wir endlich Gokyo, bloss vierhundert Höhenmeter tiefer.

Dort treffen wir auf ein Schweizer Ärztepaar. Die beiden bemühen sich um Oswald, spritzen entwässernde Mittel. Weiterhin aber fehlen Medikamente und besonders der Sauerstoff, ohne den Oswald nicht überleben wird. Reinhard rennt sofort ins Basislager zurück, um die angegebenen Medikamente zu holen, Wolfi verlässt uns auch, um mit einem Gewaltmarsch im Spital des Dorfes Kunde Sauerstoff zu organisieren. Rudi, das Ärztepaar, die tapferen Sherpas und ich tragen Oswald bis nachts um 10 Uhr weiter. Dann kommt Nebel auf, mit den zwei Taschenlampen ist nichts mehr auszurichten. Auf einer verlassenen Alp finden die Sherpas eine offene Hütte. Wir betten Oswald ins Heu. Jetzt warten wir und beten, dass er wieder aufwacht.»

Vanessa Oelz am Cho Oyu, April 1982

Um mich herum lag Heu, ich kam nicht zurecht. Meine Hosen waren nass, ich wurde ins Freie hinausgeschleppt. Vanessa, Rudi, die Sherpas, fremde Menschen. Irgendetwas war passiert. Jemand stach mich in den Arm. Wenn mich zwei Leute stützten, konnte ich stehen, also war ich nicht gelähmt. Ich konnte auch urinieren, ich war okay. Ein Hubschrauber, ich wurde eingeladen, fühlte mich gut, irgendwo landeten wir. Der Pilot sagte etwas von Katmandu: «Nein, ich will auf den Cho Oyu, ich will aussteigen und zurück ins Basislager. Ich bin jetzt wieder gesund. Nein, nein, nein, nicht weiterfliegen!» Vanessa versuchte mich zu überzeugen, aber ich wehrte mich, beschrieb die Spitäler in Katmandu als Schlangengruben, in denen ich sterben würde. Der Pilot redete kurz mit mir, dann sagte er: «I do not discuss with a sick man» – ich streite mich nicht mit einem kranken Mann. Ich war hilflos, ausgeliefert, versuchte verzweifelt auszusteigen, aber meine Beine trugen mich nicht.

Der Hubschrauber flog nach Katmandu; auf dem Flugplatz standen viele besorgte Menschen herum. Dann wurde ich ins Shanta Bhawan Hospital gebracht. Röntgen, Blutentnahmen, eine Spritze. Meine Lunge sah nicht gut aus; im Augenhintergrund hatten die Ärzte zudem Retinablutungen festgestellt sowie Zeichen der Hirnschwellung. Die Waden schmerzten bei der geringsten Bewegung. Ich hatte schrecklich Durst und blieb nur im Spital, weil Vanessa mir versprach, Bier zu bringen. Neben mir lag ein alter Mann, der die ganze Nacht hustete. Am nächsten Morgen verliess ich das Spital.

Reinhard und Eva Karl auf dem Weg zum Cho Oyu

Inzwischen hatte ich mir überlegt, was passiert war: Der durch die PEEP-Atmung gesteigerte Druck in meinen Lungenbläschen wurde über das Blutgefässsystem auch auf das Gehirn weitergeleitet. So kam es innerhalb der Schädelkapsel zum Druckanstieg, zur Hirnschwellung und zur Bewusstlosigkeit.

Ich wollte zurück zum Cho Oyu, zur Südwand. Schliesslich war ich als Folge eines medizinischen Experimentes auch am Everest krank gewesen und dann doch auf dem Gipfel gestanden. Aber diesmal kam es anders: In der Nacht des 26. April setzte unvermittelt ein sich schnell steigernder bestialischer Schmerz in meiner rechten Lunge ein. Ich diagnostizierte eine Lungenembolie, entstanden durch ein fortgespültes Gerinnsel aus einer Unterschenkelvene. Dieser Blutpfropf war wegen des Bewegungsmangels während meiner Bewusstlosigkeit und wegen der Bluteindickung entstanden, die ihrerseits auf der höhenbedingten Zunahme von roten Blutzellen, der Austrocknung und der Injektion von wassertreibenden Mitteln beruhte. Der Schmerz war fast unerträglich. Der Traum vom Cho Oyu war ausgeträumt.

Drei Tage später waren wir in Zürich. Der Schmerz hatte aufgehört, weil jetzt Flüssigkeit das Reiben der strapazierten Lunge am Rippfell verhinderte. Die Untersuchungen in der Klinik bestätigten, dass ich eine Lungenembolie durchgemacht hatte. Am 3. Mai war ich zurück bei meiner Arbeit in der Klinik, am folgenden Tag begann erneut das Waldlauftraining. Es schmerzte noch etwas. Ich musste aber für die nächste Expedition trainieren – denn diese würde bestimmt kommen.

Am 24. Mai erhielt ich einen Anruf aus Innsbruck: Man habe schlechte Nachrichten, Wolfi sei schwer verletzt und Reinhard tot, eine Eislawine. Ich war betäubt. Wir hatten nur eine Besteigung zusammen gemacht, nur einmal zusammen am Seil die letzten hundert Höhenmeter zum Gipfel des Everest geklettert und uns auch später selten getroffen. Trotzdem war da so viel gegenseitiges Verständnis und Freundschaft. Einige Tage später erst traf ein Brief von Wolfi ein, in welchem auch Reinhard einige Zeilen geschrieben hatte: «Oswald, es ist schade, dass Du jetzt nicht mehr da bist. Wir beide wollten ja wieder einmal zusammen auf einem hohen Berg sein. Sollte es bei uns klappen, werde ich mindestens eine Minute dort oben an Dich denken. Aber

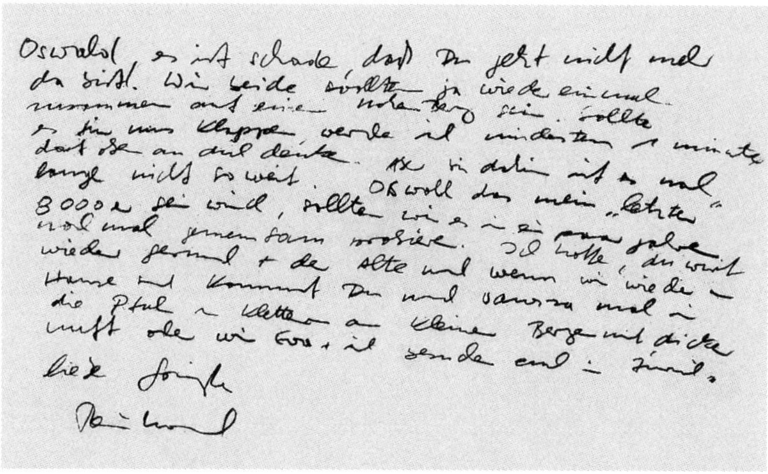

Oswald, es ist schade, daß Du jetzt nicht mehr da bist. Wir beide sollten ja wieder einmal zusammen auf einem hohen Berg sein. Sollte es hier mal klappen werde ich mindestens 1 Minute dort oben an Dich denken. Aber bis dahin ist es noch lange nicht so weit. Obwohl das mein „letzter" 8000er sein wird, sollten wir es in ein paar Jahren noch mal gemeinsam probieren. Ich hoffe, Du wirst wieder gesund + der alte und wenn wir wieder zu Hause sind kommst Du und Vanessa mal in die Pfalz zum Klettern an kleine Berge mit dicker Luft oder wir Eva + ich sende euch in Zürich.

Liebe Grüße

Reinhard

«Oswald, es ist schade, dass Du jetzt nicht mehr da bist...» Reinhard Karls Brief, der erst nach seinem Tod bei Oswald Oelz eintraf

bis dahin ist es noch lange nicht so weit. Obwohl das mein letzter Achttausender sein wird, sollten wir es in ein paar Jahren noch einmal gemeinsam probieren. Ich hoffe, Du wirst wieder gesund und der alte und wenn wir wieder zu Hause sind, kommen Du und Vanessa mal in die Pfalz zum Klettern auf kleine Berge mit dicker Luft oder wir, Eva und ich, suchen Euch in Zürich heim. Liebe Grüsse. Reinhard.»

Ich konnte es nicht glauben, dass dieser unverschämte Riesenkerl mit dem kindhaften Vergnügen am Leben und dem breitesten, neugierigsten, freundlichsten Lächeln über sich selbst und den Rest der Welt tot war. Wie schade ist es, dass du jetzt nicht mehr da bist, dachte ich mir, dein Tod hat in mir eine tiefe Traurigkeit zurückgelassen. Die Geschichte war unvollendet, nicht ausgestanden. Irgendwann musste ich zurück in die Südwand des Cho Oyu, um zu begreifen, dass Reinhard gestorben war. Auch Reinhards Vorschlag, ein Buch zu schreiben, hat mich über die Jahre nicht mehr losgelassen. So tauche ich siebzehn Jahre danach wieder hinein in die Welt zwischen den Polen Medizin und Bergsteigen, die mein Leben bestimmen. Ich steige hinab in die tiefen Täler der Niederlagen und hinauf auf die orgiastischen Höhepunkte, durchlebe noch einmal das Spiel und den Ernst, die Trauer um die Freunde und die Lust am übermütigen Wahnsinn.

Oswald Oelz und seine Schwester Ilga in Vorarlberger Tracht, um 1950

GIPFELFREUDEN UND LIEBESSEHNEN

Ich wollte Bergsteiger werden. Ein richtiger Bergsteiger, so wie meine Helden. Meine Helden waren Maurice Herzog, Heinrich Harrer, Edmund Hillary, Hermann Buhl und Fritz Kasparek. Mit fiebriger Begeisterung las ich ihre Berichte. Maurice Herzog und Louis Lachenal standen 1950 – ich war eben sieben Jahre alt – nach über 50 Jahren verbissener Versuche und menschlicher Tragödien als erste Menschen auf dem Gipfel eines Achttausenders. Von Amphetaminen aufgepeitscht und am Ende ihrer Kräfte, zahlten sie für ihren Erfolg mit schwersten Erfrierungen und nachfolgenden Amputationen. Als drei Jahre später Edmund Hillary und Tenzing Norgay am 29. Mai 1953 den Gipfel des Mount Everest erreichten, brachte mein Vater jenes «Life», die englische Illustrierte, nach Hause, in der Hillary seine Geschichte erzählte. Da ich mich in der Schule mit Latein und Griechisch abzumühen hatte und kein Englisch lernte, übersetzte die Nachbarin, eine Englischlehrerin. Alles, was ich über meine Helden in Erfahrung brachte, schrieb ich in mein persönliches Himalaja-Buch. Es war die Geschichte einer geheimnisvollen, fernen, verschlossenen Welt, in der sich Übermenschen bewegten. Nur Übermenschen wie Hillary konnten im letzten Aufschwung des Everest-Südostgrates eine glatte Felsstufe ohne Griffe, in einer Rinne zwischen Fels und Wechte, überwinden. Einige Wochen später erstieg der Innsbrucker Hermann Buhl, einer jener verwegenen Tiroler Landsmänner, den Nanga Parbat, der von den Deutschen in den Dreissigerjahren zu ihrem«Schicksalsberg» hochstilisiert worden war. Buhls Leidensgeschichte, wie er ausgetrocknet, auch er von Amphetaminen getrieben und von Halluzinationen getröstet, den Weg zum obersten Lager zurückkämpft, kannte ich fast auswendig. Sein Gipfelfoto, um 19 Uhr abends aufgenommen, mit dem Pickel und dem Tiroler Wimpel, tief unten der Silbersattel, war für mich das Zeugnis des grössten Erfolges, den ein Mensch auf dieser Erde erringen konnte. Es war eine andere Welt: «Von der kleinen Gipfelfläche fallen nach allen Seiten steile Flanken ungeheuer tief in die Täler ab. Sie entschwinden dem Auge völlig, und erst tief unten sieht man nach allen Richtungen die schuttbedeckten Talgletscher hinausziehen. Man hat das Gefühl, über allem zu schweben, in keinem Zusammenhang mehr mit der Erde zu stehen, losgelöst von der Welt und der Menschheit», schilderte Buhl dieses Erlebnis in seinem Bericht «Achttausend Meter drüber und drunter».

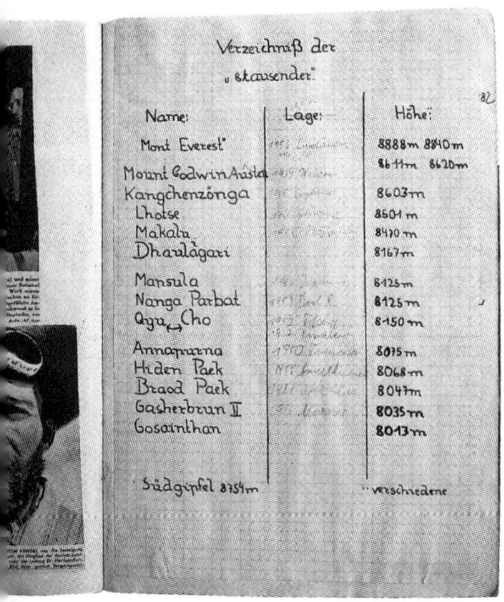

Verzeichniß der
„8tausender"

82

Name:	Lage:	Höhe:
Mont Everest*		8888 m 8840 m
		8611 m 8620 m
Mount Godwin Austen		
Kangchenzönga		8603 m
Lhotse		8501 m
Makalu		8470 m
Dhaulāgari		8167 m
Mansula		8125 m
Nanga Parbat		8125 m
Cyu Cho		8150 m
Annapurna		8075 m
Hiden Paek		8068 m
Braod Paek		8047 m
Gasherbrun II		8035 m
Gosainthan		8013 m

* Südgipfel 8754 m
** verschiedene

Die nach und nach zusammengetragene Liste der Achttausender im «Himalaja-Buch» des zehnjährigen Oswald Oelz

Buhl wurde mein Überheld. Er bestieg 1957 einen weiteren Achttausender, den Broad Peak, und stürzte achtzehn Tage später, am 27. Juni, an der Chogolisa ab. Die Nachricht im Radio – wir sassen eben beim Frühstück – machte mich so fassungslos, dass ich sofort meldete, mir wäre lieber, meine Schwester wäre gestorben. Vom Vater bekam ich eine Ohrfeige, Mama war wirklich traurig, und meine Schwester weinte. Aber ich hatte nicht übertrieben.

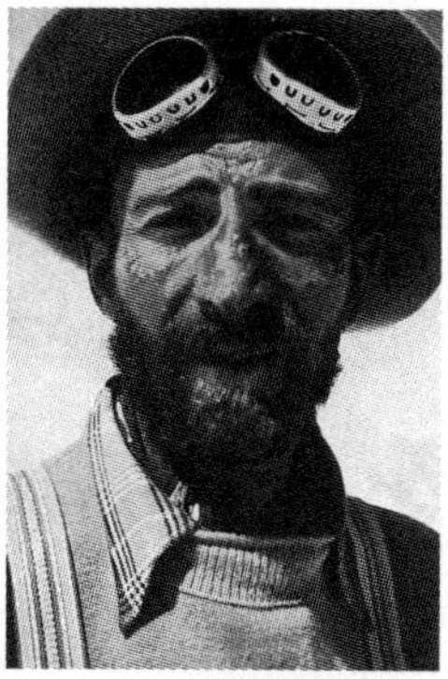

Hermann Buhl, ausgezehrt nach der Rückkehr vom Gipfel des Nanga Parbat, 1953

Ich träumte von dieser Welt der höchsten Berge, die so unerreichbar waren wie die Berge auf dem Mond. Dabei war ich ein ziemlich hoffnungsloser Fall: Beim Raufen langsam und ungeschickt, zog ich fast immer den Kürzeren. Wenn einer von der Levner Bande – gemäss weit verbreiteter Meinung beherrschte jedes von deren Mitgliedern mindestens 30 Arten, Tritte auszuteilen – sich in die Reihe vor mich stellte, musste ich zurücktreten. Es gab Kameraden, die bedeutend besser auf Bäume klettern konnten als ich, und auch in der Leichtathletik gehörte ich zu den Langsamsten. Wenn zwei Fussballmannschaften gewählt wurden, war dies immer ein demütigender Moment, da ich mit Sicherheit unter den Letzten war, die man mit etwas verächtlicher Gebärde noch der einen oder der anderen Mannschaft zuteilte. Ich kann mich nicht erinnern, mehr als zwei Tore geschossen zu haben, einmal vor dem gegnerischen Tor, als mich ein Mitspieler anschoss und der Ball zufällig ins Netz ging, und einmal in der genau gleichen Situation vor dem eigenen Tor. Meine Unfähigkeit, beim Eintritt ins Gymnasium den Bauchaufzug am Reck zu machen, brachte mir im ersten Trimester bei den Leibesübungen die Note «genügend» ein, was nur knapp vor «ungenügend» rangierte.

Dabei war ich schon lange «Bergsteiger», wenn zwar ein mittelmässiger, so doch ein frühreifer. Am 20. Juli 1948, also mit fünf Jahren, erstieg ich meinen ersten Berg, das 2493 Meter hohe Schönjöchl bei Ladis in Tirol. Ich erinnere mich dunkel, dass es ein Grasbuckel war, auf dem wir schliesslich sassen. Aber ich weiss noch genau, dass meine Mutter meinem Freund Ubald und mir auf dem Gipfel einige «Geissenbömbel» gab, also kleine Schokoladenkugeln. Noch nie in meinem Leben hatte ich Schokolade gegessen. Schon im Jahr zuvor, beim Versuch, das Schönjöchl zu besteigen, der wegen Erschöpfung aufgegeben werden musste, hatte ich am höchsten Punkt des Aufstiegs anstatt des üblichen Marmeladebrotes ein Brot mit einer dünnen Scheibe Wurst – der ersten Wurst meines Lebens! – bekommen. Es lohnte sich also, diese Berge, die bei uns zum Fenster hereinschauten, zu ersteigen.

Der Vater: Dr. iur. Karl Ölz (1896–1965). 1917 geriet er in italienische Kriegsgefangenschaft, flüchtete und schlug sich, verkleidet als italienischer Landstreicher, von Italien nach Bregenz durch.

Wir wohnten in Feldkirch auf einem Hügel über der Stadt, viele Felsen waren da und darüber die Gurtisspitze, die Hohen Köpfe und die sagenumwobenen Drei Schwestern.

Meine Mama, eine Lehrerin für Rechnen und Turnen, war eine der erfolgreichsten Bergsteigerinnen Vorarlbergs jener Zeit gewesen. Sie kletterte bis zum damaligen sechsten Grad in der Drusenfluh-Südwand, machte erste Damenbegehungen und bestieg mit ihrem Schweizer Freund die Viertausender der Alpen. Davon erzählte sie mir, und wie sie einmal nach einer langen Überschreitung nach sechs Stunden den zaghaften Vorschlag einer Rast machte. Der Kommentar aus der Männergruppe war: «Me sött eifach kei Wiiber mitneh.» Ihr Freund wollte ihr 1939 die Festigkeit einer Schneebrücke im Montblanc-Gebiet demonstrieren, stürzte ungesichert in eine Spalte und starb. Einige Zeit später traf meine Mutter meinen Vater, einen Notar, einen – wie ihn Grossmutter später charakterisierte – «zuvorkommenden, überzeugenden Mann mit guten Umgangsformen». Er war kein Bergsteiger. Er lehnte solches Tun ab mit dem Hinweis auf seine Verletzungen aus dem Ersten Weltkrieg und auf jene, die er beim Überfall auf die Kanzlei seines Chefs erlitten hatte – er warf sich in Weltkriegskampfmanier einem Räuber entgegen und wurde angeschossen.

Ich bewunderte meinen Vater: Als er 18 Jahre alt war, brach der Erste Weltkrieg aus. Er machte Schnellmatura und kämpfte nach kurzer Ausbildung während vier Jahren an mehreren Fronten. Seinen Bruder und seinen Schwager, die schon zu Kriegsbeginn fielen, «rächte» er als Maschinengewehrscharfschütze, wie er das ausdrückte. Dies erfuhr ich allerdings nur bruchstückhaft von Verwandten. Mein Vater sprach nie vom Krieg, obwohl ich mir das sehnlichst wünschte. Nach seinem Tod fand ich Fotos des 18- bis 22-Jährigen. Sie zeigen ihn im Schützengraben und in der Gefangenschaft, aus der er ausbrach – beklemmende Zeugnisse einer verlorenen Jugend. Erst jetzt verstand ich seine Schweigsamkeit, seine Distanz, und dass er kein Vater zum Anfassen, Umarmen und Küssen war.

Die Bekanntschaft meiner damals 41-jährigen Mutter mit meinem 46-jährigen Vater führte ungewollt in Kürze zu meiner Entstehung und nach einigem Druck der Verwandtschaft zur Eheschliessung. Noch im achten Schwangerschaftsmonat unternahm meine Mutter anstrengende Berg-

Die Mutter: Gertrud Ölz geb. v. Wilburger (1901–1972) auf der Ringelspitze, 1961

touren. Sobald ich gehfähig war, wurde ich zum Tourenpartner bestimmt. Da ich mich noch nicht so gut wehren konnte, musste ich im Sommer mit auf jene Berge steigen, die meine Mutter noch nicht gesammelt hatte. Meine eineinhalb Jahre später geborene Schwester verweigerte sich, dem Beispiel des Vaters folgend, standhaft. Trotzdem wurde sie wie alle Menschen und Tiere im Umkreis von Mama mit liebevoller Fürsorge umhegt.

Im Winter machten wir Skitouren. Das Liftfahren war zu teuer – und vor allem war es für Leute, die sich nicht zur Anstrengung überwinden konnten. Dabei beneidete ich meine Klassenkameraden, die sich im Sommer in der Badeanstalt vergnügten, während ich in der Hitze einen Hüttenweg hinaufzuleiden hatte, und sich im Winter vom Skilift hochschleppen liessen. Ich wurde mit dem Hinweis getröstet, wie wertvoll und charakterbildend es sei, sich zu überwinden. Messbar war der Erfolg in Höhenmetern und in der Anzahl der «bezwungenen» Berggipfel. Es wurde mir klar, dass der Erfolg eines Lebens sich im Namen und in der Schwierigkeit der gekletterten Routen misst. Erfolg in der Schule war selbstverständlich, das Ego hatte mit den Höhenmetern zu wachsen. Es war weit wichtiger, ein Schülerskirennen zu gewinnen, als Klassenbester zu sein. Noch heute bin ich überzeugt, dass man an der Himmelspforte danach beurteilt wird, wie viele Gipfel man erstiegen und wie viele Höhenmeter man geleistet hat.

Dabei hatte ich Angst abzustürzen. Im Alter von acht Jahren, anlässlich der Besteigung meines 26. Berges, nämlich der Drei Schwestern, über eine Art Klettersteig notierte ich in mein Tourenbuch: «Über die Versicherungen fürchtete ich mich sehr.» Wenige Tage später, noch immer erst acht Jahre alt, schraubte ich meine Höhenquote mit der Besteigung der Schesaplana dann aber bereits auf 2967 Meter.

Drei Jahre später kaufte ich mir von lange zusammengespartem Geld ein dreissig Meter langes, zwölf Millimeter dickes Hanfseil, einen Lodenhut sowie einen Führerpickel. Nun ging ich voraus und führte meine Mutter auf das 3511 Meter hohe Zuckerhütl in Tirol. Da ich selbstverständlich wusste, dass die Luft hier oben dünner ist, musste ich auch mehr nach Atem ringen.

Meine erste richtige Klettertour unternahm ich mit zwölf Jahren auf die Zimba, das Vorarlberger Matterhorn. Der Vater eines Schulkollegen nahm mich mit. So sehr auch hier die Angst ein Begleiter war, so sehr spornte mich an, dass man im Vorarlberg erst ein richtiger Bergsteiger war, wenn man die Zimba gemacht hatte. Von nun an zog ich mit Alterskollegen auf eigene Faust los; wir streiften tage- bis wochenlang durch die Berge des Rätikon. Dies war sicherlich die gefährlichste Zeit meines Lebens, da wir von Seil und Sicherungstechnik wenig Ahnung hatten und unbeschwert, allein oder gleichzeitig am Seil kletternd, uns in brüchigem Gelände mit fragwürdiger Sicherung umtrieben. Die Sommerwochen verbrachte ich in den Bergen, während des Schuljahres arbeitete ich am Nachmittag von 13 bis 18 Uhr in der nahe gelegenen Limonadefabrik. Die Schule war langweilig, und die Schulaufgaben, die ich früher akribisch und brav gemacht hatte, wurden mit Minimalaufwand erledigt. Der einzige motivierende Lehrer war der Musikpädagoge, ein Freak mit verbeulten Hosen und einer Gauloise im Mundwinkel. Er motivierte mich für Béla Bartók und Guillaume de Machault, aber auch für Gottfried Benn und Francisco Goya.

Die Nachmittagstätigkeit in der Fabrik brachte mir finanzielle Unabhängigkeit und ermöglichte 1958 eine erste Exkursion in die Walliser Alpen mit dem Ziel der Besteigung einiger leichter Viertausender. Der Führer unserer Jungmannschaftsgruppe verbot uns aber, das Matterhorn zu besteigen, weil wir dafür noch nicht reif seien. Dieses Verbot markierte für mich eine Zäsur: Niemals danach liess ich mir noch einmal vorschreiben, was ich in den Bergen zu tun und zu lassen hätte. Im gleichen Jahr besuchte ich auf der Adolf-Pichler-Hütte in den Kalkkögeln bei Innsbruck einen einwöchigen Bergrettungskurs. Dies trug ganz wesentlich zu meinem Weiterleben bei, da

Oswald Oelz (links) und Traugott Zint nach der Durchsteigung der Nordwand auf dem Gipfel des Weisshorns im Wallis. Im Hintergrund Matterhorn, Dent d'Hérens und Dent Blanche

ich dort unter kundiger Anleitung des berühmten Bergrettungsmannes Wastl Mariner die Technik der Seilanwendung, der Sicherung und der improvisierten Rettung lernte. In meinem Tourenbuch vermerkte ich, dass ich bereits am zweiten Tag bei einer Klettertour einen Ötztaler führte, obwohl ich weitaus der Jüngste war. Auch hielt ich fest, dass die Verpflegung ausgezeichnet war und ich viermal nachbestellte («grosse Portionen»). Am Abschlussabend waren allerdings die Tiroler stärker: Wir kauften eine ganze Kiste Bier, und mein Versuch, tapfer mitzuhalten, endete eher kläglich.

Ich war nun 15 Jahre alt, in jeder freien Minute allein oder mit Freunden in den Bergen des Rätikons unterwegs und, wie ich meinte, ein erfahrener und ausgebildeter Bergsteiger. Als Kletterpartner begleitete mich Gerd Wimpissinger, ein Jahr älter, ein erfahrener Lebemann, der schon Freundinnen hatte, von Natur aber etwas kleiner und schmächtiger als ich war. Er nannte mich wegen meiner kräftigeren Statur «Bulle». So kam ich zu meinem Übernamen, den ich seither nicht mehr verloren habe. Als Höhepunkt des Jahres kletterten wir durch die Westwand der kleinen Sulzfluh. Da ich nach meinem Kurs die Technik beherrschte, führte ich mit Doppelseiltechnik und Trittleitern den abschliessenden Überhang der Neumann-Stanek-Route. Die Seile malerisch um die Brust geschlungen, unsere markigen Rufe nach Bier mit Hakengeklimper untermalend, kehrten wir mit grimmigem Gesicht zur Lindauer-Hütte zurück und erzählten laut von unseren Heldentaten. Wir gehörten nun zur Gilde der «Extremen».

Im Jahr 1959 bestieg ich 68 Gipfel, kletterte die ersten Touren des sechsten Grades und mass mein Tun an jenem von Hermann Buhl, von dem ich aus seinem Erlebnisbericht wusste, dass er sich mit siebzehn Jahren reif genug fühlte, den sechsten Grad zu klettern, «in diese Welt der ‹äussersten Schwierigkeit› einzudringen». Wir begannen unsere Saison bei winterlichen Verhältnissen, reihten Tour an Tour und überschritten erstmals den gesamten Drusenstock in einem Zug. Dass ältere Freunde von uns daran wenige Wochen zuvor gescheitert waren, vermerkten wir natürlich mit besonderer Genugtuung.

Auf unseren Fahrrädern, mit enorm viel Gepäck beladen, fuhren mein Freund Roland Messerle aus Dornbirn und ich Anfang August von Vorarlberg nach Zermatt. Als wir nach zweieinhalb Tagen dort ankamen, fühlten wir uns wie einst die Brüder Schmid, die 1931 ebenfalls auf Fahrrädern aus München nach Zermatt gelangten und dann zur allgemeinen Verblüffung die Nordwand des Matterhorns erstmals durchkletterten. Drei Tage später standen wir, wie ich in meiner ersten alpinistischen Publikation in den «Vorarlberger Nachrichten» festhielt, in einem wilden Sturm auf dem Gipfel der Dent d'Hérens: «Wir freuen uns über das Toben des Sturmes, denn gerade solche Verhältnisse, die direkt zum Kampf herauszufordern scheinen, machen eine Fahrt in hohem Grade voll von Erleben. Nie fühlt man sich stärker und befriedigter als nach einem solchen Kampf.» Uns Kämpfern wurde am darauf folgenden Tag bei strahlendem Wetter die Dent Blanche geschenkt: «Ich habe kaum jemals einen schöneren Tag in den Bergen erlebt. Es regt sich nicht der leiseste Windhauch, in den Tälern ballt sich dicker Nebel, und darüber stehen in majestätischer Pracht die Eisriesen.»

Am 6. August kletterten wir zusammen mit drei deutschen Bergsteigern über den Zmutt-Grat aufs Matterhorn. In der Dunkelheit rutschte einer unserer Kollegen mehrere hundert Meter über Eisfelder ab, konnte aber allein zur Hütte zurückkehren. Wir fanden schwierige Verhältnisse, starke Vereisung und Neuschnee. Auch die Querung der Galerie Carrel hielt ich in meinem Zeitungsartikel fest: «Nach mehreren Seillängen wird der Grat überhängend und unpassierbar. Wir müssen nun in die Westwand hinausqueren, vor uns liegt die Galerie Carrel. Das Wort Galerie weckt in uns beim Lesen des Kletterführers angenehme Vorstellungen, doch sehen wir uns bitter enttäuscht. Möglicherweise finden wir auch nicht die richtige Stelle. Haltlos schiesst unter unseren Füssen die Wand mindestens 1000 Meter in die Tiefe, lockerer Neuschnee liegt auf den glatten vereisten Platten. Manchmal lösen sich aus der Gipfelwand über uns Steine, die dann mit unheimlichem Sirren vorbeizischen. Ein teuflisches Geräusch, vermischt mit dem Schwefelgestank, der daraufhin in der Luft liegt. Wir queren also zwei Seillängen in die Wand hinaus, um dann wieder senkrecht anzusteigen. Gleich die erste Seillänge ist nervenaufreibend. Ich stehe ziemlich ungesichert auf einem schmalen Bändchen. Roland befindet sich noch in der Mitte des Quergangs, während Wolfgang sich vor mir über die steile Platte und Eis höherrauft. Plötzlich zucke ich unter einem ungeheuren Krach zusammen, erschrocken klammere ich das Seil in meine Finger, auf furchtbaren Steinschlag gefasst. Zu unserer nicht geringen Erleichterung streicht lediglich ein Düsenjäger ganz knapp über den Gipfel. Wolfgang ist kurz zuvor auf dem Eis ins Rutschen gekommen, konnte sich aber noch einmal halten.»

Der Gipfel des Matterhorns war dann mein bisheriger Höhepunkt. Das Erlebnis beflügelte mich beim Abstieg und ermutigte mich zu weiteren Versuchen an Viertausendern, die alle in Unwettern scheiterten. Auf der ermüdenden Rückfahrt mit dem Fahrrad ging uns dann der letzte Rappen aus, und wir kamen buchstäblich hungernd zu Hause an. Meine Mutter empfing mich mit vorwurfsvollem Blick, denn ich hatte mich während dreier Wochen nie gemeldet. Als Mitglied des Kirchenchores sang sie bei Begräbnissen und hegte bei meinem langen Verschollensein schliesslich Gedanken, wohl bald auch am Grab des Sohnes singen zu müssen.

Wenige Tage später reisten wir per Autostopp in den Wilden Kaiser, über den ich bei Buhl und Leo Maduschka so vieles gelesen hatte. Der Hüttenwirt der Gaudeamus-Hütte musterte uns sichtlich misstrauisch, was wir unserem «wilden Aussehen» zuschrieben. Wahrscheinlich war es aber wegen des Koffers, den ich neben dem schweren Rucksack noch mitführte, da einfach die ganze Ausrüstung im Rucksack nicht Platz fand. Es folgte die Fleischbank-Ostwand. In ihren Spiralrissen erinnerte ich mich dankbar, bei Maduschka gelesen zu haben, dass auch er über jeden Haken froh war, den er in die Hände bekam. Zwei Tage später brach mir in der Leuchsturm-Südwand ein Haken aus, und ich registrierte voller Stolz meinen ersten Sturz im Fels. Von meinen aufgerissenen Lippen rann Blut; im Adrenalinschub kletterte ich die Stelle nun frei und erreichte leichteres Gelände, das zum Gipfel führte. Mein blutverschmiertes Gesicht wusch ich natürlich nicht, sondern zeigte mich damit in der Grutten-Hütte und wenig später auch in der Gaudeamus-Hütte: «So sehen Helden aus», notierte ich in meinem Tourenbuch.

Am Einstieg zur Fleischbank-Südostwand hörten wir tags darauf von einem tödlichen Absturz ganz in der Nähe und wollten helfen, wo noch zu helfen war. Am Herrweg, einer leichten Tour, war dem Vorausgehenden an einer der wenigen schwierigen Stellen ein Griff ausgebrochen. Er stürzte 20 Meter ab und war sofort tot. Erschrocken fotografierte ich die Leiche. «Während wir auf einen Totensack warten, singen wir ihm seine letzten Lieder, rauh, aber herzlich. Kaum jemals habe ich die Verbundenheit aller Bergsteiger untereinander so stark gefühlt. Als der Sack kommt, unsinnigerweise ein einfacher Kartoffelsack, steigen wir hoch und verpacken die Leiche. Mit innerer Genugtuung stelle ich fest, dass mir das in keiner Weise mehr etwas ausmacht. Bis zur Gaudi-Hütte tragen wir abwechselnd, zwei vorne und einer hinten. Aus dem zerschmetterten Hinterkopf rinnt durch den Sack durch das Gehirn aus; mein Anorak wird voll beschmiert. Zu meiner Schande muss ich gestehen, dass ich stolz darauf bin.»

Die abgebrochene Tour durch die Südwestwand der Fleischbank führten wir am nächsten Tag fort.

Es war Herbst geworden. In 14 Tagen würde der Tanzkurs beginnen, und ich hatte noch keine Partnerin, während alle meine Klassenkameraden schon versorgt waren. Es gab zwar zahlreiche hübsche und wahrscheinlich auch nette Mädchen, aber ich hatte mich nie getraut, mit einer zu reden. Ein einziges Mal fasste ich mir ein Herz und sprach eines unvermittelt auf der Strasse an: «He, Signorina, gehst du mit mir in den Tanzkurs?» Sie drehte den Kopf zur Seite und ging weiter. Von diesem Problem befreite ich mich fürs Erste, indem ich erneut in der Lindauer-Hütte Quartier bezog. Nach der Eingehtour, der Gelbeck-Ostwand, standen wir vor der voraussichtlich schwersten Tour des Jahres, nämlich dem Burgerweg durch die Südwand des Grossen Drusenturms. Weit oben sahen wir in der überhängenden Zone das Dach mit dem darunter verklemmten weissen Block. Alte Seilreste und brüchiger Fels sorgten so recht für eine gruselig-romantische Stimmung. Bald riss ich mir irgendwo wieder die Lippen auf, so dass auch für die notwendige Kriegsbemalung gesorgt war. Eine senkrechte Seillänge führte zum berühmten, mehrere Kubikmeter grossen Klemmblock, der durch einige Steine in einer nach unten öffnenden Verschneidung verklemmt war. Von diesem luftigen Block aus kletterte ich an alten Haken über ein Dach hinaus, ganz in der Luft hängend und voller Begeisterung. Eine alte Schlinge markierte die Dachkante; mein Kletterpartner Gerd bezeichnete sie als «bom-

In der Südwand des Grossen Drusenturms: Gerd führt die Seillänge zum berühmten Klemmblock, der durch einige Steine in der sich nach unten öffnenden Verschneidung verkeilt ist, 1959

bensicher». Sie riss, als ich meine Trittleiter darin einhängte und sie belastete. Dem folgte ein Quergang an einem kurzen alten Haken, der sich nach unten verbeugte, als ich ihn belastete, aber erstaunlicherweise mein Gewicht hielt. Er brach aus, als Gerd nachkam. In der folgenden Seillänge verlor ich die Originalroute und raufte mich hakenlos hinauf über brüchige Überhänge und durch Verschneidungen, die wahrscheinlich noch nie jemanden gesehen hatten. Schliesslich hing ich etwa 30 Meter über Gerd, das Seil führte in schönem freiem Bogen zu seinem Standplatz, und über mir drohte noch ein letzter Überhang, hinter dem ich die Ausstiegsschlucht vermutete. Zur moralischen Versicherung schlug ich noch zwei Haken nach aufwärts in den splitterigen Fels. Wenig später brach mir ein Tritt weg, dann ein zweiter. Die Aussicht auf einen gewaltigen Freiflug verlieh mir ungeahnte Kräfte und brachte mich in die Ausstiegsschlucht.

Auch wenn ich nun als Kletterer den sechsten Schwierigkeitsgrad beherrschte – eine Tanzkurspartnerin hatte ich noch immer nicht. Die Suche nach einem verschollenen Bergsteiger im Gebiet der Lindauer-Hütte bot willkommene Gelegenheit, dieses leidige Problem noch weiter zur Seite zu schieben. Wir suchten zwei Tage lang zahlreiche Schluchten und Kare ab, ohne eine Spur des Vermissten zu finden. Am Nachmittag des zweiten Tages rutschte ich auf einer Platte aus und schlug mit dem Gesicht auf eine Felskante. Als ich mich mit einem seltsamen Gefühl im Kopf aufgerappelt hatte, gewahrte ich die erschrockenen Gesichter meiner Freunde. Die Nase war entzwei und blutete heftig, ein Schneidezahn war ausgeschlagen. Wenig später wurde mir schlecht, und meine Kameraden halfen mir den Berg hinunter. Spät am Abend nähte man mir im Feldkircher Spital meine Nase zusammen. Am folgenden Morgen hörte ich in meinem Spitalbett die Lokalnachrichten: «Der Bergrettungsmann Oswald Oelz hat bei der Suche nach einem vermissten Bergsteiger im Gebiet der Lindauer-Hütte eine Verletzung erlitten, ist jetzt aber im Spital auf dem Wege der Besserung.» Was kümmert es einen solchen Helden, dass er keine Tanzkurspartnerin hat! Zudem würde ich von diesem Ereignis meine zweite Narbe davontragen – und Narben zieren bekanntlich den Mann. Meine erste erwarb ich mit zehn Jahren bei einer Schlägerei in einem Ferienlager. Der zugezogene Arzt wollte den tiefen Schnitt zwischen den Augenbrauen nähen, was ich aus Angst vor den Stichen und in der Hoffnung auf eine möglichst grosse Narbe ablehnte.

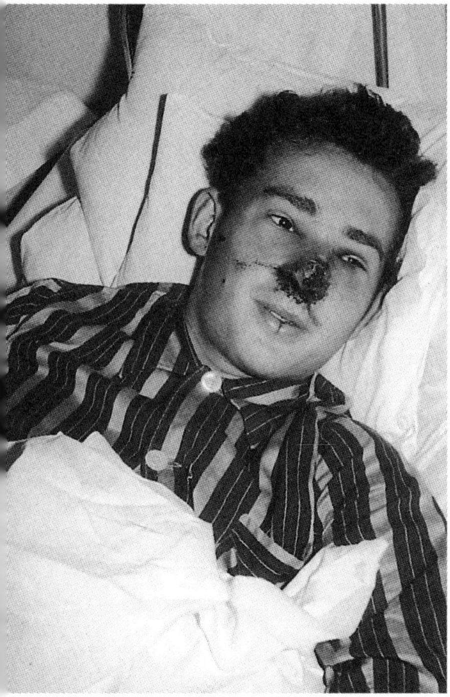

Bergrettungsmann Oswald Oelz zehn Tage vor Beginn des Tanzkurses, 1959

Der Tanzkurs wurde mit weissen Handschuhen absolviert. Meine Nase schmückten noch einige Nähte. Auch eine Dame hatte sich gefunden – durch Vermittlung, ich musste mich gar nicht zur Anfrage überwinden. Ich holte sie nun artig jeden Sonntagnachmittag zu Hause ab und brachte sie am Abend zurück. Wir lernten Foxtrott, Walzer und Cha-Cha-Cha, nach Möglichkeit aber erst, nachdem ich am Sonntagvormittag noch klettern war. Einige Monate später fuhr unsere ganze Klasse für eine Woche nach Wien, um in der grossen Hauptstadt die hohe Kultur – Theater, Oper, Museen – kennen zu lernen. Mit uns reiste eine Mädchenklasse aus Bregenz, welcher das hübscheste Mädchen der Welt mit schwarzen Augen und dunkelbraunen Haaren angehörte. Sie lachte lustig und munter mit ihren Freundinnen, und auch einige meiner beherzteren Kameraden kamen mit ihr ins Gespräch. Während der ganzen Woche verschlang ich sie mit den Augen und fotografierte sie heimlich. Auf der Heimreise nahm ich all meinen Mut zusammen, setzte mich im Zug ihr gegenüber und erfuhr, dass Mädchen sich munter und ungezwungen mit jungen Männern unterhalten können. Die folgenden Monate verzichtete ich aufs Bergsteigen und reiste, wenn immer möglich, mit dem Fahrrad die 36 Kilometer nach Bregenz. Ich traute mich zwar nicht, bei der Angebeteten vorzusprechen, aber zumindest war ich in ihrem Dunstkreis und hoffte, sie tauche irgendwann einmal auf. Vergebens. Schliesslich wurde mir auf verschlungenen Wegen höhnisch berichtet, sie sei gewissermassen schon verlobt, habe ihre Nase hoch in der Luft und hätte eigentlich gar kein Interesse an jungen Helden aus Feldkirch. Zum Trost kletterte ich darauf 14 Tage lang im Montblanc-Gebiet herum.

Im Herbst traf ich Irene. Sie war sanft, lachte stiller, hörte zu und fand meine Geschichten von Beethoven und seiner unsterblichen Geliebten bis zu den technischen Details des Erklettern eines Überhangs hochinteressant. Zudem stieg sie mit Skiern auf Berge, wenn nötig auch mit Seil. Das Leben war schön. Am 18. Dezember 1960 bekam ich meinen ersten Kuss auf dem Gipfel eines Skibergs, nachdem die anderen schon abgefahren waren und ich auf dem Gipfelkuss bestand. Obwohl sie zu jener Zeit noch nicht ganz frei war, wurde es ein richtiger Kuss.

Im romantischen Frühling nahte die Matura, und ich wusste noch immer nicht, was ich studieren sollte. Die Idee, Pfarrer zu werden, hatte ich schon lange aufgegeben, aber das doktrinäre katholische System verfolgte mich noch während eines Jahrzehnts bis in die Träume. Mineralogie, Geologie, Anthropologie und Paläontologie wurden erwogen. Mutter meinte, damit sei kein rechtes Auskommen zu finden. Biologie faszinierte mich ebenso wie Zeitungswissenschaften; Jurisprudenz hätte ein solides Auskommen ermöglicht. Eines Morgens, innert einer Sekunde beim Anziehen, beschloss ich, Medizin zu studieren. Der sofort verkündete Entschluss wurde von der

Die Zwillingsschwester von Irene flickt Oswald Oelz den zerrissenen Hosenboden. Vor der Lindauer-Hütte, 1960

Familie wohlwollend aufgenommen. Auch damit liess sich schliesslich ein Lebensunterhalt bestreiten, und einer meiner älteren Cousins hatte es ja sogar zum Chefarzt der Medizinischen Abteilung des Bregenzer Spitals gebracht.

Diesen Sekundenentschluss habe ich nie bereut und würde ihn durch alle Wiedergeburten hindurch wieder treffen. Seit frühester Jugend faszinierten mich die Natur und ihre Wissenschaften sowie der Ablauf biologischer Prozesse. Zudem geriet ich in Helfersituationen in glücklichste Aufregung: Anlässlich unserer ersten Tour ins Wallis konnte ich auf dem Allalingletscher eine junge Bergsteigerin aus einer Spalte herausziehen. Vor lauter Freude bedankte ich mich überschwänglich, dass ich sie retten durfte. Die fiebrige Erregung hielt mich auch wach, wenn wir in tagelangen Einsätzen Lawinenopfer zu bergen versuchten oder schwierige behelfsmässige Rettungen in unwegsamem Gelände zu leisten hatten.

Während ich selbst erleichtert war, die Schulzeit einigermassen mit Anstand abgeschlossen zu haben, geriet die Matura in den Augen meiner Eltern zu einer mittleren Katastrophe. Das jahrelange Desinteresse an Altgriechisch führte dazu, dass ich die vorgelegte Textstelle nur mit genügendem Erfolg übersetzte. Dieses «genügend» in meinem Zeugnis verhinderte schon zu diesem Zeitpunkt, dass ich jemals «sub auspiciis presidentis rei publicae», also mit dem Segen des Bundespräsidenten des Österreichischen Staates, zum Doktor der Medizin promoviert werden könnte. Offensichtlich hatte dies meine Mutter von mir erwartet; mein Vater nahm die Niederlage hingegen gelassener.

Zum märchenhaften Stundenlohn von 2.20 Franken arbeitete ich nach der Matura in Liechtenstein. Zuvor, in der Limonadefabrik, hatte ich 6 Schilling verdient; ich durfte also eine Lohnzunahme von weit über hundert Prozent verzeichnen. In Schichtarbeit hatte ich im Akkord ein Stück Metall in einer Schablone zu platzieren und daraufhin zwei Schalter zu drücken. Jetzt presste unter gigantischem Lärm ein Stempel mit 600 Tonnen Druckentwicklung das Metallstück in die gewünschte Form. Dann musste ich es auf ein Förderband stellen und das nächste Metallstück in die Schablone legen. Dies machte ich während acht, manchmal im Zweischichtenbetrieb während sechzehn Stunden. Die Zeit verstrich langsam, die Eintönigkeit war unendlich, und der Lärm verhinderte das Fliegen der Gedanken. Noch Stunden nach Verlassen der Fabrik war mein Kopf vom Getöse betäubt. Meinen Arbeitskameraden schien die Routine wenig auszumachen. Sie hatten eine sichere Tätigkeit, die gut bezahlt wurde und keinerlei intellektuelle Ansprüche stellte. Ihre Zerstreuung fanden sie im Wirtshaus und beim Kartenspiel. Ich hingegen begann diese Arbeit zu hassen, da sie in einem unendlichen Lärmmeer nicht enden wollte und mich meiner Lebensfreude entleerte. An den Wochenenden unternahm ich allerlei verrückte Touren, Alleingänge und Erstbegehungsversuche im unsicheren Gelände des Rätikon. Am Ende eines solchen Versuches erkannten Gerd und ich einmal, dass wir nicht mehr weiterkamen. Der Standplatz war schlecht; wir hatten aber Bohrhaken dabei. Während einer halben Stunde bohrte ich mit dem Handmeissel zwei je einen Zentimeter tiefe Löcher. Die beiden winzigen Haken passten zwar nicht ganz in die Löcher, zusammen würden sie aber schon halten. Ich verband sie mit einer Schlinge und seilte ab. Nach fünf Metern verspürte ich einen kleinen Ruck – einer der beiden Haken war ausgebrochen. Ich hing nun an einem einzigen winzigen Bohrhaken 200 Meter über dem Kar frei in der Luft. Der Haken hielt für den Rest der Abseillänge.

«Zum Trost kletterte ich darauf 14 Tage lang im Montblanc-Gebiet herum.» Am Dent du Géant (4013 m)

Bevor ich zum Studieren nach Innsbruck aufbrechen musste, wollten wir an einem herrlichen Septembertag zum Abschluss unserer Tourensaison über den Südpfeiler auf den Grossen Drusenturm klettern. Dies sollte unsere bis dahin schwierigste Tour werden. Zwei Seillängen führten in exzellentem Plattenkalk zur Schlüsselstelle der Tour, einer Viermeterplatte mit, gemäss Angaben, winzigen Rauigkeiten. Irgendwie kam ich da mit meinen schweren Bergschuhen hinauf, es war der obere sechste Grad und für mich so ziemlich das Schwerste, was ich klettern konnte. Gegen Mittag hatten wir zwei Drittel des Pfeilers unter uns, als ich am Ende eines überhängenden Kamins Stand machte. Gerd stieg voraus, zwanzig Meter über heikle Platten, dann zwängte er sich in einen engen Risskamin. Bald sah ich ihn nicht mehr, er liess aber verlauten, dass es leichter werde. Als er fast das ganze Vierzigmeterseil aus-

Traugott Zint mit Doppelseiltechnik und Trittleitern in der Unmittelbaren Südwestwand der Sulzfluh, 1960

geklettert hatte, liess mich ein schabendes Geräusch hochschrecken. Direkt über mir flog Gerd durch die Luft, unheimlich schnell. Wie ein Kunstspringer hatte er die Hände von sich gestreckt, der Steinschlaghelm sauste neben ihm her. Der erste Zwischenhaken wurde herausgerissen, der zweite hielt. Vom Ruck der Seile merkte ich in meinem Alarmzustand nichts, als Gerd einige Meter über mir an die Wand klatschte. Zuerst war Ruhe, dann vernahm ich ein Stöhnen. Ich fixierte das Sicherungsseil und kletterte zu meinem Freund. Er hing als zusammengekrümmtes Bündel an der Wand, überall war Blut. Als ich ihn zu unserem Standplatz abseilte, wachte er auf. Alles in mir war ganz ruhig und gespannt. Ein grosses Loch in der Muskulatur des Rückens blutete heftig, Blut rann auch aus einigen Risswunden am Kopf. Da ich beschlossen hatte, Arzt zu werden, hatte ich erstmals eine richtige Apotheke mitgenommen und konnte meinen Freund mit Druckverbänden behandeln. Dann seilte ich ihn Seillänge um Seillänge ab. Er war wieder so weit zu sich gekommen, dass er sich jeweils an den Standplätzen festbinden konnte. Ich schlug Galerien von Haken, legte Seilschlingen und verbrauchte sämtliches Material, bis wir nach 400 Metern Abstieg in der Dunkelheit das Kar erreichten. Gerd war totenblass, aber er lebte. Im Laufschritt eilte ich in wenig mehr als einer Stunde zur Lindauer-Hütte und war gegen 11 Uhr nachts mit sieben deutschen Bergsteigern, die uns helfen wollten, zurück. Wir trugen den Verletzten zur Drusenalp und erreichten irgendwann in der Nacht ein Fahrsträsschen. Hier fanden uns schliesslich Gerds Vater und einige Freunde der Bergrettung, die uns mit einem Geländefahrzeug entgegengekommen waren. Zwei Stunden später wurde Gerd im Spital operiert. Wir liefen zurück zur Lindauer-Hütte, wo wir am Morgen ankamen. Manchmal meinte ich beim Gehen einzuschlafen. Glücklicherweise hatte ich in der Fabrik Nachmittagsschicht, so dass ich rechtzeitig dort eintraf.

Am nächsten Tag erfuhr ich, dass Gerd die Hälfte seines Blutes verloren hatte, sich aber auf dem Weg der Besserung befand. Er kletterte nie mehr.

«Der Wert eines Studenten mass sich an der Anzahl Biere, die in einer bestimmten Zeiteinheit gesoffen werden konnten.» Oswald Oelz (rechts) mit Kommilitonen in Innsbruck, 1965

STUDENTENLEBEN MIT HÖHENFLÜGEN

Am 14. Oktober 1961 sattelte ich Susi, mein Motorrad, das ich vom Erlös meiner Akkordarbeit im Press- und Stanzwerk in Liechtenstein gekauft hatte, und fuhr nach Innsbruck zum Studium der gesamten Heilkunde. Ein erster Lebensabschnitt war zu einem emotionsbefrachteten Ende gekommen.

Innsbruck war für mich eine grosse Stadt mitten in schroffen Kalkbergen. Die Tiroler Maderln, die dort wohnten, hatten den viel versprechenden Ruf einer gewissen Leichtlebigkeit; von den Tiroler Bergsteigern war bekannt, dass sie wild, verwegen und zu allen denkbaren Schandtaten bereit waren. Zudem war Innsbruck die Stadt, in der Südtiroler Wein floss und das Studentenleben blühte – und natürlich gab es da auch eine Universität. Ich bezog in einem Hinterzimmer des Gasthauses «Henschel» Quartier. Knopf, mein Zimmerkollege, und ich hatten selbst zu heizen, kochten auf einem Kocher zwiebelreiche Tomatenragouts und gesellten uns zu einer Studentenverbindung, die sich die Pflege der Prinzipien «Religion, Wissenschaft, Vaterland und Freundschaft» auf die Fahne geschrieben hatte. Die Methode zum Erreichen dieser hehren Ziele bestand uniform in der schnellstmöglichen und grösstmöglichen Vernichtung nicht enden wollender Bierströme. Ergo stürzten wir uns nach Erledigung der Inskription und kurzem Studium des Vorlesungsplanes ins Studentenleben. Der Wert eines Studenten mass sich an der Anzahl Biere, die in einer bestimmten Zeiteinheit gesoffen werden konnten.

«Wenn zu viel Schnee auf den Griffen lag, wurden einfach Überschreitungen von Bergketten in Angriff genommen.» Im Stubai

Mit von der Partie war auch mein Freund aus Feldkircher Tagen, Kurt Schoisswohl, genannt Gaga. Er war Innsbrucker, dort aber wegen ungebührlichen Betragens vom Gymnasium geflogen. In Feldkirch hatte er einen Fürsprecher gefunden, der die dortigen Schulbehörde überzeugte, es noch einmal mit dem Missratenen zu versuchen. Wir hatten uns auf dem Schulhof des Feldkircher Gymnasiums getroffen, und er fragte mich nach Klettermöglichkeiten. Selbstverständlich nahm ich ihn mit, zeigte ihm die ersten Tricks, und bald erwies er sich als viel talentierter als ich. Er studierte nun in Innsbruck Mathematik und hatte sich innerhalb von zwei Jahren in der Innsbrucker Kletterszene viel Beachtung erworben. Nach gemeinsamen nächtlichen Kneipgelagen stand er anderntags früh in meinem Zimmer und boxte mich unbarmherzig aus dem Bett. So ging es dann beispielsweise mitten im Januar an eine Tour des sechsten Grades.

Gaga kommt im winterlichen Gelände nach.

Gaga kletterte völlig unbekümmert und mit grossem Vertrauen auf die vorhandenen Sicherungspunkte. Dies führte zu häufigen Stürzen, bei denen aber meist nichts Ernsthaftes geschah. Wenn zu viel Schnee auf den Griffen lag, wurden einfach Überschreitungen von Bergketten in Angriff genommen. Einwände von meiner Seite wegen der Wechtengefahr und Vorschläge genussreicher Skitouren wurden als dekadent abgetan und mit vernichtendem Spott quittiert. Wir führten engagierte Diskussionen über Schneeverfrachtungen, Lawinengefahr und Wechten, die meist darin endeten, dass mir übertriebene Ängstlichkeit vorgeworfen wurde. So war es auch an einem Aprilmorgen, als wir vier Meter vom Wechtenrand entfernt waren und mit einem leisen, dumpfen Knall einen Meter vor mir ein riesiges Stück der Wechte abbrach. Eben stand mein Freund Gaga noch zwei Fussstapfen vor mir, jetzt war er verschwunden. Ein Skistock lag noch am Rande des Abbruchs. Leichtsinnigerweise hatten wir uns ja nicht angeseilt. Irgendwo vom Wechtenrand aus gewann ich Einblick in eine wahnsinnig steile, felsdurchsetzte Rinne, über die riesige Schneemassen abgestürzt waren. Ich rief verzweifelt nach

Gaga, hörte aber nichts und sah nichts. Dann rannte ich zurück zur Seilbahnstation, wo man uns vor unserem Unternehmen ernsthaft gewarnt hatte. Dort erfuhr ich durchs Telefon, dass jemand sich aus der Lawine gelöst habe und nach unten steige. Schliesslich ein lauter, vertrauter Schrei: Gaga war 250 Meter abgestürzt, völlig unverletzt, keine Schramme. Mit dieser Anzahl von Sturzmetern zusätzlich zu seinem diesbezüglich schon ganz respektablen Konto ging er vor der gesamten Innsbrucker Konkurrenz unschlagbar in Führung.

Gaga hatte eine Freundin, die er über alles verehrte, sie hiess Heidrun. Natürlich war sie das hübscheste Mädchen weit und breit und dementsprechend befähigt, auch anderen Bergsteigern, einschliesslich mir, den Kopf zu verdrehen. Das führte zu gelegentlichen Spannungen, auf die wir in ganz verschiedener Weise reagierten. Gaga tröstete sich, indem er Routen des oberen sechsten Grades ungesichert und im Alleingang durchstieg, während ich Trübsal blies oder doch zumindest gelegentlich mich dem eigentlichen Zweck meines Aufenthaltes in Innsbruck, dem Studium, zuwandte. Nach einer gemeinsamen Tour oder abends im Bierkeller waren wir uns dann aber immer einig, dass die Freundschaft unter Männern, die Kletterei und das Biertrinken das Wichtigste im Leben sei und nicht durch Mädchen ernsthaft gestört werden sollte. Nur selten fragte ich mich nach dem Sinn des Bergsteigens und warum ich das alles auf mich nahm. Solche Gedanken kamen höchstens beim Aufbruch um ein Uhr nachts vor einer grossen Tour oder am Standplatz, wenn ein einziger Haken im splittrigen Fels steckte und Gaga ohne Zwischensicherung 20 Meter über mir kletterte. Erst später merkte ich, dass ich seit Beginn der Pubertät für den Druck meiner sexuellen Energie ein Ventil im Bergsteigen fand.

Zwischendurch studierte ich – besonders dann, wenn das Wetter oder die Schneeverhältnisse schlecht waren. Es begann mit der Anatomie der Knochen, wobei ich mir einen Vorteil verschaffte, indem ich zu später Nacht in das Beinhaus eines nahe gelegenen Friedhofs schlich und Femura, Tibiae, Schädel und dergleichen zum höheren Zwecke der Wissenschaft auslieh. Danach stand Präparieren an der Leiche auf dem Programm, wobei in stundenlanger Arbeit Muskelschichten zu trennen, Nerven darzustellen und Blutgefässverläufe aufzuzeigen waren. Bald merkte ich, dass ich meinen Traum, ein um jedes Leben kämpfender, ungeheuer erfolgreicher Chirurg zu werden, wegen meiner handwerklichen Ungeschicktheit begraben musste. Diese führte auch zu meiner einzigen nicht bestandenen Prüfung während des Studiums, nämlich in Anatomie, als der gestrenge Ordinarius meine Präparation eines Nervus maxillaris eines Neugeborenen sah und mich ohne weiteren Kommentar für durchgefallen erklärte.

«Gaga kletterte völlig unbekümmert und mit grossem Vertrauen auf die vorhandenen Sicherungspunkte.» Am Hermann-Buhl-Gedächtnisweg in der Rotwand-Südwestwand

Die Briefe, die ich nach Hause sandte, handelten von Bergerfolgen, Tanzkurserlebnissen und Schwärmereien über Heidrun. Gelegentlich berichtete ich auch über die eine oder andere Prüfung. Die besorgten Briefe zurück enthielten Anfragen wie: «Könntest Du nicht vor Weihnachten noch eine zusätzliche Prüfung einschieben und etwas vorwärts machen?» Natürlich machte ich vorwärts, aber zwischendurch gönnte ich mir eine Belohnung für bestandene Prüfungen. So sassen wir eines Samstagabends um halb zehn Uhr zu viert im Gasthaus und tranken Bier. Wir redeten von diesem und jenem, als plötzlich die Stimmung umschlug und Robert, der ein Auto hatte, vorschlug, in die Dolomiten zu fahren. Gaga und ich fanden etwas Schlaf auf dem Rücksitz, bevor wir um halb ein Uhr vom Karer-Pass zur Paolina-Hütte aufbrachen. Dort oben machte sich im dicht besetzten Schlafraum bereits eine Seilschaft für den Hermann-Buhl-Gedächtnisweg in der Rotwand-Südwestwand bereit. Auch wir hatten diese Tour auf dem Programm, die damals zu den schwierigsten Felstouren überhaupt gerechnet wurde. Also marschierten wir gleich weiter, an der Konkurrenz vorbei, und konnten fünf Meter vor jener den ersten Standhaken am Fuss der Wand einhängen. Dort dösten wir noch eine Stunde und kletterten dann im ersten Licht zur Hauptwand. Die Südtiroler Konkurrenz blieb uns dicht auf den Fersen und verfolgte uns während des ganzen Tages, als wir unsere Trittleitern von einem Haken zum nächsten hängten. Die Kletterei war senkrecht und manchmal überhängend in einer glatten, weiten, grossen Wand. Fern vom Boden erblickten wir um uns, über uns und unter uns nichts als gelben Fels, immer wieder Überhänge und manchmal ein Stück blauen Himmel. Greifbar war

«Zwischendurch gönnte ich mir eine Belohnung für bestandene Prüfungen.» Oswald Oelz im grossen Quergang in der Mauk-Westwand im Wilden Kaiser, 1964

nur eine Hakenleiter, an der man sich höher turnte. Diese Art des Kletterns ist auf die Dauer eintönig; die Monotonie wird gelegentlich unterbrochen, wenn ein Haken ausbricht und man ein paar Meter tiefer landet. Trotzdem waren wir glücklich. Ich beobachtete Gaga, dem der Helm auf den Hinterkopf gerutscht war, wie er mit verschmitztem Lachen fragwürdige Haken belastete und höherstieg. Manchmal schlief ich aber vor Müdigkeit am Standplatz fast ein. Die Wand endete so abrupt, wie sie begann: Die Füsse steckten noch im fünften Grad, die Arme lagen auf der grasigen Gipfelfläche. Die Freunde empfingen uns ausgetrocknete Seelen schon auf dem Gipfel mit einer Flasche Rotwein. Dieser zeigte gute Wirkung, weshalb später im Tal die Behandlung mit weiteren Dosen intensiviert wurde. Im Taumel der Freude und der Freundschaft wurde ich eingeladen, der alpinen Gesellschaft «Gipfelstürmer» beizutreten, was für einen Vorarlberger eine ganz ungewöhnliche Ehre war. Selbstverständlich sagte ich begeistert zu, womit sich der Abend zu einem grandiosen Finale steigerte.

Ich war inzwischen 22 Jahre alt und erledigte meine Prüfungen in rascher Sequenz, mass meine Erfolge aber noch immer an der Anzahl und der Schwierigkeit der absolvierten Bergtouren. Der Kodex unseres Gesellschaftslebens stammte von John Steinbeck und war in seinem Buch «Die Schelme von Tortilla flat» festgehalten: Wir identifizierten uns mit Dany und seinen Freunden, die als Taugenichtse und Tagediebe in Kalifornien in den Tag hineinlebten, irgendwie immer zu einer Gallone Wein kamen und gelegentlich eine einsame Frau trösteten. Für mich war Letzteres aber noch immer eine Wunschvorstellung, da trotz der angenehmen Gesellschaft von durchaus aufgeschlossenen Tiroler Maderln meine katholische Vergangenheit und Kasteiung das Zur-Sache-Kommen bislang verhindert hatte.

Dabei hatte ich inzwischen in meiner Heimatstadt Feldkirch mein erstes berufliches Erfolgserlebnis gehabt – just am Tag, an dem ich anlässlich einer verspäteten Jungbürgerfeier zum vollwertigen Mitglied der Gesellschaft hätte ernannt werden sollen: Noch am Morgen jenes Samstags hatte ich im Spital, wo ich mein Chirurgiepraktikum absolvierte, Patienten besucht und bei einer Operation assistiert. Als am Abend die Feier langsam in Schwung kam, wurde mein Name ausgerufen. Ich meldete mich, und es wurde mir mitgeteilt, dass ich im Spital gebraucht würde. An einem Samstagabend! Wenig später schrubbte ich mir im Vorbereitungsraum des Operationssaals die Hände. Es wurde eine lange Nacht; zwei durchgebrochene Mägen waren

zu operieren und schliesslich um drei Uhr morgens noch die Eileiterschwangerschaft einer 21-jährigen Frau. Um halb sechs Uhr trat ich aus dem Spital in den frischen Morgen und ging langsam nach Hause. Ich war zutiefst zufrieden, ich wurde gebraucht, und ich hatte die ganze Nacht wie ein Arzt gearbeitet.

Einige Monate später, im Frühjahr 1965, starb mein Vater, der seit längerer Zeit allein in Bregenz gelebt hatte, plötzlich und einsam inmitten der hingebungsvoll und chaotisch gesammelten Kunstschätze, mit denen er seine Wohnung vollgestopft hatte. Mich hatte bedrückt, wie seine Fähigkeiten in den Jahren vor seinem Tod allmählich zerfallen waren und wie er sich mehr und mehr verschlossen hatte. Ich bedauerte, dass ich nicht mehr Zeit mit ihm hatte verbringen können. Beim Aufarbeiten seines Nachlasses entdeckte ich vieles, das er vor uns verborgen hatte und das jetzt ewig unausgesprochen bleiben würde.

«Im Atlasgebirge lernte ich die Vorzüge der französischen Küche und eines offenen Lebensstils kennen und erfuhr auch, dass man nicht unbedingt klettern muss, um seine Energien in sinnvolle Bahnen zu lenken.»

Noch immer konnte ich meine sexuelle Energie nur im Bergsteigen abreagieren. In mir glühte ein Vulkan. Am 26. November dauerte eine vorgezogene Nikolausfeier bis morgens um vier Uhr. Nach gemütlicher Ausgelassenheit schlief ich bis zwölf Uhr mittags. Dann war ich zur Promotionsfeier meines Bergfreundes Ossi eingeladen. Solche Verleihungen akademischer Würden bedeuteten für den Betroffenen das Ende des lustigen Studentenlebens und führten jeweils zwangsläufig zu gargantuesken Gelagen. Beim Abendessen spürte ich das Knie von Tia, der Schwester des Gefeierten, einer dunklen Frau mit vollen Lippen und schwarzen Augen, an meinem Knie. Als ich am nächsten Vormittag aus dem Hotel, in dem wir uns mitten in der Stadt Innsbruck eingemietet hatten, in den kalten Wintermorgen trat, atmete ich tief, die ganze Welt strahlte: Ich war ein Mann! Tia verpflichtete mich für zwei Monate als Skilehrer nach Marokko. Im Atlasgebirge lernte ich die Vorzüge der französischen Küche und eines offenen Lebensstils kennen und erfuhr auch, dass man nicht unbedingt klettern muss, um seine Energien in sinnvolle Bahnen zu lenken.

In den folgenden zwei Jahren kletterte ich tatsächlich weniger, da einerseits der drohende Studienabschluss mit seinen zahlreichen Prüfungen seinen

Tribut forderte und die Nächte deswegen statt den Biergelagen den Manuskripten und Büchern gehörten. Zudem zeigte mir Māra die Vorteile der feineren Lebensart und Alternativen zum splittrigen Fels. Sie studierte auch Medizin und nahm mich bei festlichen Gelegenheiten in das grosse, gastfreundliche Haus ihrer Familie mit. Dort durfte ich zeigen, dass ich ein starker Mann war, indem ich ihre gehbehinderte Grossmutter jeweils von einem Stockwerk zum andern trug. Die Patriarchin schätzte dies und verlangte gebieterisch, dass ich auch kulinarisch verwöhnt werde. Schliesslich hatte sie in den besseren alten Zeiten zu Hause in Lettland beim Osterfest den Kaviar mit dem grossen Löffel gegessen.

Zwischendurch aber gönnte ich mir weiterhin intensiv Erholung in der frischen Luft der direkten Martinswand oder der Laliderer-Nordwand. Dort machten wir anlässlich einer Rettungsaktion in der Rebitsch-Direktroute unsere ersten Erfahrungen mit der Boulevardpresse: In der Mitte der Wand war ein deutscher Bergsteiger gestürzt. Sein Partner hatte ihn zwar halten können, aber er erlitt stürzend einen Oberschenkelbruch. Wir hörten die Hilfeschreie und stiegen zu viert ein, um so schnell wie möglich dem Verletzten beizustehen, obwohl wir von der schweren Tour, die wir am Vortag bestritten hatten, etwas ausgelaugt waren. Ich zog ein langes Seil hinter mir her, an welchem ein Stahlseil angehängt war, das bis zum Boden reichte. Bei Einbruch der Dunkelheit erreichten wir ein schmales Band ungefähr 300 Meter über dem Boden. Hilflos und in grosser Sorge mussten wir hier auf den Morgen warten, da im brüchigen, schwierigen Gelände unmöglich bei Dunkelheit geklettert werden konnte.

Die Nacht war von Hilferufen und Stöhnen erfüllt. Beim ersten Licht erreichte Gaga den Schwerverletzten. Er konnte ihm aber nicht mehr helfen und musste ohnmächtig zuschauen, wie er vor seinen Augen verstarb. Es galt nun, den Überlebenden so schnell wie möglich nach unten zu bringen und bei der Bergung des Toten kein Risiko einzugehen. Nach einigem Zögern schnitt Gaga das Seil des toten Bergsteigers durch. In kreisenden Bewegungen, ohne noch einmal den Fels zu berühren, stürzte er ins Kar. Dann schlugen wir Kränze von Haken in den brüchigen Fels, manche nur ein, zwei Zentimeter tief, und verbanden sie durch Seilringe. Ich hatte ein mulmiges Gefühl, als mir der überlebende Bergsteiger auf den Rücken gebunden wurde und wir zwei an einem sechs Millimeter dicken Stahlseil die Reise nach unten antraten. Vom Boden reichte das Stahlseil, straff gespannt wie eine Saite, bis zur Umlenkung an unserem Standplatz. Meter um Meter glitten wir zwei tiefer, bis am Schluss fast 600 Meter Seil zwischen uns, der Umleitung in der Wand und der Bremsvorrichtung am Boden lagen.

Zurück in Innsbruck, wurde uns am nächsten Tag die «Bildzeitung» präsentiert. Auf der Titelseite sprang uns zwischen roten Balken der Titel entgegen: «Der Retter schnitt das falsche Seil durch». Der verunglückte Bergsteiger habe noch gelebt, wurde da behauptet, und wir hätten aus Versehen sein Seil mit unseren Bergmessern durchgeschnitten, als wir versuchten, den Rucksack zu lösen. Wir waren wütend. Wir hatten unsere Haut riskiert und wurden nun der fahrlässigen Tötung beschuldigt.

Am 28. April 1968 promovierte ich im Rahmen strapaziöser Studentenendzeitfeiern zum Doktor der gesamten Heilkunde. Ich hatte mir wenig Gedanken über die Zukunft gemacht, aber zumindest beschlossen, Internist zu werden und in Bregenz, im Hause meines Vaters, eine Praxis zu eröffnen. Ich erwartete keinerlei Schwierigkeiten auf diesem Weg und trug meinen Wunsch nach einer Ausbildungsstelle in Innerer Medizin dem zuständigen Professor vor. Zu meinem Erstaunen und meiner nicht geringen Enttäuschung zeigte jener wenig Interesse an mir und meinte, ich hätte wohl zunächst im Ausland wissenschaftlich zu arbeiten und etwas zu lernen, bevor ich würdig sei, bei ihm tätig zu werden. Wenigstens nannte er mir aber zwei Namen von – seiner Meinung nach – guten Forschern in Zürich, bei denen ich mich bewerben könne.

So fuhr ich in Begleitung von Māra nach Zürich und parkte meinen uralten Volkswagen vor dem berühmten Kantonsspital. Ein Gefühl der Ehrfurcht erfüllte mich, da ich den grössten Teil meiner Kenntnisse der Inneren Medizin aus einem Buch erworben hatte, das ein Professor Hegglin verfasst hatte. Vor dessen Medizinischer Poliklinik stand ich nun und wollte mein Anliegen einem seiner Mitarbeiter, einem Professor Walter Siegenthaler, vortragen. So weit kam es aber nicht. Trotz der Vermittlung eines Verbindungsmannes, der hier gleichfalls auf Geheiss des Innsbrucker Professors arbeitete, empfing mich Siegenthaler nicht. Seine Sekretärin teilte mir nach längerem Warten mit, der Herr Professor verspüre keinen Wunsch, mich zu sehen, da keine Stellen bei ihm frei seien.

Mein Selbstbewusstsein erhielt einen argen Dämpfer, da das nun schon die zweite Niederlage bei der Suche nach einer beruflichen Tätigkeit war. Offensichtlich wartete die medizinische Welt nicht auf mich. Ich hatte aber noch eine zweite Adresse in meiner Tasche, jene eines Dr. Froesch, der aber erst am Nachmittag zu sprechen war. Enttäuscht kehrte ich zu Māra ins Auto zurück und berichtete von meinen Niederlagen. Māra wusste Abhilfe. Sie kannte die Kronenhalle, das traditionsreichste Lokal von Zürich, in dem Werke von Chagall, Mirò und Kokoschka an den Wänden hängen und in dem die Crème de la Crème von Zürich und der Welt speist. So trösteten wir uns bei «Züri Geschnetzeltem» mit Rösti und Hauswein und memorierten die Umstände der Berufung von Johann Sebastian Bach zum Thomaskantor in Leipzig: Bach war nicht die erste Wahl des Stadtrats von Leipzig, und ein Ratsherr namens Dr. Platz machte sich für alle Zeiten lächerlich, indem er den im Protokoll festgehaltenen Ausspruch tat, da man die Besten nicht bekommen könne, müsse man Mittlere nehmen.

Der erste Chef und Mentor: PD Dr. Ruedi E. Froesch, der unbeirrbare Forscher

Dermassen gestärkt und moralisch aufgerüstet, unternahm ich meinen dritten Anlauf für eine berufliche Zukunft. Ich traf zunächst einen Dr. Müller, dem ich auf der Suche nach Dr. Froesch mein Anliegen vortrug. Freundlich lächelnd hörte mir Dr. Müller zu und fragte, ob ich denn eigentlich wisse, was dieser Dr. Froesch mache. Da ich davon keine Ahnung hatte, wurde mir erklärt, dass dieser Dr. Froesch Ratten einen Fettzipfel abschneide, der vom Nebenhoden herunterhänge. Anschliessend würden mehrere solcher Fettzipfel auf mehrere Gläschen verteilt und allerlei biologische Eigenschaften von unbekannten Substanzen solchermassen studiert. Dr. Müller fragte mich, ob es das wohl sei, was ich künftig zu tun gedenke, und liess dieser Frage einen langen, wiehernden Lachsturm folgen.

Bevor ich meine rasch aufkeimenden Zweifel an meiner künftigen Lebensgestaltung vertiefen konnte, tauchte eben jener Dr. Froesch selbst auf, dessen Persönlichkeit mich vom ersten Augenblick an faszinierte und überzeugte. Er war ein gross gewachsener Mann, auch er mit einem sehr breiten Lachen, dem ich auf seine entsprechende Frage antwortete, ich hätte keine Ahnung, ob mich das Ganze interessiere, aber ich würde es sehr gerne probieren. Damit war ich angestellt.

Ein richtiger Doktor:
Oswald Oelz im Forschungslabor von Ruedi Froesch in Zürich, 1970

DRAMATISCHE TAGE AM MOUNT KENYA

Mit einem vollbepackten VW Käfer fuhr ich am 6. Mai 1968 nach Zürich und bezog ein Zimmer in einem Personalhaus des damals Kantonsspital genannten Universitätsspitals. «Innsbruck, ich muss dich lassen», war mir nicht leicht gefallen. Māra hatte ihr Studium noch nicht beendet, und alle meine Freunde blieben auch in Innsbruck. Aber ich würde ja nach zwei Jahren Fronarbeit in der Fremde wieder zurückkommen.

Dr. Froesch gab mir so genannte Papers zu lesen, also wissenschaftliche Publikationen über seine Forschungen, sowie einige Erklärungen, die ich nicht verstand. Ich verstand auch die Papers nicht und war für zwei bis drei Wochen – gelinde gesagt – verzagt. Dr. Froesch beschäftigte sich mit einer Eiweiss-Substanz, die im menschlichen Blut herumschwamm, wie Insulin wirkte, aber nicht Insulin war. Da sie wie Insulin den Transport von Zucker in Fett- und Muskelzellen förderte, durch Antikörper gegen Insulin aber nicht gehemmt werden konnte, wurde sie «non suppressible insulin-like activity of human serum», also «nicht hemmbare insulinähnliche Aktivität des menschlichen Serums» oder abgekürzt «NSILA» getauft. Während Jahren hatten sich mehrere Forschergruppen mit diesem Eiweiss herumgeschlagen, schliesslich aber resigniert und die Meinung geäussert, es handle sich um ein Artefakt, ein Kunstprodukt ohne jegliche biologische Bedeutung. NSILA wurde als «nonsense insulin-like activity» verspottet. Dr. Froesch schien das alles nichts anzuhaben. Er war felsenfest von der biologischen und späteren möglichen pharmakologischen Bedeutung dieser geheimnisvollen Substanz überzeugt. Ohne dass ich es bemerkte und verstand warum, wirkte sein Enthusiasmus ansteckend. Ich bereitete mein erstes wirkliches biologisches Experiment vor, das den Code Ö 1 erhielt. In der tiefen Überzeugung, die entsprechenden Ideen seien auf meinem Mist gewachsen, machte ich junge weisse Ratten mittels eines Zellgifts zu Diabetikern, also zu Zuckerkranken. Am 28. Mai 1968 fand dann Ö 1 statt. Von guten Helfern betreut und von Dr. Froesch sorgfältig beobachtet – schliesslich handelte es sich um eine Substanz, deren Isolierung enorm viel Arbeit gekostet hatte –, spritzte ich meinen zuckerkranken Ratten NSILA oder Insulin und mass, wie viel Zucker in das Muskel- und das Fettgewebe aufgenommen wurde. Zu unserer grossen Freude stellten wir fest, dass unser NSILA den Einbau von Zucker in den Muskel und damit natürlich Muskelkraft und Muskelwachstum viel mehr förderte als das zum Vergleich gespritzte Insulin. Übermütig sahen wir dank unserer Substanz Zuckerkranke zu wohl gebauten Muskelmännern werden.

Innerhalb der folgenden zwei Jahrzehnte wurde dank der Beharrlichkeit von Ruedi Froesch NSILA als wichtiger biologischer Wachstumsfaktor identifiziert, in seiner Struktur charakterisiert und zum «insulin-like growth factor» (IgF), also zum «insulinähnlichen Wachstumsfaktor», umgetauft. Die gentechnologisch hergestellte Reinsubstanz hat sich inzwischen als viel versprechende Behandlungsalternative für manche Patienten mit Zuckerkrankheit erwiesen – und sich zur illegalen Stardroge der Bodybuilder entwickelt. Tagesdosen von IgF sollen für bis zu 6000 Dollar auf dem Schwarzmarkt gehandelt werden. Ruedi Froesch, der einen guten Teil seines Forscherlebens dieser Substanz gewidmet hat, ist zwar davon nicht reich geworden, aber zumindest in Forscherkreisen weltberühmt.

Die Bäume junger Forscher wachsen nicht immer in den Himmel: Nachdem mich das Glück bei meinen ersten Experimenten verwöhnt hatte, verbiss ich mich in einen weiteren Eiweisskomplex mit insulinähnlicher Aktivität, welchen Ruedi Froesch und sein Mitarbeiter Andrea Jakob auf Grund von Eigenschaften während des Reinigungsprozesses «NSILA-precipitated» (NSILA-P) genannt hatten. Mich faszinierte der Umstand, dass dieses Eiweiss in sehr grossen Mengen im Blutserum vorhanden war. Mit allen denkbaren Tricks und Methoden, die mir verschiedene Spezialisten erklärten, versuchte ich diese Substanz von anderen Molekülen des Blutplasmas zu trennen, dadurch zu reinigen und zu charakterisieren. Ich wusste mit einiger Sicherheit, dass ich die einzige Person auf der Welt war, die damit arbeitete. Diese Exklusivität war aufregend wie Klettern, da ich von Woche zu Woche den grossen Durchbruch erwartete und mir vorstellte, den Wissensschatz der Menschheit erweitern zu können. Denn alles, was ich herausfand, war ja neu und unbekannt. Aus den Wochen wurden Monate, und schliesslich verging mehr als ein Jahr, in dem ich keinen Zentimeter vom Fleck kam. Es gelang mir wohl, die Substanz von anderen abzutrennen, die labile Aktivität verlor sich aber auf geheimnisvolle Weise während der Reinigungsprozesse und zerfiel. Wieder einmal hatte ich Gelegenheit, meine Frustrationstoleranz weiterzuentwickeln; zu den Publikationen, die den Ertrag und den Erfolg des Wissenschaftlers bedeuten, kam es nicht.

Im Nebengebäude arbeitete eine neue Laborantin. Als ich sie zum ersten Mal vom Fenster meines Labors aus sah, war es um mich geschehen. Sie hatte lange blonde Haare, auch sonst ein aufregend weibliches Äusseres, und sie schien meistens strahlend zu lachen. Als sie wieder einmal vorbeiging, fragte ich Ruedi Froesch, um Beiläufigkeit bemüht, wer denn das nun sei. Das sei Ruthli Fritz, sie arbeite bei Grob, und dann kamen noch einige gemurmelte Kommentare über die Qualität der Forschungstätigkeit des Kollegen Grob. Ich fand heraus, dass sich neben dem Laboratorium von Ruthli ein Kühlraum befand, den ich für meine Reinigungsexperimente benützen konnte. So pilgerte ich nun mit meinen Chromatografiesäulen in diesen Kühlraum und versuchte mich weiter mit der Reinigung des geheimnisvollen NSILA-P. Manchmal begegneten wir uns auf dem Gang oder der Treppe, und dann murmelte ich mit gesenktem Kopf: «Grüezi», aber nichts weiter. Die Säulen mussten natürlich täglich mehrmals kontrolliert werden, Fortschritte bei der Reinigung meiner Substanz machte ich trotzdem nicht. Irgendwann liess ich durch den besten Floristen der Stadt einen riesigen Blumenstrauss mit meinen besten Empfehlungen an ihre Adresse schicken, setzte aber die Unterschrift so unleserlich, dass sie sicher nicht zu entziffern war.

Der Skitag unserer Klinik fand in der Zentralschweiz, am Titlis, statt. Als sich nach einer Gletscherabfahrt unsere Gruppe auf der Terrasse eines Restaurants traf, sass auch Ruth da und unterhielt sich gerade glänzend mit Ruedi Froesch. Es stellte sich heraus, dass sie auch gut Ski fahren konnte. Dass meine Forschung stagnierte, war mir jetzt mehr oder weniger einerlei. Wir schwebten auf Wolken und auf Skiern.

Im August reisten wir nach Afrika. Mit uns kam Gert Judmaier, ein Freund aus Innsbrucker Tagen. Wir hatten uns während des Studiums kennen gelernt und zusammen einige Skitouren unternommen. Ich bewunderte ihn als Lebemann und weil er nach Abschluss des Medizinstudiums mit dem Rucksack um die halbe Welt gezogen war und in Kabul afghanischen Hanf geraucht hatte. Inzwischen war er Assistenzarzt an der Innsbrucker Uniklinik und wollte auch Internist werden. Wir verstanden uns grossartig.

Wir hatten uns zunächst den Kilimandscharo vorgenommen, da er leicht zugänglich und technisch einfach, aber doch immerhin fast 6000 Meter hoch war. Nachdem wir mit lokalen Bussen den Fuss unseres Berges erreicht hatten, wurden wir belehrt, dass wir einen Führer anzuheuern hätten und dass Träger erst am nächsten Tag verfügbar seien. Nicht nur wegen unserer knappen Reisekasse, sondern vor allem wegen der Verzögerung und der augenscheinlichen Dekadenz solchen Tuns, lehnte ich den Einsatz von Führern und Trägern kategorisch ab und packte drei schwere Traglasten. Zudem argumentierte ich, dass die Träger am Berg viel zu langsam seien. Wir starteten noch am Nachmittag unserer Ankunft, wobei die Forschheit unseres Aufstiegs nur durch die bedrückenden Traglasten gebremst wurde. So kam es zu einem Biwak im tropischen Regen, wenige hundert Meter unterhalb der ersten Hütte, die wir in der Dunkelheit nicht fanden. Zwei Tage später erreichten wir die Top Hut auf 5000 Metern. Wir hatten zwar schon gehört, dass man in der Höhe krank werden kann, aber wir fühlten uns «on top of the world».

Um Mitternacht wurde ich von hämmerndem Kopfweh geweckt. Eine Stunde später wollten wir losgehen. Auch Ruth und Gert erweckten nicht unbedingt den Eindruck, noch immer «on top of the world» zu sein. Ich startete extrem langsam, ein uralter Mann, der Kopf wollte mir zerspringen, und nach wenigen hundert Metern musste ich die paar Schluck Morgentee, die mein ganzes Frühstück gewesen waren, erbrechen. Auch Ruth war froh, umkehren zu können, da es ihr nicht viel besser ging. Gert schaffte es bis zum Kraterrand und vermerkte stolz, wie höhentauglich er doch sei.

Unser zweites Ziel war der Mount Kenya, 5199 Meter hoch. Der Weg dorthin führte an wunderschönen Parks vorbei, die mit ihrer einzigartigen Tierwelt begeisterten und uns für eine Zeit lang fast unseren Berg vergessen liessen. Trotzdem erreichten wir am 2. September 1970 die Naro Moro River Lodge, den Ausgangspunkt für die Besteigung des Mount Kenya. Hier trennten wir zwei Männer uns wie vereinbart von Ruth, da wir meinten, dass die Kletterei und die Anstrengung an diesem einsamen Berg zu viel sei für sie. Sie schlug sich als weisse Frau allein per Autostopp 800 Kilometer zur Küste durch, zuerst im Auto eines Metzgers, dann mit allerlei Bussen, und erreichte schliesslich Mombasa, wo sie sich dem widmete, was vernünftige Leute üblicherweise in den Ferien tun: ausspannen und sonnenbaden. Am Morgen des vierten Tages ihres Badeaufenthaltes sah sie beim Frühstück auf der Frontseite der lokalen Zeitung die Balkenüberschrift: «Is he still alive?» – Lebt er noch? Der knappe Text besagte, dass ein oder zwei Österreicher in der Gipfelregion des Mount Kenya abgestürzt seien und dass man sich daran mache, nach ihnen zu sehen.

Wir erreichten den Hauptgipfel des Mount Kenya nach einem schnellen Aufstieg – als erste Seilschaft in jenem Jahr. Damals war dieser afrikanische Berg noch ein Geheimtipp für Bergsteiger der etwas ernsteren Richtung und dementsprechend einsam. Am zweiten Tag unseres Anmarsches trafen wir in der Kalmi Hut in der Nähe der Einstiegsfelsen eine Gruppe von Engländern und

Amerikanern, die wegen Vereisung an der Tour gescheitert waren. Das tat unserer Zuversicht keinen Abbruch. Zudem hatte uns die Schönheit der Anmarschroute und die beeindruckende Gestalt des Doppelgipfels in freudige Erregung versetzt. Der Hauptgipfel ist der 5199 Meter hohe Batian, benannt nach einem schwarzen Häuptling. Er wurde erstmals 1899 von Sir Halford Mackinder und seinen Führern César Ollier und Joseph Brocherel aus Courmayeur bestiegen. Der Zwillingsgipfel Nelion (5186 m) trägt ebenfalls den Namen eines einheimischen Häuptlings. Ihn erreichten 1929 als Erste der legendäre Abenteurer Eric Shipton und Percy Wynn Harris.

Am 5. September 1970 stiegen wir um 6 Uhr morgens in die 700 Meter hohe Nordwand ein und erfreuten uns an weitgehend seilfreier Kletterei im dritten bis fünften Schwierigkeitsgrad auf festem Granit. Nach einem langen Couloir und einem grossen Amphitheater führte ein herrlicher Kamin zum Firmins Tower, gegen Mittag steckten wir in dichtem Nebel und suchten während eineinhalb Stunden einen Durchschlupf zum Shipton's Notch, der Schlüsselstelle zum letzten Teil des Grates. Es begann zu schneien, und wir verwendeten für die letzten hundert Meter zum Gipfel wieder das Seil. Gerade als Gert mir im Nebel erklärte, er werde in einer halben Stunde umkehren, ob wir unser Ziel erreichten oder nicht, stand ich auf dem Gipfel. Wir freuten uns riesig, schliesslich war dies unser erster richtiger Gipfel ausserhalb von Europa. Fünf Minuten genehmigte ich mir für die damals obligate

Seilfreies Klettern auf festem Granit in der 700 m hohen Nordwand des Mount Kenya, September 1970

Gipfelgitanes auf dem Batian, 5. September 1970, 13 Uhr

Rechte Seite: Batian (5199 m, links) und Nelion (5188 m, rechts), die Zwillingsgipfel des Mount Kenya; Blick von Südwesten

Gitanes Maisblatt und empfand, dass das bisher meine schönste Bergbesteigung überhaupt war.

In zunehmendem Schneetreiben querten wir drei Seillängen über den Gipfelgrat zum Shipton's Notch zurück. Der weitere Abstieg führte nun in die Wand und begann mit einer Abseilstelle, die durch zwei alte Seilschlingen kenntlich war. Shipton's Notch ist ein bequemer Standplatz für mehrere Leute. Während ich eine weitere Schlinge einhängte, stand Gert einen Meter links von mir und verfolgte mit den Augen den weiteren Abstieg; mit der linken Hand hielt er sich an einem riesigen Felsblock. Ohne reagieren zu können, musste ich zusehen, wie dieser sich zusammen mit meinem Freund wie in Zeitlupe nach vorne neigte und abstürzte. Ich hörte das Geräusch der Steinlawine, den Schrei von Gert, roch den Schwefelgestank und bekam das rasend schnell abspulende Seil in die Hände. Die Haut wurde mir in Sekundenbruchteilen von Fingern und Handtellern gerissen, bis der Fall meines Freundes nach etwa 12 Metern durch den Aufprall auf eine Felsrippe für Momente gestoppt wurde. Irgendwie gelang es mir, das Seil um meinen linken Arm und Ellbogen zu wickeln, zu fixieren und den Sturz zu halten. Wie das möglich war, ist mir noch heute ein Rätsel. Gert schrie in Panik und rasend vor Schmerz, ich solle ihn noch einige Meter hinunterlassen, dann könne er liegen, und er sagte mir auch sofort, dass er einen offenen Unterschenkelbruch hätte. Beim Hinabklettern fand ich als erstes ein Stück seines Schienbeinknochens von der Grösse einer Streichholzschachtel. Gert lag auf einer schrä-

gen Geröllrippe; er blutete aus Wunden am Kopf und an den Beinen. Ein Stück Schienbein ragte unterhalb des Knöchels aus der zerfetzten Hose; diese Wunde blutete besonders stark. Mittels Abbinden vermochte ich die Blutung zu kontrollieren, wobei Gert meinte, es wäre wahrscheinlich gescheiter zu verbluten, als auf einen langsameren Tod zu warten. Er nannte mir seine drei Möglichkeiten, an dieser Stelle zu sterben – nämlich durch Schock und Verblutung, Erfrieren oder Fettembolien aus dem zerstörten Knochen. Er war realistisch. Nur wenn ich ganz schnell Hilfe bringen könne, sehe er eine winzige Möglichkeit zu überleben. Ich sah keine. Sollte er die ersten Stunden oder Tage überleben, so war trotzdem kaum Hoffnung, ihn lebendig über die lange und für einen Transport ausserordentlich ungünstige Route an den Fuss des Berges zu bringen. Aber bis er tot war, konnten wir zumindest noch etwas tun. So packte ich den Verletzten in Reservekleider und steckte ihn in unseren Biwaksack. Zwei Felshaken fixierten ihn an die Wand. Ich liess ihm ferner unsere gesamten Proviantvorräte zurück, nämlich einen Deziliter Whisky und eine Dose Pflaumenkompott. Wir verabschiedeten uns, und er bat mich, alle Freunde und im Besonderen alle Freundinnen zu grüssen.

Den Abstieg im weiter zunehmenden Schneesturm mit offenen, blutenden Händen und Fingern und dem durch den Felssturz teilweise zerfetzten Seil werde ich nie vergessen. Ich bewegte mich, ohne Schmerz, Kälte oder Nässe zu spüren, vollständig konzentriert, als wäre ich an irgendeinem Übungsfelsen einen Meter über dem sicheren Boden. Nach Dunkelheit erreichte ich die Kalmi Hut, in der die acht britischen und amerikanischen Bergsteiger vom Vortag auf einen weiteren Besteigungsversuch warteten. Als sie meine Geschichte gehört hatten, boten sie sofort all ihre Hilfe an. Der stärkste der Gruppe stieg noch in der Nacht zu einer tiefer gelegenen Hütte, in der sich ein Funkgerät und Medikamente befanden. Ich wurde mit viel heissem, süssem Tee versorgt. Essen konnte ich nicht.

Am folgenden Tag versuchte ich zusammen mit Dick, einem Bergsteiger aus Los Angeles, zu meinem verletzten Freund aufzusteigen. Bereits um 10 Uhr morgens setzte heftiger Schneefall ein, und die Kletterei wurde deswegen immer schwieriger. Dick litt zudem zunehmend unter akuter Bergkrankheit und war schliesslich so erschöpft, dass wir auf einer Höhe von 4900 Metern umkehren mussten. Der Schmerz in meinen verbrannten Fingern und offenen Handflächen war schwer zu ertragen. Am meisten weh tat mir aber der Gedanke, dass Gert nun wohl allein sterben würde, wenn er nicht schon gestorben war. Erst in der Nacht gelangten wir zurück in die Kalmi Hut, triefend vor Nässe, durchfroren und erschöpft. Bereits waren vier Bergsteiger des Kenya Mountain-Club mit Medikamenten und Bergungsgeräten eingetroffen. Alle litten unter akuter Bergkrankheit. Sie hatten im Club schon gelegentlich über einen möglichen Rettungseinsatz am Mount Kenya diskutiert und stimmten in der Meinung überein, dass es unmöglich sei, jemanden mit einer schwereren Verletzung aus der Gipfelregion lebend zu Tale zu bringen. Trotzdem wollten sie es versuchen, und wir erfuhren, dass Bergsteiger aus ganz Ostafrika auf dem Weg zum Mount Kenya waren, um uns zu helfen.

Mit Silvano Borrusso, einem in Kenia lebenden Italiener, versuchte ich tags darauf, erneut zu meinem Freund vorzudringen. Obwohl auch Silvano unter Höhenbeschwerden litt, erreichten wir um 17.30 Uhr, mehr als 48 Stunden nachdem ich Gert verlassen hatte, die Felsrippe, die uns von ihm trennte. Schon lange hatte ich nach ihm gerufen. Da ich keine Antwort bekommen hatte, war ich sicher, dass er tot sei. So stieg ich um die Kante, hinter der ich ihn zurückgelassen hatte, sah den roten Biwaksack, der seinen Körper bedeckte, und schrie verzweifelt seinen Namen. Ein Wunder geschah: Gert schlug den Biwaksack zur Seite und sagte mit leiser Stimme: «Mein Gott, Bulle, dass du noch lebst.» Ich schrie ins Funkgerät, man solle vorwärts machen, so schnell als möglich, er lebe, wir könnten ihn noch retten – bekam aber keine Antwort. Trotzdem wurde dieser Spruch am Fuss des Berges gehört und motivierte die inzwischen in grösserer Anzahl eingetroffenen Retter.

Die Situation bei Shipton's Notch

Gert litt unter grossen Schmerzen und erhielt erste Injektionen von Morphium. Er trank nur wenig und erbrach es gleich wieder. Die letzten 48 Stunden hatte er mit einem Schluck Whisky und der Früchtekonserve verbracht, die er ohne sein Messer mit Steinen hatte öffnen müssen. Es folgte eine weitere kalte, unbequeme Nacht auf einer abschüssigen Felsleiste.

Der 8. September begann wie immer mit strahlendem Sonnenschein und dem ersten Besuch von Flugzeugen. Behelfsmässig schienten wir Gerts verletztes Bein, worauf Silvano versuchte, ihn auf dem Rücken einige Meter zu transportieren. Gert schrie sofort in fürchterlichem Schmerz und verlor das Bewusstsein. Wir bewegten ihn nur wenige Meter und banden ihn erneut am Fels fest. Er war ein sterbender Mann, der kaum noch Flüssigkeit schlucken konnte, und Infusionsflüssigkeiten hatte ich noch keine zur Verfügung.

Starker Schneefall weckte uns früh am nächsten Morgen. Gert erzählte mir, dass er die letzte Nacht erwartet habe zu sterben, und er meinte, wie schrecklich es doch sei, dass das Sterben so lang dauere. Während der Nacht hatte er mich mehrmals gebeten, ihn von den Haken loszubinden, damit er sich über die Felsrippe rollen könne, um in den Abgrund zu fallen. Wieder hörten wir das Geräusch mehrerer Flugzeuge und dann ein neues Geräusch, das eines Helikopters. Plötzlich war wieder Hoffnung auf schnellere Hilfe da. Dann ein ganz lauter Krach, dann Stille, das Helikoptergeräusch war verschwunden. Wir glaubten, dass der Helikopter abgestürzt sei, das passte so recht in unser verzweifeltes Szenario. Später erfuhren wir dann, dass unsere Vermutung tatsächlich zutraf und dass Jim Hastings, ein junger amerikanischer Pilot, bei dem Unfall ums Leben gekommen war.

Am Nachmittag erreichten uns vier Bergsteiger aus Kenia mit dem Leiter der Rettungsgruppe, Robert Chambers, und brachten uns die lang ersehnten Infusionslösungen. Die Venen in Gerts Arm waren kaum auffindbar, mit meinen gefühllosen Fingern musste ich bis zu zwanzig Mal stechen, bis die Nadel am richtigen Platz war, dann verrutschte sie wieder. Schliesslich schaffte ich es doch und infundierte einen ersten Liter Traubenzuckerlösung. Während der Nacht froren die Infusionsflüssigkeiten ein, die ich an Haken über Gert an der Felswand befestigt hatte. In der Folge hielt ich einen brennenden Gaskocher unter die Flaschen, um so die Infusionsbehandlung weiterführen zu können. Ich ertappte mich bei der Hoffnung, dass Gert jetzt endlich sterben würde, da wir ihn ja sowieso nicht lebendig vom Berg herunterbringen könnten. Ich wollte diesen schrecklichen Ort an diesem schrecklichen Berg in diesem schrecklichen Wetter verlassen. Dann aber überlegte ich mir wieder, ob ich wohl, hätte ich gewusst, wie sehr wir in Teufels Küche kommen würden, auf die Tour verzichtet hätte. Nein, ich hätte nicht, und ich würde es wieder tun. Dies war das intensivste Lebensgefühl, das ich je empfunden hatte, und irgendwann würden wir hier herauskommen.

Am nächsten Morgen – man schrieb inzwischen den 10. September – war es fürchterlich kalt. Wir waren jetzt fünf Männer und bauten eine Seilbahn für die erste schwierige Querung zu unserer Abstiegsroute. Der Versuch, Gert damit zu transportieren, scheiterte wiederum an seinen unerträglichen Schmerzen. Wir mussten also auf einen Stretcher, eine leichte Bahre, warten. Inzwischen hatte ich sämtliche Infusionslösungen und Morphiumampullen aufgebraucht. In seinen Fieberträumen sprach Gert darüber, dass er ein gutes Leben hatte, dass er traurig sei, jetzt zu gehen, und dass er alles, was er im Leben versäumt habe, zutiefst bedauere. Hier bezog er sich ausdrücklich auf seine Beziehungen zu Frauen. Der Sturm am Nachmittag war stärker als je zuvor, und unsere Moral erreichte den absoluten Tiefpunkt.

Der 11. September war angebrochen, sechs Tage und sechs Nächte lag Gert mit seiner schweren Verletzung nun schon auf dem kleinen Felsvorsprung. Noch immer war er am Leben, wenn auch mit hohem Fieber und ständigem Klagen. Er bat mich, endlich ein Feuer zu machen, und hörte Stimmen deutscher Mädchen, die uns besuchten. Er forderte uns auf, nicht nur herumzusitzen, sondern ihn endlich zu retten. Dies wurde um die Mittagszeit möglich, als der ersehnte Stretcher eintraf. Unsere Seilbahn zum nächsten Felsturm trat in Aktion, dann begann die lange Traverse im Gelände dritten bis vierten Schwierigkeitsgrades mit der Bahre, die von vier Kletterern über die Felsen transportiert wurde, während der fünfte sie von oben sicherte. Bei Dunkelheit erreichten wir den Anfang der senkrechten Abseilstellen, wo wir erneut biwakierten. Gert litt wieder unter Fieberträumen. Er nannte uns Trunkenbolde und verlangte auch für sich eine Portion Rotwein. Alle zwei Stunden schmolz ich Schnee, und Gert konnte jeweils wenige Schluck Tee zu sich nehmen.

Nach einer weiteren unruhigen Nacht begannen wir mit dem Abseilen. Zwei Seile sicherten jeweils den Stretcher und den begleitenden Retter. Nach mehreren Seillängen setzte erneut ein heftiger Schneesturm ein. Wir waren am Anfang einer langen, ausserordentlich problematischen Querung über einen scharfen Grat. Ich sah keine Möglichkeit, mit den wenigen verbliebenen Seilen eine 60 Meter lange Seilbahn bis zum nächsten Felsturm zu bauen. Wieder einmal standen wir vor einem unlösbaren Problem.

Aus dem Nebel- und Schneetreiben tauchte in diesem Moment eine Gestalt auf, sprach mich in österreichischem Dialekt an und zog drei Seile hinter sich her. Ich erkannte im Deus ex machina Werner Heim, einen der stärksten österreichischen Bergsteiger jener Zeit und gleichzeitig einen der erfahrensten Bergretter. Er sagte mir, dass sieben Freunde aus Tirol gekommen seien, um Gert zu retten. Die ganze Abseilroute hätten sie bereits präpariert. Später erfuhren wir, dass Gerts Vater 24 Stunden nach dem Unglück durch einen Reporter von unserem Unglück vernommen und darauf sofort unsere Freunde gebeten hatte, zu Hilfe zu eilen. Innert Tagesfrist war die Elite der Tiroler Bergrettungsmannschaft nach Nairobi geflogen; nach zwei weiteren Tagen hatten die sieben den Fuss des Berges erreicht. Fünf von ihnen waren gerade aus dem Himalaja zurückgekehrt und deswegen hervorragend akklimatisiert, so dass auch der rasche Aufstieg für sie problemlos möglich war. Der weitere Abtransport verlief in zauberhafter Schnelligkeit, meist dank ausgewogener Rettungstechnik und entsprechender Manöver, gelegentlich unterstützt durch rohe Kraft. Die letzten 200 Meter bis zum Boden hingen Heim und ich am Stretcher und seilten in einem Zug bis zum Wandfuss ab. Es war Mitternacht, als wir dort ankamen. Inzwischen hatte Gert auch von Dr. Raimund Margraiter, einem Mitglied der Rettungstruppe, weitere Infusionen erhalten, und wir waren optimistisch, dass er überleben würde.

Als ich mich vom Stretcher löste, gewahrte ich Ruth. Nachdem sie die Zeitungsnachricht über unser Unglück gelesen hatte, schlug sie sich unverzüglich zum nächsten Flugplatz durch und überzeugte dort einen Piloten, der in die Nähe des Mount Kenya flog, sie mitzunehmen. Dann schloss sie sich

Gert Judmaier wird nach seiner Rettung von einheimischen Helfern zur nächsten Strasse getragen.

den aufsteigenden Rettungsmannschaften an und tauchte, für mich einer Fata Morgana gleich, auf. Ich versprach ihr, die nächsten Ferien am Meer zu verbringen – ein Versprechen, das ich nie einlöste. Um vier Uhr morgens öffneten Dr. Margraiter und ich die Verbände um Gerts Bein. Der Geruch und der Anblick der Wunde mit dem grauen, herausstehenden Schienbeinknochen verscheuchten die interessierten Zuschauer innert Sekunden. Wir waren sicher, dass das Bein amputiert werden musste.

20 Jahre danach: Walter Spitzenstätter, Wolfi Wippler, Gert Judmaier und Oswald Oelz (von links) 1990 auf dem Mount Kenya

Nach einer Stunde Schlaf dämmerte ein strahlender neuer Morgen. Schwarze Polizeiträger halfen uns, Gert auf der Bahre mehrere Stunden lang bis zur nächsten Strasse zu transportieren. Dort wartete sein Vater, und noch am selben Abend wurde er ins Spital von Nairobi gebracht. Entgegen unseren Erwartungen riskierten die dortigen Chirurgen, die Wunde lediglich zu säubern und keine Amputation durchzuführen.

Ich hatte während neun Tagen fast nichts gegessen und fühlte mich trotzdem in absoluter Hochform. Überall waren wir eingeladen, mehr als hundert Leute aus Ostafrika hatten geholfen, und alle wollten uns sehen. Die Zeitungen berichteten über uns; in einem Editorial des «East African Standard» vom 10. September titulierte man uns als Helden, und meine Bemühungen wurden besonders erwähnt. Der Artikel endete mit dem Satz: «Kenya Saluts this Hero among Heroes». Diese Dokumentation meines Heldentums hängt jetzt in einer dunklen Ecke meines Weinkellers.

Das Überleben meines Freundes brachte mir die Erkenntnis, dass man in den Bergen bei entsprechendem Willen und mit etwas Glück auch kritische Situationen überleben kann, mit Ausnahme von Lawinen, Steinschlag oder unglücklichem Absturz, die sofort zum Tod führen. Dies nahm mir für die Zukunft etwas von meiner Angst. Gert wurde mehr als ein Jahr lang immer wieder operiert. Er behielt sein Bein, wenn auch mit einem steifen Sprunggelenk, das streichholzschachtelgrosse Stückchen Tibia blieb am Mount Kenya. Zwanzig Jahre später kletterten wir, zusammen mit einem Teil der Rettungsmannschaft, erneut zu diesem Gipfel. Am Absturzort von Jim Hastings gedachten wir des jungen Helikopterpiloten und brachten eine Bronzetafel am Fels an mit der Inschrift: «In memoriam captain Jim Hastings who lost his life in saving mine. Gert Judmaier. 1970–1990».

«Der Anmarsch von Pokhara zu unserer Südwand dauerte zehn Tage und war eigentlich ein Wettrennen.» Oswald Oelz und Reinhold Messner beim Aufbruch zum Manaslu, März 1972

EXPEDITIONEN

Am 20. Oktober 1970 besuchten wir Gert in der Chirurgischen Klinik von Innsbruck. Inzwischen war er bereits zweimal operiert worden und hatte wohl noch einiges über sich ergehen zu lassen. Im Bett neben ihm lag auch ein bärtiger, sonnenverbrannter, hagerer Bergsteiger, der auf die Amputation seiner schwarzen Zehen wartete. Ich hatte von Reinhold Messner bisher nur gelesen und mit Bewunderung und Schaudern gehört, in welch atemberaubendem Tempo er nacheinander schwierigste Routen in den Alpen durchkletterte. Von Woche zu Woche hatte ich auf die Meldung seines Absturzes gewartet. Nun war er, zusammen mit seinem Bruder Günter, in einem vom deutschen Expeditionsorganisator Karl Maria Herrligkoffer geleiteten Unternehmen durch die Südwand auf den Nanga Parbat gestiegen. Beim Abstieg auf der anderen Seite des Berges verschwand Günter in einer Eislawine, und Reinhold traf schliesslich halbtot auf Einheimische, die ihn zu Tal brachten. Jetzt schrieb er sich, während seine Zehen für die Amputation trockneten, seine Trauer und seinen Zorn über die inkompetente und arrogante Expeditionsleitung von der Seele.

Ohne grosse Einleitung sagte Reinhold zu mir: «Du, wir planen für übernächstes Jahr eine Expedition zum Kangchendzönga. Kommst du mit?» Ich zögerte keine Sekunde und sagte: «Selbstverständlich.» Das entsetzte Gesicht und die feuchten Augen von Ruth, die in meinem Rücken stand, spürte ich nicht. Wolfi Nairz aus Innsbruck würde die Expedition leiten. Ich hatte ihn aus meiner Innsbrucker Studienzeit in vager Erinnerung. Er war ein unbekümmerter Optimist, dem ich die Organisation einer Expedition wirklich nicht zutraute, aber irgendwie würde das Ganze ja schon gehen. Auch die meisten übrigen Teilnehmer waren Tiroler Bergführer, nämlich Andi Schlick, Hansjörg Hochfilzer, Franz Jäger, Hans Hofer, die Kaiser-Mafia sowie Horst Fankhauser aus dem Stubai. Dazu kam Josl Knoll aus Innsbruck, einst Seilgefährte Hermann Buhls und jetzt Amtsrat. Unser ehrgeiziges Ziel war der Nordostsporn am Kangchendzönga, den deutsche Expeditionen 1929 und 1931 vergeblich berannt hatten. Ich kannte die Berichte und Bilder jener Expeditionen und schauderte beim Gedanken an die fragilen Eistürme, die an diesem unendlich scheinenden Grat zu bewältigen waren.

Zunächst einmal heirateten Ruth und ich und reisten nach strapaziösen Zeremonien für zwei Monate nach Bhutan. Dies war in jener Zeit ein für alle Ausländer verschlossenes Königreich, neben Tibet für mich das geheimnisvollste Land auf der Welt. Ich hatte erfahren, dass der König von Bhutan Patient von Professor Hegglin am Kantonsspital Zürich war, und hatte Dr. Franz Rhomberg, einen Mitarbeiter Hegglins, der später ein Freund werden sollte, um Hilfe bei der Beschaffung einer Einreiseerlaubnis gebeten. Tatsächlich verschaffte er uns gänzlich uneigennützig eine Einladung des Königs, um das Land zu besuchen. Diese Hochzeitsreise ins Mittelalter wurde schöner und eindrücklicher, als wir es uns in allen unseren Vorstellungen ausgemalt hatten. Bhutan war im Alltag gelebter Buddhismus. Wir fanden ein fröhliches, mit seinem kargen Leben zufriedenes Volk in der magischen Szenerie des Himalaja. Nach einer Audienz beim König, bei der Ruth zu dessen sichtlicher Freude einen sehr kurzen Rock trug und ich tapfer die starken Zigaretten rauchte, die er mir anbot, erhielten wir sogar die Erlaubnis, die Region Lunana, den verschlossenen Norden Bhutans an der Grenze zu Tibet, zu besuchen. Wochenlang zu Fuss oder auf Yaks unterwegs, war Ruth die erste Europäerin, die einen der abgelegensten Teile des Himalaja zu Gesicht bekam.

«Zunächst einmal heirateten Ruth und ich.» Die Braut mit dem Trauzeugen Gert

Nach meiner Rückkehr erfuhr ich, dass meine Mutter unheilbar krank war. Nachdem sie bereits ein Jahr zuvor wegen einer Darmkrebserkrankung behandelt worden war, ergab eine erneute Operation, dass sich in ihrer Leber bereits apfelgrosse Metastasen entwickelt hatten, wie mir der Chirurg am Telefon mitteilte. Der damals vorherrschenden Meinung folgend, man könne dem Patienten die schreckliche Wahrheit nicht zumuten, wurde meine Mutter angelogen. Man erklärte ihr, es sei alles in Ordnung, man habe nur postoperative Verwachsungen gelöst. Betäubt schloss ich mich der Lüge an, obwohl mir das Gesicht meiner Mutter zeigte, dass sie um die Wahrheit wusste. An Wochenenden fuhr ich zu ihr, spritzte ihr krebshemmende Mittel und sagte, dies sei nur eine Sicherheitsmassnahme. Ich hatte meine Forschungstätigkeit bei Ruedi Froesch nach dreieinhalb Jahren zunächst abgeschlossen und war nun klinischer Assistenzarzt am Kantonsspital Zürich. Meine Mutter vertraute ihrem Sohn, der ein richtiger Doktor geworden war.

Unser Expeditionsziel hatte inzwischen gewechselt. Für den Nordostsporn des Kangchendzönga war keine Genehmigung zu bekommen. Wir er-

«Karl Maria sorgte für eine vollständige Durchflohung unserer Gruppe.»

hielten die Erlaubnis, die unbekannte Südwand des achthöchsten Berges der Welt, des 8156 Meter hohen Manaslu, zu durchsteigen. Dessen Gipfel war erstmals 1956 von einer japanischen Expedition bestiegen worden. Obwohl mir der Normalweg auf einen Achttausender mehr als gereicht hätte, wollten meine Freunde, entsprechend dem Trend der Zeit und die historische Entwicklung in den Alpen wiederholend, über eine möglichst schwierige neue Route zum Gipfel klettern. Die Südwand des Manaslu kannte niemand; ein Foto, aus weiter Entfernung aufgenommen, liess keine Details erkennen – ausser, dass die Wand hoch und steil war. An den Wochenenden trafen wir uns, packten unsere Expeditionsausrüstung zusammen und diskutierten über die mühselige Suche nach Geld. Meine Freunde liessen auch die üblichen und von mir damals als nötig erachteten medizinischen Vorsorgeuntersuchungen über sich ergehen. Ich fand heraus, dass sie alle gesund waren.

Wenige Wochen vor unserer Abreise starb meine Mutter, und damit löste sich für mich die schwierige Frage, ob ich ihr in ihrer Krankheit beistehen und auf meine Expedition verzichten solle. Nun schien mir die Expedition umso mehr die richtige Psychotherapie für meine Traurigkeit zu sein.

In Katmandu, der Hauptstadt Nepals, hausten wir in einem lottrigen Inn. Die Stadt hatte trotz des aufkeimenden Tourismus noch kaum von ihrem Freak-Charme eingebüsst; allenthalben wurden Haschisch und Marihuana angeboten. Wir trafen hier einen Teil unserer Sherpamannschaft – frohe, unbekümmerte Burschen wie wir. Die übrigen Sherpas fanden wir wenige Tage darauf in Pokhara. Der folgende Anmarsch zu unserer Südwand dauerte zehn Tage und war eigentlich ein Wettrennen. Reinhold lief voraus, wir schnauften hinterher, besonders aufwärts wurden Hetzjagden veranstaltet. Manchmal dispensierte ich mich davon mit der Entschuldigung, Patienten verarzten zu müssen, wurde dann aber vom belastenden Gefühl geplagt, Trainingseinheiten zu verpassen. Wir hatten auch einen Expeditionshund dabei, den wir Karl Maria tauften – in zynischer Erinnerung an den umstrittenen deutschen Expeditionsleiter Herrligkoffer. Reinhold meinte zwar, man könne das dem Tier nicht antun. Karl Maria begleitete uns während der ganzen Reise, hütete unser Basislager und war manchmal tagelang verschwunden, um immer dann aufzutauchen, wenn Fressen verfügbar wurde. Er sorgte für eine vollständige Durchflohung unserer Gruppe – eine Plage, der wir uns mit Rakshi, dem aus lokalem Getreide gebrauten Schnaps, und lockeren Sprüchen erwehrten. Der Sirdar, der Anführer unserer Sherpas, Urkien, sorgte für Nachschub, der in gallonenartigen Fünfliterkannen ins Basislager gebracht wurde.

Rakshi brauchten wir auch zur Hebung der Moral, als wir zum ersten Mal unsere geplante Aufstiegsroute sahen. Die Probleme begannen bei einem völlig zerrissenen Eisfall, in dem wir in zwei Stunden zehn Lawinen zählten. Rechts davon bot ein senkrechter Felspfeiler die einzige Möglichkeit für einen einigermassen sicheren Aufstieg, da eine Schlucht weiter rechts ebenfalls von Lawinen bestrichen wurde. Unsere Felsexperten meinten, man könne diesen Pfeiler mit Seilen begehbar machen. Darüber lagen weitere zerrissene Gletscher, den Weg zum Gipfel konnten wir nicht einsehen. Reinhold und Andi Schlick sowie Franz Jäger und Horst Fankhauser erkletterten in den letzten Märztagen den Pfeiler, bis uns Schneefall eine längere Pause auferlegte, die mit Kartenspiel und ständigem Reden über Klettertouren in den Dolomiten überbrückt wurde. Den Ostersonntag verbrachten wir mit langen Waschungen, einem von Horst gezauberten Yak-Rostbraten sowie einer Dose Bier für jeden. Wir sprachen von

Zwischenlandung auf dem Weg nach Katmandu (oben), Einheimische und Touristen (Josl Knoll und Reinhold Messner; unten)

Köstliche Verpflegung: Sortieren der Konserven im Basislager

Rechte Seite: Die Manaslu-Südwand vom Basislager aus. Rechts der Bildmitte der Felspfeiler, welcher der Gruppe als Aufstiegsweg diente

zu Hause, von den Frauen, Hansjörg und Franz vom demnächst eintreffenden Nachwuchs.

Bald erfuhren wir, dass Expeditionen vor allem mühselige Transportunternehmen sind. Unseren Pfeiler hatten wir nicht nur mit Seilen und Strickleitern kletterbar gemacht, sondern auch mit einer Seilbahn versehen, über die wir unsere Lasten nach oben zogen. Das war harte Fronarbeit in sengender Hitze. Franz und ich hatten die Lasten zur Seilbahn zu tragen, einzuladen und dann neue Lasten bereitzustellen. An einem solchen heissen Arbeitstag schlug Franz vor, eine Ananasbüchse zu öffnen. Dies war streng verboten, da diese Köstlichkeiten für die Gipfelregion reserviert waren. Klammheimlich, mit einem etwas mulmigen Gefühl im Bauch, verschlangen wir die Ananas und tranken den süssen Saft, so wie ich zu Hause als Kind Weinbeeren aus der Speisekammer geklaut hatte oder die besten Kirschen, die zum Verkauf bestimmt waren. Danach machten wir uns verschmitzt wieder an unsere Fronarbeit. In diese Schinderei platzte die Nachricht, dass Françoise im Basislager eingetroffen sei. Françoise war eine Westschweizerin, die wir in Pokhara kurz gesehen hatten und die beschlossen hatte, uns im Basislager zu besuchen. Sie hatte sich unserem Verbindungsoffizier angeschlossen, dem Mister Kharki, der für einige Tage ins Tal abgestiegen war. Mister Kharki hatte Françoise unzüchtige Avancen gemacht, war abgewiesen worden und hatte sich schliesslich nach der Drohung von Françoise, das Ganze der Regierung zu melden, zurückgezogen und ward nicht mehr gesehen. Dies hatte für uns längere polizeiliche Untersuchungen zur Folge, Anschuldigungen, wir hätten ihn umgebracht, und schliesslich eine saftige Busse. Erst Jahre später erfuhren wir, dass Mister Kharki, nachdem er von Françoise abgewiesen worden war, sich einer Einheimischen in gleicher Weise genähert hatte, worauf er von deren Mann erschlagen wurde.

Die Ankunft von Françoise motivierte uns, für eine Rast ins Basislager abzusteigen, und führte dort zu hektischem Verbrauch von Seife und heissem Wasser sowie zu einer vorübergehenden Besserung der Umgangsformen und der Sprachkultur. Françoise brauchte eine standesgemässe Unterkunft, worauf ich meinen Platz im grossen Zelt, das ich mit Wolfi teilte, räumte. Ich bezog ein winziges Einmannzelt, das nass und kalt war und mich müssig sin-

nieren liess, was Wolfi und Françoise in unserem Zelt wohl anstellten und ob überhaupt.

Zwei Tage später waren wir zurück am Pfeiler. Von Reinhold und Horst wussten wir über den Weiterweg durch eine zerrissene Gletscherzone in ein breites Gletscherhochtal. Die beiden hatten dort Schmetterlinge gefunden und es deswegen das Schmetterlingstal getauft. Sie wurden von Schlechtwetter gefangen, entgingen in ihrem Zelt nur knapp einigen Lawinen und stiegen darauf ab. Ungefähr zur gleichen Zeit vernahmen wir, dass wenige Tage zuvor auf der Nordseite des Manaslu sechs Koreaner und neun Sherpas, Mitglieder einer koreanischen Expedition, durch eine einzige Lawine getötet worden waren. Wir selbst waren beim Anmarsch zu unserem Pfeiler manchmal auch nur knapp den Ausläufern von Lawinen entronnen. So hofften wir nun auf sichere Zonen im Schmetterlingstal und endlich auf gutes Wetter. Die Aussicht, bald höher zu kommen, führte zu Hochstimmung – allerdings ent-

«Wir gingen langsam, zwei Atemzüge pro Schritt, und alle paar Meter rasteten wir, in den Schlaufen unserer Skistöcke hängend.» Im Schmetterlingstal auf 6300 m Höhe

Linke Seite: Andi Schlick an den Strickleitern des Aufstiegspfeilers

brannten Diskussionen, in welcher Reihenfolge wir aufsteigen würden. Reinhold war unbestritten der Erste. Dahinter wurde gerangelt; nur murrend akzeptierten die Betroffenen die Entscheidungen von Wolfi und Reinhard. Als Horst nach dem Lawinenerlebnis im Schmetterlingstal vom Sturm gebeutelt abstieg und kurzfristig sogar entnervt überlegte, nach Hause zu fahren, wurde sein Platz an der Spitze sofort von mehreren Expeditionsteilnehmern beansprucht. Die Diskussionen waren aber hinfällig, da bereits in der folgenden Nacht wieder ein halber Meter Neuschnee fiel.

Die Verhältnisse besserten sich dann doch, so dass zwei Tage später der Aufstieg gewagt wurde. Reinhold und Franz übernahmen die Spitze und errichteten auf dem Sattel am Ende des Schmetterlingstals auf 6600 Metern Höhe Lager III. Am folgenden Morgen spurte ich mit Andi, einen 25 Kilogramm schweren Rucksack schleppend, bis zum Lager III. Wir gingen langsam, zwei Atemzüge pro Schritt, und alle paar Meter rasteten wir, in den Schlaufen unserer Skistöcke hängend. Bei solchen Schindereien büsst man für alle Sünden, die man je genossen hat, und für alle jene, die noch kommen könnten. Für die letzten hundert Höhenmeter brauchten wir vierzig Minuten. Jeder Schritt kostete uns drei Atemzüge, der Rucksack war ein böser, schwerer Teufel. Reinhold empfing mich und warnte mich vor solchen Rucksäcken, das mache krank und bringe Erschöpfung. Unser Zelt stand in einer Spalte. Mit hämmerndem Kopfweh verkroch ich mich und verbrachte eine schlimme Nacht, zusammengekrümmt, zwischen Sherpas gepfercht,

«Die Diskussionen um die Aufstiegsfolge waren hinfällig, da bereits in der folgenden Nacht wieder ein halber Meter Neuschnee fiel.»

Rechte Seite: «Andi stieg elegant, seine neuen Steigeisen ‹Stubai Tirol› lobend, im blanken Steileis voller Freude in den Himmel.»

Ein Bild aus glücklichen Zeiten: Andi Schlick, Franz Jäger, Oswald Oelz und Josl Knoll beim Osterschmaus im Basislager

den Kopf in eine vom Eis eingedrückte Ecke des Zeltes gezwängt.

Reinhold und Franz kletterten früh am nächsten Tag bis auf 7400 Meter und errichteten dort ein Sturmlager. Im Funkgespräch am Mittag baten sie uns, die ersten hundert Meter dieser Eisflanke mit fixen Seilen zu versichern. Mein Kopfweh war kurzfristig verflogen. Andi und ich würfelten um die Führung, indem wir eine Tablette aufwarfen. Andi gewann und stieg elegant, seine neuen Steigeisen «Stubai Tirol» lobend, im blanken Steileis voller Freude in den Himmel. Wir versicherten dann noch weitere fünfzig Meter felsigen Geländes und kehrten zufrieden in unsere kalte Behausung zurück. Den folgenden Tag verbrachte ich erneut von Kopfweh und Übelkeit geplagt im Zelt. Reinhold und Franz warteten im obersten Lager auf günstiges Wetter für den Gipfelgang. Tags darauf, am 25. April 1972, hörten wir nichts von den beiden. Also wussten wir, dass sie Richtung Gipfel gingen. Ich war krank, tausend kleine Zwerge hämmerten in meinem Gehirn. Essen mochte ich nichts, dafür umso mehr husten. Die kleinste Bewegung verursachte Atemnot und keuchende, rasselnde Geräusche. Mit dem Stethoskop bestätigte ich meine Vermutungsdiagnose: Ich litt an einem Höhen-Lungenödem. Der damals herrschenden medizinischen Meinung folgend, spritzte ich mir das entwässernde Mittel Lasix, erhielt Sauerstoff mit einer Flussrate von zwei Litern pro Minute und wurde von Wolfi und Ang Tsering 700 Meter tiefer ins Lager II eskortiert.

Um fünf Uhr abends meldete sich Reinhold über Funk. Wir konnten ihn im tobenden Sturm kaum verstehen, als er erregt und atemlos berichtete. Er war zurückgekommen ins Zelt IV auf 7400 Metern Höhe. Franz hatte nach etwa vier Stunden Aufstieg aufgegeben und gesagt, er steige zurück, um für Reinhold Tee zu kochen. Reinhold war dann allein auf den Gipfel gestiegen und dort angesichts eines aufziehenden Sturms nur fünf Minuten geblieben. Beim Rückweg im Schneesturm musste er darauf das Zelt während mehrerer Stunden suchen; dabei hatte er Franz einige Male rufen gehört und ihn im

Zelt vermutet. Schliesslich fand er das Zelt. Dort traf er aber nur Andi und Horst an, die an diesem Tag ins höchste Lager aufgestiegen waren. Die beiden waren dann, da sie die Rufe von Franz aus nächster Nähe vernahmen, ausgezogen, um den Vermissten zu suchen. Stunden später hörten wir noch einmal Reinhold: Horst, Andi und Franz seien nicht zurückgekommen. Der Sturm tobte wie verrückt. Wolfi, der neben mir im Zelt lag, warf den tröstenden Gedanken auf, die drei sässen sicher gemeinsam unter dem Biwaksack in einer Schneehöhle und warteten auf den Morgen. Wir schliefen wenig in dieser Sturmnacht, in der wir wider unsere Vernunft unsere Freunde in Sicherheit hofften, und in der sie starben.

«Andi Schlick, Franz Jäger, † 25. April 1972» – Hansjörg Hochfilzer meisselt die Gedenktafel für seine Freunde.

Am Morgen war alles ganz ruhig. Der Sturm hatte sich gelegt, nur die meterhohen Schneeverwehungen und einige Nebelfetzen waren vom Toben der Nacht übrig geblieben. Um sieben Uhr morgens meldete sich Horst im Funkgerät. Gleich sagte er uns, dass Franz und Andi wohl tot seien. Andi und er hätten am Vorabend Franz nicht mehr gefunden und sein Schreien auch bald nicht mehr gehört. Später, im Orkan und in der Dunkelheit, hätten sie das Zelt verfehlt und deswegen ein Schneeloch gegraben. Andi habe langsam durchgedreht, zweimal hätten sie noch das Schneeloch verlassen, erneut das Zelt gesucht und wieder ein Schneeloch gegraben. Dann habe Andi gesagt, er müsse nach dem Wetter sehen, sei wieder aus dem Schneeloch verschwunden und nicht mehr zurückgekommen. Horst habe ihn darauf gesucht, aber nicht mehr gefunden und sich die ganze Nacht durch ständiges Bewegen gegen das Erfrieren gewehrt. Im Morgengrauen sei er, nachdem der Sturm vorbei war, zu Reinholds Zelt gespurt. Ein prachtvoller Schönwettermorgen, weisse Einöde. Keine Spuren von Franz und Andi, über allem lag eine 30 bis 50 Zentimeter dicke Neuschneeschicht. Reinhold und Horst versuchten nun, sich nach unten zu retten. Wir sahen sie im tiefen Neuschnee die Rampe herabsteigen, zwei kleine Punkte, die ständig Lawinen auslösten. Dann passierten sie das letzte steile Eisfeld, das Andi und ich noch vor wenigen Tagen versichert hatten. Stunden später trafen sie, von Josl begleitet, bei uns ein. Wir empfingen sie in einem grossen Zelt, das als Spital aufgebaut worden war. Die Füsse von Reinhold, um die ich mir wegen der früheren Erfrierungen grosse Sorgen gemacht hatte, wiesen nur an den Amputationsstümpfen geringe Verletzungen auf. Die

Gezeichnet von zwei Monaten am Manaslu und einer Amöbeninfektion

rechte Hand aber war zweiten Grades erfroren und gefühllos. Horsts rechter Fuss war kalt. Während einer halben Stunde verabreichte ich ihm unter Druck eine Infusion direkt in die Arteria femoralis, die das Bein versorgt, eine intraarterielle Technik bei akuten Erfrierungen, die schon Dr. Oudot 1950 an der Annapurna angewandt hatte. Reinhold spritzte ich ebenfalls ein gefässerweiterndes Mittel in die Arterie des angefrorenen Armes. Bei beiden schien die Behandlung eine Verbesserung der Durchblutung zu bewirken. Beschäftigung tat gut im Elend. Es wurde eine schrecklich kalte Nacht.

In den nächsten Tagen räumten wir den Berg und kehrten ins Basislager zurück. Hier trafen wir auf Hansjörg, der die schrecklichen Nachrichten noch nicht erfahren hatte. Er weinte; er hatte seine zwei besten Freunde verloren. Am Abend kam Post. Ein Telegramm hätte Franz mitteilen sollen, dass seine Frau einen Sohn geboren hatte. Nun war er tot.

Trotzig beschlossen wir, so schnell wie möglich wieder eine gemeinsame Expedition zu unternehmen. Schliesslich hatten wir zusammen gelacht und waren jetzt zusammen traurig. Schon auf dem Weg zurück sprachen wir wieder vom Klettern, von der Antarktis, vom Makalu und vom Mount Everest. Bei den Gedächtnisfeiern in den Tiroler Kirchen für Franz und Andi erörterten wir die Vorteile einer Reise zur Makalu-Südwand.

Noch von Durchfall und Fieber geplagt wegen einer Amöbeninfektion, die ich mir beim Rückmarsch zugezogen hatte, stürzte ich mich mit grösster Begeisterung in die klinische Arbeit. Mein Oberarzt war ein genialer Forscher und deswegen meist im Laboratorium mit wissenschaftlicher Forschung beschäftigt. So blieb ihm wenig Zeit für die Beaufsichtigung seiner Assistenten. Dieses selbständige Arbeiten war so recht nach meinem Geschmack, wenn mich auch manchmal die Zweifel, ob ich bei einem Patienten etwas übersehen oder das Richtige getan hätte, mitten in der Nacht weckten.

Einer meiner Patienten war ein 60-jähriger Italiener, der in jungen Jahren im Zweiten Weltkrieg an Bord eines italienischen Kriegsflugzeuges gedient hatte. Er war zur Abklärung allgemeiner Krankheitsgefühle und Schwäche zugewiesen worden. Schliesslich meinten wir, eine infektiöse Entzündung der Herzklappen diagnostizieren zu können. Wir behandelten ihn darauf während Wochen mit Penizillin und einem weiteren Antibiotikum und überlegten – was heute selbstverständlich ist – noch nicht, dass seine geschädigten Nieren diese Medikamente nur schlecht ausscheiden würden. Als er schliesslich mit schweren Krampfanfällen als Folge unserer zu hoch dosierten Therapie auf die Intensivstation gebracht werden musste, war ich tief erschüttert. Wir hatten Wissen, das damals schon vorhanden war, nicht berücksichtigt und ihn so fast umgebracht. Solche Fehler, unter denen Patienten, die mir anvertraut waren, leiden mussten, haben sich mir unauslöschlicher eingeprägt als manche erfolgreiche Behandlung.

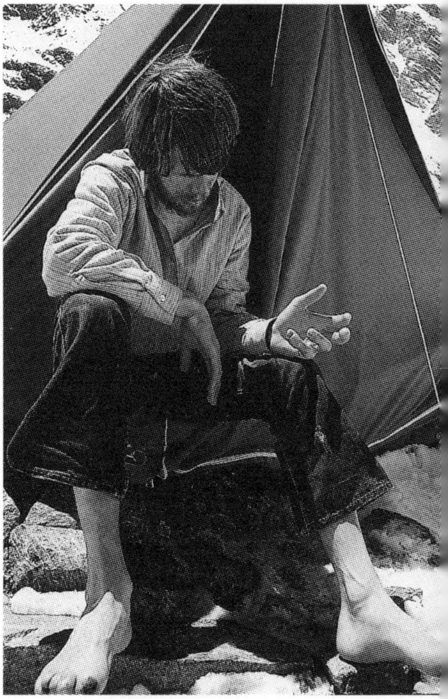

Reinhold Messner mit Erfrierungen zweiten Grades an den Fingern

Neun Monate lang lernte ich die Intensivmedizin und die Grenzbereiche menschlicher Existenz kennen. Ich war begeistert und überzeugt, Leben zu retten, wenn wir mit Blaulicht und Sirene zu einem Patienten fuhren, in einer dunklen Wohnung Katheter legten und mit Hand, Strom und Gift versuchten, den Tod hinauszuschieben. Sechsunddreissig Stunden Dienst ohne Pause konnten meinen Enthusiasmus für Herzschrittmacher, Katheter in die Lungenvenen und Beatmung mit Maschinen nicht dämpfen. Hier wurde um jedes Leben gerungen und der Tod zumindest noch für Stunden aufgehalten. Umso langweiliger war dann meine nächste Stelle, bei der ich Patienten zu kontrollieren hatte, die eine Nierentransplantation hinter sich hatten und denen es gut ging. Bald beschloss ich, etwas Aufregenderes zu machen und eine Forschungsstelle in Amerika zu suchen.

Ich hatte einen Artikel über die rätselhafte Stoffgruppe der Prostaglandine gelesen, verstand wie der Rest der Welt nicht, wozu sie da waren, und schickte meine Bewerbungsschreiben um eine Forschungsstelle an amerikanische Universitäten, an denen diese Frage studiert wurde. Gleichzeitig ergab sich die Möglichkeit, für neun Monate die Vertretung eines erkrankten Chefarztes in einer Privatklinik am Bodensee zu übernehmen. Bis zu sechzehn Stunden pro Tag konnte ich hier als mein eigener Chef Patienten betreuen, in den Mittagspausen manchmal etwas Waldlauf einschieben, an einem Burgfelsen bouldern und auf dem Bodensee das Kajakfahren erlernen. Dank des guten Salärs gönnte ich mir vor unserer Reise in die USA sieben Monate Ferien, wobei mir die sinnvolle Gestaltung dieser Zeit keinerlei Probleme bereitete.

Am Aconcagua: Uschi pflegt Reinhold Messners Bart (oben), Konrad Renzler im Eisfeld (unten)

Rechte Seite: Männliche Landschaft – Eispilz vor der Aconcagua-Südwand

Im Dezember 1973 fuhren Reinhold Messner und seine Frau Uschi, drei Südtiroler Bergsteiger sowie Ruth und ich zur Südwand des höchsten Berges von Südamerika, des Aconcagua. Diese 3000 Meter hohe Wand wurde 1954 von sieben französischen Alpinisten, der Elite der französischen Kletterszene jener Zeit, in einem Monat durchstiegen. Noch in Argentinien, in Mendoza, mussten die meisten von ihnen mehrere Zehen amputieren lassen. An einem windigen Januartag bezogen wir in einer Wüstenlandschaft unter dieser Südwand unser Basislager. Wir entluden die Karawane der Maultiere und entkorkten in der allgemeinen Freude über die erfolgreiche Ankunft auf 4000 Metern Höhe eine Whiskyflasche – andere Getränke waren nicht schnell genug verfügbar. Nach einigen kräftigen Schlucken hiess Reinhold auch die Eseltreiber mittrinken, woraus sich eine allgemeine Verbrüderungsszene entwickelte. Es störte uns kaum, dass wenig später unser Küchenzelt im wütenden Wind hundert Meter durch die Lüfte flog und nicht mehr aufgefunden werden konnte. Zum Trost eröffneten wir eine zweite Flasche. Schliesslich umarmte der sonst nicht immer restlos menschenfreundliche Reinhold alle Umstehenden, bis unsere neuen argentinischen Freunde schliesslich mit ihren Tieren ins Tal zurückkehrten.

Es war ein guter Lagerplatz, wenn auch mitten in einer Stein- und Sandwüste. Aus unerfindlichen Gründen lagen die Zelte der beiden Paare unmittelbar nebeneinander. Ich pflegte auf einem kleinen Kassettenrekorder Musik zu hören und wurde jeweils zu Beginn der Nacht von Reinhold oder Uschi aufgefordert, diese Musik etwas lauter zu stellen. So ertönte dann Bachs «Kunst der Fuge» in die argentinische Bergnacht und musste nach verschieden langer Zeit wieder leiser gestellt werden, denn dann wollten Uschi und Reinhold schlafen.

Das Klettern in der Wand war kein Genuss, weil wir steile bis senkrechte Schotterhalden oder morsches Eis vorfanden. Deswegen richteten wir die

Die Südwand des Makalu, eines der schönsten Berge der Welt. Die Route führte über den Eisgrat am linken Bildrand und danach schräg rechts aufsteigend in den zentralen Wandteil.

Route mit zahlreichen fixen Seilen ein. Nach drei Wochen kamen wir auf dem obersten Gletscherplateau an, 700 Meter unterhalb des Gipfels. Ich war bereit für meinen ersten hohen Gipfel. Wir würden die Gipfelwand gleichzeitig gehend innerhalb weniger Stunden erklettern und so eine frühe Wiederholung der höchsten Wand Südamerikas gemacht haben. In der Nacht aber wurde Jochen krank. Sein Kopfweh nahm von Stunde zu Stunde zu. Er erbrach und konnte sich am Morgen kaum noch auf den Beinen halten. Der Arzt hatte mit ihm abzusteigen, und so kletterte Reinhold allein zum Gipfel. So stolz ich war, einem Patienten helfen zu können, so sehr ärgerte es mich, den krönenden Abschluss dieser Reise zu verpassen. Als ich mit Uschi am nächsten Tag vom Basislager her Reinhold entgegenging, schien er über die Wand herunterzufliegen. Innerhalb von zwei Stunden kletterte er mehr als zweitausend Meter ab. Als wir uns ihm näherten, bedeutete mir Uschi zu warten. Dann verschwanden beide für einige Minuten hinter einem grossen Stein.

Wenig später verbissen wir uns zwei Monate lang in die Südwand des Makalu. Der Makalu (8463 m) ist der fünfthöchste Berg der Welt und zweifelsfrei einer der schönsten. Eine jugoslawische Expedition war in dieser riesigen Wand bis in eine Höhe von 7200 Metern vorgedrungen. Auch wir kamen nicht weiter, obwohl wir meinten, eine starke und harmonische Gruppe zu sein. Wir waren zu schwerfällig, um die wenigen Schönwetterperioden für entschlossenes Höhersteigen zu nutzen. Zudem verschlangen der Lastentransport und das Einrichten der Fixseilkette sehr viel Energie. Wir meinten auch, den Gipfelangriff nicht ohne Sauerstoffgeräte wagen zu können, dies machte uns noch schwerfälliger.

Manchmal erlebten wir Phasen glücklichsten Kletterns: Wir turnten uns auf sonnengewärmten, festen Granitplatten höher, unter uns Tausende von Metern Luft. Einmal meinte ich während einer Viertelstunde auf 7000 Metern, dass es wohl schöner nicht mehr werden könne als in dieser unglaublichen Wand mit ihrer unglaublichen Ausgesetztheit und ihrem warzenbesetzten Granit. Meist aber waren wir in unserem Zelt gefangen, warteten den Schneefall, die Schneerutsche und die grossen Lawinen ab und lernten, die Zeit zerrinnen zu lassen. Schliesslich zogen wir zermürbt nach Hause. Auf mich wartete das Abenteuer Amerika.

«Auf mich wartete das Abenteuer Amerika.» Nach der Makalu-Expedition in Tumlingtar

Section IV auf dem
Chatooga River zwischen
Georgia und South
Carolina, 1975

WISSENSCHAFT, WILDWASSER UND EIN COULOIR

In Nashville, im tiefen Süden der USA, gibt es Countrymusic, Baseball und die Vanderbilt University. Hierher hatte mich meine Neugier getrieben, um mehr über die rätselhaften Prostaglandine zu erfahren, die als lokale Botenstoffe oder Gewebshormone von fast allen Zellen des Körpers gebildet werden und Signale innerhalb der Zelle und von Zelle zu Zelle vermitteln. Ich hatte darüber eine mir völlig unverständliche zusammenfassende Abhandlung von Eugen Braunwald gelesen. Braunwald war der führende Herzspezialist Amerikas und schon zu jener Zeit eine Ikone der amerikanischen Medizin. Er hatte seine Abhandlung mit der Bemerkung geschlossen, dass diese Substanzen äusserstes Interesse und intensive Forschungsarbeiten rechtfertigen. Erst Jahre später merkte ich, dass Braunwald eigentlich gar nichts verstanden, mit seiner Vermutung aber Recht hatte.

Ich trat in ein grosses Forschungsteam ein und erhielt den Auftrag, mich mit der Funktion der Prostaglandine in den Blutplättchen auseinander zu setzen. Die Blutplättchen leiten die Blutgerinnung ein und spielen deswegen eine Schlüsselrolle bei der Blutstillung und bei Bildung von Blutgerinnseln. Ruth förderte meine Karriere entscheidend, indem sie mir viele der kniffligen Laboratoriumsarbeiten abnahm. Unser erstes grosses Experiment dauerte 30 Tage, begann am 1. Dezember und wäre fast schon an diesem Tag gescheitert. Die Versuchskaninchen sollten zusätzlich zu ihrem Würfelfutter am Morgen drei Gramm einer sündhaft teuren Fettsäure, einer Prostaglandinvorstufe, fressen, damit eventuelle Auswirkungen auf Stoffwechsel und Plättchenfunktion erforscht werden konnten. Allein, die Fettsäure mit dem umständlichen Namen Di-Homo-Gamma-Linolenic Acid roch ranzig, und die Kaninchen verschmähten die Köstlichkeit. Ich war schon recht verzweifelt, als Howard, der Student im Laboratorium nebenan, die rettende Idee hatte, mittels eines Karottensaftes aus dem Supermarkt geschmackskorrigierend einzugreifen. Daraufhin wurde die Substanz von unseren Kaninchen anstandslos verspeist. Während 30 Tagen wurde gefüttert und die Konzentration der Fettsäure im Blut, in den Blutplättchen und in den Geweben gemessen. Wir machten Funktionstests und feierten Weihnachten im Laboratorium. Enttäuschung, dass die erhofften Resultate nicht eintrafen, und Aufregung über Unerwartetes hielten uns in einem Wechselbad der Begeisterung. Wir wähnten uns an den «Frontiers of Science» und lebten dafür.

Dem ersten, letztlich erfolgreichen Experiment folgten weitere. Wir fanden unbekannte Prostaglandine und charakterisierten die Rolle bekannter Vertreter dieser Stoffe. Als wir den Prototyp einer Maschine zur Hochdruck-

«Crazy Oswald» im «White water»

Flüssigkeitschromatografie erhielten, boten sich ungeahnte Möglichkeiten zur schnelleren und besseren Reinigung unserer Substanzen. So arbeiteten wir praktisch ohne Pause im Schichtbetrieb während sieben Tagen in der Woche. Üblicherweise blieb ich bis zehn Uhr nachts im Labor, legte mich dann erschöpft schlafen und wachte schon nach zwei bis drei Stunden mit Chromatografiesäulen und Prostaglandinen im Kopf wieder auf. Eine Radfahrt von zehn Kilometern brachte mich ins Labor, wo dann um zwei Uhr morgens unsere Wundermaschine erneut angeworfen wurde.

Einmal suchten wir ein bestimmtes Prostaglandin im Urin, um nachzuweisen, dass es in der Niere gebildet werde. Da die Samenflüssigkeit ungeheuer reich an Prostaglandinen ist und den Urin verunreinigen könnte, sammelten wir zehn Liter Urin von Frauen, die garantiert während zehn Tagen keinen allzu engen Kontakt mit einem Mann gehabt hatten. Auf einen entsprechenden Aushang im Institut hin wurde uns dann, mit verlegenem

Mount McKinley (6194 m), der «kälteste Berg der Erde»

Kichern, von mehreren Mitarbeiterinnen die gewünschte Menge dieser reinen Flüssigkeit zur Verfügung gestellt. Bei der Konzentration dieses Urins ergaben sich dann unendlich viele Farbschattierungen, dass es eine Pracht war. Das war Chromatografie, also «Farbenschreiben», im besten Sinne. Die gewünschte Substanz fanden wir allerdings nicht.

Die Qualität der Gruppe, in der wir mitwirken durften, das nimmermüde Arbeiten und einiges Glück führten zu wissenschaftlichen Resultaten, die sich in einer Anzahl von Publikationen in prestigeträchtigen Medizinjournalen niederschlugen. Als mich Ruedi Froesch nach zwei Jahren einmal besuchte und ich ihm unsere Resultate zeigte, war er davon sehr angetan. Er meinte, das sei so gut, dass ich mich damit in Zürich habilitieren könne. Dieser Gedanke war mir bisher nicht gekommen. Ich hatte das Spiel mit Prostaglandinen aus Neugierde und Lust getrieben, umso mehr freuten mich die guten Resultate.

Nashville war unendlich weit von den hohen Bergen entfernt. Deswegen paddelten wir zur Erholung in den wilden Flüssen, im «White water» des Südostens der USA. Es machte mir keine Mühe, am Sonntagmorgen sechs Stunden zum Fluss Chatooga zu fahren, dessen wildesten Abschnitt im Kajak zu bewältigen und am Abend wieder nach Nashville zurückzureisen. Meine Bereitschaft, auch im Wildwasser meine Grenzen zu testen, brachte mir beim Kajak-Klub von Nashville die Bezeichnung «Crazy Oswald» ein.

Gelegentlich reichte es für schnelle Reisen zu grösseren Bergen: Die mexikanischen Vulkane und der höchste Berg Zentralamerikas, der Tajamulco (4220 m) in Guatemala, eine Reise in die Tetons oder ein Abstecher von einem Kongress in Kalifornien ins Yosemite boten seltene Abwechslung.

Eines Morgens im Juni telefonierte Reinhold aus Japan: Er reise über Alaska nach Europa zurück; ob ich einige Tage Zeit hätte, in Alaska etwas Sinnvolles zu machen? Vier Tage später trafen wir uns in Anchorage. Wir hatten acht bis zehn Tage Zeit. Reinholds ursprünglicher Plan, den Wickersham Wall am Mount McKinley, eine erst zweimal begangene Wand, im Alpinstil zu durchsteigen, scheiterte zu meiner nicht geringen Erleichterung daran, dass der Gletscherpilot am Fuss dieser Wand keinen Landeplatz fand. So gingen wir auf dem Kahiltna-Gletscher nieder, dem Ausgangspunkt für die Normalroute auf den Mount McKinley (6194 m), den höchsten Berg des nordamerikanischen Kontinents. Vier Tage später erreichten wir auf einer Höhe von 4200 Metern jenes Plateau, auf dem heute das Medical Camp steht.

Als wir unser Zelt aufstellten, betrachtete ich beruhigt den weiteren Normalweg und stellte mir vor, in drei Tagen auf dem Gipfel zu stehen. Reinhold aber zeigte ganz beiläufig auf ein 2000 Meter hohes Couloir, das von unserem Lagerplatz mehr oder weniger direkt auf das Gipfelplateau führte und das offenbar noch nie durchstiegen worden war. Er meinte, wir könnten dieses Couloir im sehr leichten Stil, also ohne Seil und Biwakausrüstung,

Landung auf dem Kahiltna-Gletscher, im Hintergrund der Mount Foraker

Meditatives Steigen auf einer unendlichen Treppe in Schnee und Eis, während die Welt immer tiefer sinkt. Reinhold Messner spurt.

ohne Essen und Trinken in einem Zug durchsteigen. Zudem hätten wir den Vorteil, dass man ja in Alaska während 24 Stunden klettern könne. Ich verschluckte meine Bemerkungen über die Attraktivität des Normalwegs und beschäftigte mich während der nächsten Stunden mit Essen und Trinken. Um vierzehn Uhr starteten wir. Nebel war aufgekommen, Reinhold ging sofort voraus. Manchmal sah ich ihn schemenhaft, kam aber während acht Stunden nicht mehr in seine Nähe, da er unermüdlich Meter um Meter die Spur nach oben trat. Eine unendliche Treppe in Schnee und Eis, während die Welt immer tiefer sank. Wir hatten vereinbart, mindestens 200 Höhenmeter pro Stunde zu klettern. Falls wir dieses Tempo nicht halten könnten, würden wir umkehren.

Um 10 Uhr abends stellte ich fest, dass wir uns der Gipfelregion näherten. Reinhold war schon vor einer halben Stunde aus meinem Gesichtsfeld über eine Eiskante verschwunden. Ich hatte aufgehört zu denken. Der Automatismus des Steigens – zuerst zwei Atemzüge pro Schritt, dann drei; zuerst alle zwanzig Schritte eine Pause, über den Pickel gelehnt, hechelnd, dann alle zehn, alle zwei oder wenn es hoch ging drei –, dieser Rhythmus hatte meine ganze Existenz ausgefüllt. Die Sonne berührte fast den Horizont über dem Mount Foraker, als ich um elf Uhr das Gipfelplateau, ein riesiges Eisfeld, erreichte. Reinhold kam mir entgegen. Er war auf dem Gipfel gewesen. Ich fragte ihn kurz, wie sich seine Füsse anfühlten – immerhin schätzten wir die

Temperatur auf 35 bis 40 Grad minus. Er meinte, es sei alles in Ordnung. Ich solle nur gut aufpassen, er gehe schon voraus, die Wand hinunter.

Die Sonne war untergegangen. Im fahlen Licht stieg ich Schritt für Schritt, nur begleitet vom Knirschen der Steigeisen, im harten Windharsch zum Gipfelgrat. Ich war der einzige Mensch, losgelöst, in einer anderen Welt, ohne jeden Lebenshauch. Um Mitternacht ging es nirgends mehr höher. Ich stand auf dem höchsten Gipfel Nordamerikas neben einem amerikanischen und einem japanischen Fähnchen. Die Kamera war eingefroren. Kein Gipfelfoto, registrierte ich resigniert. Dann nehme ich als Beweis, dass ich oben war, wenigstens die beiden Fähnchen mit. Die Kamera verbarg ich unter der Daunenjacke in der Hoffnung, dass sie so bald wieder auftaue. Ich musste heftig husten; die trockene Luft und der Wassermangel hatten meine Bronchien ausgedörrt. Als ich in dem wenigen, das ich auf den fahlen Schnee aushustete, Blutspuren bemerkte, überlegte ich mir besorgt, ob das wohl auf Lungenembolien zurückzuführen sei. Aber ich kam zum Schluss, dass es wohl nur die Reizung der Bronchien sei, die ja die häufigste Ursache für Bluthusten ist.

«Ich war so ausgetrocknet, dass ich nur noch krächzende Laute der Freude über unseren schönen neuen Weg hervorbrachte.» Nach der Rückkehr vom Mount McKinley

Zwanzig Minuten nach Mitternacht funktionierte meine Kamera wieder. Rechtzeitig, um den Sonnenaufgang über Alaska zu dokumentieren, der mir besseres Licht für den Abstieg durch unser Couloir bescherte. Um vier Uhr morgens erreichte ich unseren Ausgangspunkt, vierzehn Stunden nachdem wir unser Zelt verlassen hatten. Ich war so ausgetrocknet, dass ich nur noch krächzende Laute der Freude über unseren schönen neuen Weg hervorbrachte. Reinhold hatte mir einen grossen Topf heissen Tee zubereitet. Was nun folgte, war das unendliche Glück, stundenlang Tee trinken zu dürfen und die Perlschnur unserer Spuren zu betrachten. Tags darauf erreichten wir Talkeetna, und noch einen Tag später kam ich in Nashville an mit der stolzen Botschaft: «The highest peak of North America has a new ascent line» – Amerikas höchster Berg hat eine neue Aufstiegsroute.

«Wir standen an unserem Erlösungsort, dem höchsten Punkt der Erde.» Oswald Oelz am 11. Mai 1978, 12.00 Uhr, auf dem Gipfel des Mount Everest

EVERεST:
VERWEILEN AM ENDPUNKT

Josl Knoll und Wolfi Nairz

Mehr und mehr beteiligte ich mich auch an klinischen Studien, bei denen die Bedeutung der Prostaglandine bei Krankheitsprozessen erforscht und neue Behandlungsmöglichkeiten erprobt wurden. Dabei erkannte ich, dass meine Begeisterung und mein Talent für die klinische Medizin grösser waren als mein Enthusiasmus, das Leben im Laboratorium zu verbringen und Kaninchennieren oder Bestandteile von Blutzellen zu studieren. Ich betreute einen Farmer, der wegen eines seltenen bösartigen Tumors der Nebenschilddrüsen erhöhte Blutkalziumwerte aufwies. Eines Tages sagte er mir: «Oh doc, it feels so good when you come, you care!» – Es ist so gut, wenn Sie kommen, Doktor. Sie kümmern sich wirklich um mich! Daraufhin beschloss ich, trotz guter Angebote meines Chefs, so schnell als möglich zur klinischen Medizin in Zürich zurückzukehren.

Ruth und ich flogen mit vielen Emotionen in die Schweiz zurück. Unsere Beziehung war gefährdet. Unachtsamkeit und Verletzungen, denen wir mit zu wenig Sensibilität begegnet waren, hatten Spannungen geschaffen, die eine kalte Starre entstehen liessen. Wir reisten nach Ladakh, aber es war nicht mehr wie in Bhutan. Ich vergrub mich ungezählte Stunden in der Klinik, sorgte für meine Patienten und schrieb Papers, um die Ernte von Nashville einzufahren.

Eine für März 1978 geplante Expedition zum Mount Everest wurde für mich zum Ziel aller Wünsche und zum Ende aller Probleme. Als Training absolvierte ich jeden Tag zehn bis zwanzig Kilometer lange Waldläufe, die dem Stundenplan mit List abgerungen wurden. Abends brütete ich über Medikamentenlisten, Sauerstoffausrüstungen und der meist vergeblichen Suche nach Sponsoren. Unsere Gruppe traf sich regelmässig in Innsbruck. Um Wolfi Nairz, der wieder unser Anführer war, gesellten sich die Überreste der Stammmannschaft vom Manaslu und Makalu. Da inzwischen auch Hans Hofer, der ruhige Salzburger, der die Witwe seines besten Freundes Andi geheiratet hatte, bei einer Bergrettungsaktion mit dem Helikopter tödlich verunglückt war, blieben vom ursprünglichen Kern neben Wolfi nur noch der unverwüstliche Josl Knoll, Reinhold Messner und ich. Als Newcomers begleiteten uns Hanns Schell und Robert Schauer aus Graz mit reichlicher Himalaja-Erfahrung, Franz Opurg, einer der besten österreichischen Heeresbergführer, sowie Raimund Margraiter aus Innsbruck, der unermüdliche und begeisterte Chirurg, der uns 1970 bei der Rettung am Mount Kenya tatkräftig geholfen hatte. Ihn begleitete Heli Hagner, ein Bergführer aus Innsbruck, mit dem ich am Makalu bis in eine Höhe von 7500 Metern geklettert war, sowie Peter Habeler, der mit Reinhold die Besteigung des Everest ohne Sauerstoffgeräte versuchen wollte. In letzter Stunde wurde uns ein deutscher Fotograf mehr oder weniger aufgezwungen: Reinhard Karl, der im Auftrag der Illustrierten «Die Bunte» berichten sollte. Der einzige Grund, ihn mitzunehmen, war für uns das Geld, das er brachte. Dies galt auch für Leo Dickinson und Eric Jones, die im Auftrag der BBC den sauerstofflosen Aufstieg von Reinhold und Peter filmen sollten.

Mount Everest (Bildmitte) und Nuptse (rechts), vom Kala Pattar aus gesehen

Die Zeit flog. In den letzten zweiundsiebzig Stunden vor der Abreise schlief ich insgesamt drei Stunden. Ich brauchte nicht mehr. In mein Tagebuch notierte ich am 8. März 1978: «Bis zwei Uhr morgens an den Druckfahnen für das Hormon-Lehrbuch von Labhart gearbeitet, eine Stunde geschlafen, dann wieder los. Ich bin so high wie am Gipfel des Mount McKinley, den ganzen Tag gerannt. Wenn alles in diesem Jahr so weitergeht, werde ich diesen Gipfel besteigen.» Mit dem Zug fuhr ich nach Frankfurt und korrigierte bis eine halbe Stunde vor Abflug noch die letzten Druckfahnen für mein Kapitel des Labhart-Lehrbuches. Kaum sass ich im Flugzeug, schlief ich ein und wachte erst in Delhi wieder auf.

Das Gehen im Solo Khumbu löste die Hektik innert Stunden, unsere Gruppe fand sich. Ruhe und erwartungsvolle Freude kehrten ein. Beim Sherpa-Dorf Kumjung kreuzte eine Gruppe amerikanischer Treckingtouristen unseren Weg. Das T-Shirt einer blonden Frau behauptete: «Runners make better

lovers.» Provozierende T-Shirt interessieren mich, und so kamen wir ins Gespräch. Nach vielen Segnungen der Mönche und langen Chang-Zeremonien erreichten wir fünf Tage später das Basislager auf 5300 Metern am Fusse des Khumbu-Eisfalls, das unser Voraustrupp schon aufgestellt hatte. Vera, die T-Shirt-Besitzerin, blieb für einige Tage bei mir, obwohl dies nach Meinung der Sherpas Unglück bringen musste. Mir wurde prophezeit, dass ich den Gipfel nicht erreichen würde. Veras Freundin zog in Reinholds Zelt ein. Auch Leo hatte sich um sie bemüht; bewundernd und resigniert musste er aber feststellen: «You know, Reinhold is so fast, incredibly fast.»

«Runners make better lovers»: die T-Shirt-Trägerin Vera (oben), der T-Shirt Sammler Oswald Oelz mit seinem Lhasa-Apsohund Troll (unten)

Rechte Seite: Im Khumbu-Eisfall, einer gigantischen Masse aus sich bewegendem, berstendem Eis

Robert und Franz hatten mit Hilfe der Sherpas schon einen guten Teil des Khumbu-Eisfalls mit Leitern und fixen Seilen versichert und damit gangbar gemacht. Der Eisfall war, wie wir schon wussten, eine gigantische Masse aus sich bewegendem, berstendem Eis zwischen 5400 und 6000 Metern Höhe. Dieses Eis floss mit einer Geschwindigkeit von einem Meter pro Tag, veränderte sich ständig und hatte in sich zusammenstürzend schon zwölf Bergsteiger begraben. Unsere Sherpas kletterten unter ständigen Gebeten, Reis vor sich streuend, zwischen den Türmen durch, von denen niemand

wusste, ob sie in der nächsten Minute oder erst in drei Monaten zusammenstürzen würden. Wir vertrauten weniger auf den Reis als auf unsere Schnelligkeit und steigerten diese, je häufiger wir durch den Eisfall kletterten. Überall zeugten grotesk verbogene Reste früherer Leitern, zerfetzte Seile und Strickleitern an absurden Stellen von der zerstörerischen Kraft dieses Monsters.

Wie Ameisen liefen unsere Sherpas und wir den Berg hinauf und hinunter, trugen Lasten, richteten Lager ein und machten den Weg zum Südsattel mittels Fixseilen so gangbar, dass wir auch im Zustand grösster Erschöpfung sicher absteigen könnten. Am 18. April starb unser Sherpa Dawa Nuru im Eisfall beim Einsturz einer riesigen Eisfläche. Vom Eis verschluckt, verschwand er innerhalb einer Sekunde. Ang Phu, der Sirdar unserer Sherpas, brachte uns die schreckliche Nachricht scheinbar emotionslos und begann, die Berichte für die nepalesische Regierung und für die Versicherung auszufüllen. Die Kameraden von Dawa Nuru kehrten wenig später geschockt aus dem Eisfall zurück. Langsam tauten sie wieder auf, und schon am Abend drang aus den Sherpa-Zelten wieder das übliche Gelächter. Dies war das schrecklichste, aber bei weitem nicht das einzige Unglück. Mehrfach hatten der Chirurg Raimund und ich Wunden zu nähen. Wie durch ein Wunder überlebte der Sherpa Nurchung den Sturz in eine 50 Meter tiefe Gletscherspalte; Raimund musste ihn aber mehrere Stunden lang operieren.

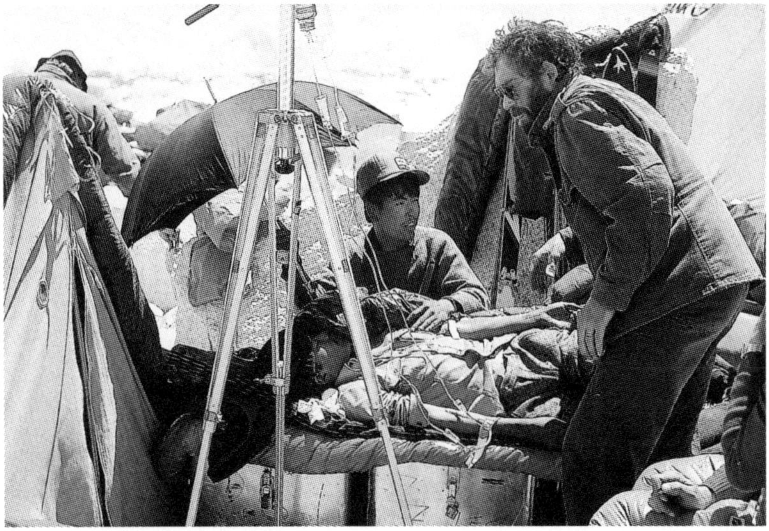

Der Begleitoffizier muss wegen eines Höhen-Hirnödems in tiefere Regionen gebracht werden.

Franz Oppurg transportiert mit Sherpas einen Patienten, der einen Hirnschlag erlitten hat, durch den Eisfall.

Stürme und Schneefall zwangen uns immer wieder zu längerer Untätigkeit. Endlose Stunden lag ich in meinem Zelt und stieg im Geiste wieder und wieder die letzten 800 Höhenmeter zum Gipfel. Alles, was verfügbar war, hatte ich darüber gelesen, jedes Foto studiert. Wenn ich jetzt viel Glück hätte, würde meine Chance für den Gipfel von 5 Prozent auf 40 Prozent steigen, dachte ich mir. Nichts wünschte ich mir sehnlicher, die Erlösung war erst ganz oben. Dann ging ich wieder hinüber ins Küchenzelt, den Treffpunkt und gemütlichsten Ort unseres Basislagers. Auch hier kreisten unsere endlosen Gespräche um den Gipfel, die Taktik, die Ausrüstung und die fixe Idee von Reinhold, mit Peter den Aufstieg ohne Sauerstoffgerät zu versuchen. Obwohl verschiedene Experten das Vorhaben als unmöglich beurteilt und gewarnt hatten, dass im Falle eines Erfolges schwere Gehirnschäden als Folge des Sauerstoffmangels auftreten würden, glaubte ich fest an einen möglichen Erfolg. Schliesslich hatte Edward Felix Norton am Everest schon 1924 ohne Sauerstoff eine Höhe von 8560 Metern erreicht und Tom Hornbein bei der

«Ich wollte meine Gipfelchancen aufmöbeln und liess einen Liter meines Blutes aus einer grossen Vene in eine leere Whiskyflasche tropfen.»

ersten Überschreitung 1963 mit drei Freunden eine Nacht auf 8600 Metern überlebt, obwohl ihre Sauerstoffvorräte zu Ende gegangen waren. Mit ihrer Erfahrung, Schnelligkeit, Taktik und modernen Ausrüstung könnte Reinhold und Peter, der stärksten Seilschaft jener Zeit, der Aufstieg «by fair means» gelingen, wenn auch knapp. Diese Meinung hatte schon Ed Hillary einige Jahre zuvor vertreten. Reinhold hatte zudem schon wiederholt gezeigt, dass er fähig war, Grenzen des für Menschen als möglich Erachteten zu verschieben.

Regelmässig testete ich unsere Hämatokritwerte, also den Anteil der roten Blutzellen, die den Sauerstoff transportieren. Mit zunehmender Akklimatisation waren sie bei allen von den Normalwerten im Flachland zwischen 42 und 44 Prozent auf Werte zwischen 55 und 62 Prozent angestiegen. Mein eigener Hämatokritwert betrug am 18. April 62 Prozent, worauf ich beschloss, eine Blutverdünnung durchzuführen. Dieses Verfahren, bei dem ein halber bis ein Liter Blut durch Aderlass entfernt und durch Plasmaexpander, also Blutersatzflüssigkeit, ersetzt wird, war von deutschen Expeditionsärzten empfohlen worden, um die mit hohen Hämatokritwerten einhergehende Dickflüssigkeit des Blutes zu reduzieren und damit die Leistungsfähigkeit zu verbessern. Eine deutsche Expedition hatte die Methode mit angeblichem Erfolg bei der Besteigung des Kangchendzönga angewendet. Es stellt genau das Gegenteil des Blutdopings mittels Epo (Erythropoietin) dar, durch das der Radrennsport in den späten Neunzigerjahren so in Verruf geraten ist. Ich wollte meine Gipfelchancen aufmöbeln und liess einen Liter meines Blutes aus einer grossen Vene in eine leere Whiskyflasche tropfen. Gleichzeitig infundierte ich mir einen Liter Blutersatzflüssigkeit. Mit Genugtuung stellte ich bei der erneuten Messung fest, dass mein Hämatokritwert auf 52 Prozent absank.

Im Laufe der nächsten Stunden wurde ich schwach und schwächer, ich fühlte mich krank und litt unter Atemnot. Während zweier Tage konnte ich mich kaum aus dem Zelt bewegen und verzweifelte darüber, dass ich durch mein naives Experiment meine geringe Chance, den Everest-Gipfel zu besteigen, verspielt hatte. Alle Vorbereitung war umsonst, der Traum vom Everest war zertrümmert. Mein Platz in der ersten Gruppe, den mir Wolfi zugewiesen hatte – wohl weil er meinte, ein Arzt in der Gipfelmannschaft könne bei Schwierigkeiten helfen und habe eventuell noch allerlei Tricks auf Lager –, wurde an Ang Phu, unseren starken Sherpa-Sirdar, vergeben. Während Wolfi, Robert, Horst und Ang Phu zum Gipfel stiegen, marschierte ich nach

Reinhold Messner, Oswald Oelz und Peter Habeler treffen Edmund Hillary (2. v. l.) und werden mit Rakshi verwöhnt.

Lobuche hinunter und blieb während einiger Tage in einer Sherpa-Lodge. Die junge Wirtin versorgte mich rührend; meine Hauptdiät bestand aus zehn und mehr Eiern pro Tag und vielen Kartoffeln. Auch Reinhard tauchte hier auf, da er das Sitzen im Basislager nicht mehr ausgehalten hatte – als Gast und Ausländer musste er für die Gipfelbesteigung ganz hinten anstehen. Das Schicksal hatte uns so zusammengewürfelt, und mit dem Wiederauftauchen einer geringen Chance, das Ziel doch noch zu erreichen, kehrten auch meine Kraft und Motivation zurück.

Wir kamen rechtzeitig ins Basislager zurück, um den Gipfelerfolg von Robert Schauer, Ang Phu, Wolfi Nairz und Horst Bergmann gebührend zu feiern. Was die können, können wir auch, meinte Reinhard.

Dermassen motiviert, verliessen wir am 7. Mai um fünf Uhr morgens zu viert unsere erfolgreichen Freunde: Reinhard, der Student und Fotograf, Josl Knoll aus Innsbruck, 54-jährig, Magistratsbeamter, der in fünf Wochen in Pension gehen sollte, Franz Opurg, der starke und gutmütige Heeresbergführer, sowie ich, wieder geplagt von vielen Zweifeln. Wir hatten all unsere Lasten selber zu tragen, da die Sherpas vom langen Einsatz ausgelaugt waren. Wind und Wetter konnten uns einen Streich spielen, und zudem waren schon so viele und viel bessere Bergsteiger am Everest gescheitert. Es konnte nicht wahr werden; ich wünschte es mir zu sehr, hatte zu lange ge-

Das Western Cwm, das grossartigste Hochtal der Welt: links die Everest-Südwestwand, an deren Fuss das vorgeschobene Basislager stand, in der Mitte die Lhotse-, rechts die Nuptse-Flanke. Der tiefste Einschnitt zwischen Everest und Lhotse ist der Südsattel (7906 m).

wartet, hatte mich schon an zwei Achttausendern versucht und war nie über 7500 Meter Höhe gekommen.

Wegen unserer schweren Lasten meinten wir langsam zu gehen, erreichten trotzdem aber schon nach dreieinhalb Stunden unser erstes Lager auf 6000 Metern, oberhalb des Eisbruchs. Dieser hatte sich total verändert; Leitern waren verschwunden, Seile hatten sich gelockert, und frische Eistrümmer zeugten von der ständigen Bewegung des Gletschers. Den Rest des Tages lagen wir faul in den Zelten und tranken unzählige Becher süssen Tees. Am 8. Mai erreichten wir nach drei Stunden Aufstieg durch das grossartigste Hochtal der Welt, das Western Cwm, unser vorgeschobenes Basislager auf 6400 Metern. Wir wussten, dass Reinhold und Peter an diesem Tag versuchten, zum Gipfel aufzusteigen. Während ich am Nachmittag mit Schneeschmelzen beschäftigt war, rauschte das Funkgerät, und die aufgeregte Stimme von Peter meldete sich: «Du, Bulle, wir haben den Gipfel gemacht, ohne

9. Mai 1978, 10.00 Uhr: Reinhold Messner und Peter Habeler im Lager III nach der Everest-Besteigung ohne künstlichen Sauerstoff

Sauerstoff! Ich bin schon zurück auf dem Südsattel; der Reinhold kommt nach. Ich bin fast den ganzen Weg auf dem Hosenboden heruntergerutscht!» Die Nachricht wirkte elektrisierend und begeisternd. Sie gab auch uns zusätzlichen Schub.

Am 9. Mai erreichten Reinhard und ich um zehn Uhr morgens das Lager III auf 7400 Metern Höhe in der Lhotse-Flanke. Der steile Aufstieg war uns relativ mühelos gelungen. Peter stand vor dem Zelt, etwas ausgedörrt, aber strahlend vor Freude. Hinter ihm lag Reinhold. Er war fast schneeblind, da er während des Aufstiegs gefilmt hatte und seine Schutzbrille häufig abgelegt hatte. Auch er war glücklich, wenn auch von scheusslichen Augenschmerzen geplagt. Eine kurze medizinische Untersuchung zeigte, dass Reinhold und Peter ihr Abenteuer unbeschadet überstanden hatten; Reinhold konnte ich mit Augentropfen etwas Linderung verschaffen. Die beiden erzählten uns noch, wie sie unter Einsatz ihrer letzten Reserven den Gipfelgrat erklettert hatten, dann stiegen sie ab. Reinhold umarmte mich zum Abschied – das erste Mal, dass mich ein Mann umarmte. Er wünschte mir den Gipfel; er wusste, wie sehr mein Herz daran hing. Schliesslich war es nun schon unsere fünfte gemeinsame Reise, und ich hatte dabei erst einmal einen Gipfel erreicht.

Franz und Josl, die auch ins Lager III gekommen waren, beschlossen am nächsten Morgen, einen Ruhetag einzulegen. Reinhard und ich spurten zum «Yellow band» und dann über die breite endlose Mulde zum Genfer Sporn.

Reinhard an den Fixseilen der Lhotse-Flanke

Rechte Seite: Auf dem Weg zum Südgipfel, 11. Mai 1978, 5.30 Uhr. «Reinhard legte ein unglaubliches Tempo vor und war bald 100 Meter voraus.»

Dieser steile Aufschwung mit abwärts geschichteten Platten und lockerem Neuschnee führte uns zum Südsattel, dem windigsten Pass der Welt, in einer Höhe von 7906 Metern. Zumindest diesen geschichtsträchtigen Ort hatte ich nun erreicht! Ich begann sofort, die zahlreichen zurückgelassenen Sauerstoffflaschen zu testen. Zu meiner Freude fand ich einige, die noch Gas enthielten und uns auf dem Südsattel zusätzliche Sauerstoffzufuhr von einem halben bis einem Liter pro Minute ermöglichten. Wir wollten mit unseren Kräften so haushälterisch wie nur möglich umgehen. Reinhard widmete sich dem ewigen Zeremoniell des Teekochens. Sorgfältig wie sonst nie überprüfte ich immer wieder unsere Geräte und Flaschen und wählte schliesslich für jeden von uns die zwei Flaschen mit dem höchsten Sauerstoffgehalt aus. Dann schliefen wir sanft und fest.

Um 3 Uhr morgens begann Reinhard zu kochen, ich durfte noch eine halbe Stunde im Schlafsack bleiben. Nach dem ersten Schluck Tee folgten alle vorprogrammierten Verrichtungen; wir machten wie Roboter das, was wir in vielen Stunden für diese Situation geplant hatten: das Anziehen von drei Schichten – einem Faserpelzanzug, einem dünnen Daunenanzug und darüber der dicken Daunenbekleidung –, das mühselige Bekleiden der Füsse mit insgesamt fünf Schichten – Seidensocken, Wollsocken, Filzpatschen, Lederschuhen, Überschuhen –, dann die Seidenhandschuhe und darüber die Daunenhandschuhe. Noch einmal überprüfte ich unsere Sauerstoffgeräte sowie den Druck in den Flaschen, dann traten wir um halb sechs Uhr in einen windstillen, kalten, fantastisch klaren Morgen.

Der ganze Weg zum Südgipfel lag vor uns, die oberen Regionen waren schon von der Sonne beschienen. Tapsig wie Mondspazierer machten wir unsere ersten Schritte. Wir waren in einer anderen Welt der absoluten Einsamkeit, das Gefühl der Isolation wurde durch die Sauerstoffmaske und das regelmässige Schlagen der Atemventile noch verstärkt. Gelegentlich blieb ich stehen und drückte auf den Auslöser meiner Kamera. Reinhard legte ein

Auf dem Südsattel. «Ich begann sofort, die zahlreichen zurückgelassenen Sauerstoffflaschen zu testen. Zu meiner Freude fand ich einige, die noch Gas enthielten.»

Rechte Seite: «Locker um den Bauch herum banden wir uns auf 8750 Metern Höhe zum ersten Mal zu einer richtigen Seilschaft zusammen.» Reinhard Karl folgt zum Hillary Step nach, im Hintergrund liegt der Südgipfel und tiefer, im Nebel, der Lhotse.

unglaubliches Tempo vor und war bald 100 Meter voraus. Er stürmte über einen ersten Eiswulst hinauf, der nur 30 bis 40 Grad steil, aber wegen versteckter Spalten tückisch war. Da wir auf ein Seil verzichteten, versuchten wir diese zu umgehen, brachen aber trotzdem manchmal bis zu den Hüften ein. Die Last von 25 Kilogramm am Rücken tat ein Übriges, um bald auch Reinhard zu einem gemässigteren Tempo zu zwingen.

Die Grossartigkeit der Umgebung berührte mich wenig. Ich rechnete verzweifelt und rechnete und rechnete. Wir konnten es mit den zwei Sauerstoffflaschen nicht bis zum Gipfel schaffen. Ich atmete zu schwer, verbrauchte viel Sauerstoff. Jedes Öffnen der Ventile signalisierte mir die kurze, verrinnende Zeit, die wir zur Verfügung hatten. Versuchte ich langsamer zu atmen, kam ich nicht vorwärts, versuchte ich langsamer zu gehen, kam ich auch nicht höher. Ich erwog, zum Zelt zurückzusteigen, um noch einen dritten Zylinder mitzunehmen, wusste aber, dass ich mit 35 Kilogramm Last am Rücken noch langsamer wäre. Ich tröstete mich, dass ich zumindest einen persönlichen Höhenrekord aufstellen würde, bis 8500 Meter, vielleicht noch etwas höher würde ich kommen. Aber mein Traumziel, den Gipfel, würde ich nicht erreichen, nicht mit dieser Sauerstoffreserve. Die Spuren unserer Vorgänger waren verweht, immer wieder brachen wir tief im Bruchharsch ein: Hoffnungsvoll setzte man seinen Fuss auf die scheinbar feste, harte Oberfläche, belastete und brach frustriert bis zu den Oberschenkeln ein. Gelegentlich kratzten unsere Steigeisen auf Fels, dann war die Spurarbeit leichter.

Reinhard Karl im Lager V auf 8500 m Höhe

Um halb sieben Uhr, eine Stunde nach unserem Aufbruch, blickte ich auf meinen Höhenmesser und registrierte eine Höhe von 8250 Metern. Wir hatten in einer Stunde über 300 Höhenmeter geklettert! Ich war sehr überrascht. Die zwei Zelte am Südsattel lagen als kleine rote Punkte schon tief unten in der Morgensonne. Wir mussten enorm viel Sauerstoff verbraucht haben, dass wir so schnell heraufgekommen waren. Das Manometer meiner Flasche am Rücken konnte ich allerdings nicht sehen, darum nahm ich in einer komplizierten Prozedur das Traggestell ab. Zu meiner unglaublichen Überraschung sah ich, dass der verwendete Zylinder noch zu 80 Prozent voll war. Wir hatten erst 10 Prozent unseres Vorrats verbraucht! Ich erlaubte mir vorsichtigen Optimismus, vielleicht würde ich wenigstens bis zum Südgipfel steigen können. Immer noch war der Schnee teils knietief und wahnsinnig anstrengend zu spuren. Schliesslich konnten wir aber auf eine Felsrippe nach rechts aussen ausweichen, auf welcher nur 10 bis 20 Zentimeter Neuschnee lag. Hier war mit Vorsicht schnelleres Klettern möglich, ein Tapsen und Kratzen auf brüchigem Kalkfels wie manchmal zu Hause in den Alpen.

Drei Stunden nach Aufbruch erreichten wir am Grat das zugeschneite Zelt des Lagers V auf 8500 Metern Höhe, in dem unsere erste Gipfeltruppe noch einmal biwakiert hatte. Meine erneute Berechnung ergab, dass wir noch 66 Prozent unseres Sauerstoffvorrates zur Verfügung hatten. Nebelfetzen verhüllten nun die einzigartige Szenerie von Lhotse, Makalu und Kangchendzönga, an denen ich unser Höherkommen registriert hatte. Unsere Route

wurde nun steiler, die Spurarbeit noch härter, bis wir schliesslich in gut kletterbaren Felsen ausweichen konnten.

Immer mehr wuchs nun meine Euphorie. Ich spürte keine Müdigkeit mehr, nur noch das Glück, hier zu klettern. Irgendwann liess ich meine erste Flasche mit 200 Litern Sauerstoff als Reserve für den Abstieg zurück, mit leichterem Traggestell fiel mir auch das Klettern leichter. Dann legte sich der Grat zurück, Reinhard wartete auf dem Südgipfel. Nur ein technischer Defekt oder ein Unfall konnten uns jetzt noch aufhalten. Wir fanden ein fünfzehn Meter langes Seil, das Reinhold und Peter zurückgelassen hatten. Locker um den Bauch herum banden wir uns auf 8750 Metern Höhe zum ersten Mal zu einer richtigen Seilschaft zusammen. Vor uns lag der schönste Grat, den wir je gesehen hatten, und er führte zum Gipfel des Mount Everest. Er ist so steil und überwechtet, dass er noch 1953 von Evans und Bourdillon, den ersten Bergsteigern, die den Südgipfel erreicht hatten, als unbegehbar betrachtet wurde. Viele unserer Vorgänger hatten bis zu fünf Stunden für dieses kurze Stück gebraucht. Trotzdem wusste ich nun, ich würde den höchsten Berg der Welt besteigen.

«Wir blieben möglichst weit auf der Südseite, um nicht mit einer abgebrochenen Wechte zum Schluss noch nach Tibet zu stürzen.»

Reinhard schickte mich nun voraus, worauf ich aufgeregt zum Hillary Step kletterte. Als ich das steile Bollwerk aus Fels, Eis und Wechten erreicht hatte, tauchte auf der Südseite zwischen den Nebeln für Momente in der Tiefe unser vorgeschobenes Basislager auf. Nach Norden, gegen Tibet, fiel die Wand 3000 Meter ab. Mit dem linken Fuss in Nepal und dem rechten in Tibet, voll Vertrauen auf die Frontzacken der Steigeisen und die Sicherung von Reinhard, kletterte ich ganz selbstverständlich hinauf. Dies war die einzige Stelle, an der wir uns gegenseitig sicherten. Reinhard kam nach, dann stiegen wir wieder gemeinsam. Reinhard war nun etwas langsamer, bekam nicht genug Luft. Ich kontrollierte seine Atemmaske und befreite sie vom Eis. Dann drehte ich den Regulator der Sauerstoffzufuhr auf das Maximum, das waren vier Liter pro Minute. Reinhard und ich ergänzten uns: Er hatte den ganzen anstrengendsten Teil gespurt, jetzt konnte ich ihm helfen.

Nur noch 60 Meter trennten uns vom Gipfel. Wir blieben möglichst weit auf der Südseite, um nicht mit einer abgebrochenen Wechte zum Schluss noch nach Tibet zu stürzen. Dann sah ich 30 Meter entfernt das chinesische Gipfelzeichen, platzte fast vor Glück, stieg noch 20 Meter weiter und wartete dann auf Reinhard. Nebeneinander gingen wir weiter, bis es nirgends mehr höher ging und sich der Grat vor uns wieder senkte. Wir standen an unserem Erlösungsort, dem höchsten Punkt der Erde. Auf einer flachen, nach Norden überwechteten Schneekuppe umarmten wir uns um zwölf Uhr mittags überglücklich. Mein Höhenmesser zeigte 8780 Meter. Ich korrigierte ihn sorgfältig auf 8848 Meter. Der Sturmwind war erträglich, die Temperatur schätzte ich auf 30 bis 35 Grad minus, trotzdem fühlte ich mich warm. Jagende Nebelfetzen verwehrten den Blick nach Süden und verbargen die Weite des Raumes. Wir erkannten den oberen Teil des Westgrates, über den Tom Hornbein und Willy Unsoeld 1963 den Gipfel erreicht hatten, und sahen nach Norden in Nebellücken auf den Nordgrat, über den 1975 die Chinesen aufgestiegen und an dem 1924 Mallory und Irvine verschwunden waren. Dahinter erhaschten wir einen ersten Blick in das geheimnisvolle verschlossene Land Tibet und seine vielen Berge. Zwischendurch nahmen wir die Sauerstoffmasken ab, fotografierten und bemerkten bald ein seltsames, nicht beschreibbares Leeregefühl. Das Denken, die Bewegungen wurden langsamer, Schwindel veranlasste uns, die Masken wieder anzulegen, die hier auf dem Gipfel eine Höhe von 7000 Metern simulierten. Wieder fotografierte ich Reinhard, den ersten Deutschen auf dem Everest. Er war so glücklich wie ich, fror aber zusehends. Ich wäre gerne stundenlang sitzen geblieben, wollte das

Gefühl des höchsten Punktes der Erde so lange wie möglich auskosten, in mich hineindenken und träumen. Dies war der Höhepunkt meines bisherigen Lebens, den ich ganz intensiv erlebte. Für mich wurden alle Leiden, Mühen und Strapazen durch die 45 Minuten auf dem Dach der Welt tausendfach belohnt. Die Qual war vergessen, der erfüllte Traum blieb.

Auf dem Gipfel des Mount Everest, neben dem chinesischen Vermessungsstativ. Jagende Nebelfetzen verwehren den Blick nach Süden und verbergen die Weite des Raumes.

Reinhard drängte zum Aufbruch. Widerstrebend stand ich auf, und wir verliessen den Gipfel, der mir fortan noch viel mehr bedeuten würde. Wir überliessen ihn wieder dem Wind, den Wolken und dem Himmel. Drei Tage später sollte die Spitze noch einmal betreten werden: Franz Oppurg gelang die erste Alleinbesteigung, Josl musste in einer Höhe von 8500 Metern umkehren, da seine Sauerstoffvorräte erschöpft waren.

Nach einer halben Stunde waren wir zurück auf dem Südgipfel, seilten uns los und deponierten das Seil. Reinhard hatte es eilig; er fürchtete Erfrierungen und stieg sofort weiter ab. Nun ganz allein in einer magischen Welt, trat ich langsam tiefer, sass zwischendurch im Schnee, betrachtete die schemenhaften Umrisse des Lhotse und dachte an neue Ziele, die auch nach dem Everest noch erstrebenswert waren. Um halb vier Uhr nachmittags empfing mich Reinhard auf dem Südsattel mit einem grossen Topf heissen Tees, ich besass noch 20 Prozent unserer Sauerstoffreserve. Sofort packte ich das Funkgerät, schrie begeistert, dass wir soeben vom Gipfel zurückgekommen seien und dass wir «high, high, high» seien. Mein Funkruf wurde in mehreren Lagern gehört, und die Funkdisziplin – es sollte immer nur eine Station sprechen – brach zusammen. Wir freuten uns über das allgemeine, ehrliche und spontane Gratulationsgeschrei unserer Freunde. Ich gab die höchste Bierbestellung der Welt auf und verlangte, dass per Eilboten Bier ins Basislager gebracht werde. Dann sassen wir noch stundenlang im Zelt, schmolzen Schnee und tranken Becher um Becher. Wir merkten erst jetzt, wie ausgetrocknet wir waren; ich trank etwa drei Liter, bis ich wieder Urin löste. Während des ganzen Auf- und Abstiegs hatten wir weder Flüssigkeit noch Nahrung zu uns genommen. Noch immer spürten wir die Müdigkeit nicht, die Euphorie hielt uns munter, ja wir waren so übermütig, dass wir erwogen, am nächsten Tag noch auf den Lhotse zu steigen. Die Müdigkeit des Morgens brachte uns auf den Boden der Realität zurück.

Später analysierten wir die Gründe für das Gelingen unseres Glücksflugs. Wir waren stolz darauf, vom Südsattel zum Gipfel nur genau sechseinhalb Stunden gebraucht zu haben, für die damalige Zeit ein «all time record». Nach Reinhold und Peter waren wir erst die zweite Seilschaft, die ohne Zwischenlager vom Südsattel bis zum Gipfel gestiegen war. Wir konnten beide von vielen Jahren bergsteigerischer Erfahrung profitieren, auch in schwierigen Situationen. Wir hatten hart trainiert und waren im entscheidenden Moment in optimaler Verfassung und perfektem Gesundheitszustand. Zudem trugen uns ungeheure Motivation, Begeisterung und die Bereitschaft, an die eigenen physischen und psychischen Grenzen zu gehen. Wir waren gewappnet, Leiden zu erdulden, uns zu quälen und dem Körper das Letzte abzuverlangen. Deswegen wurde die Besteigung kein Gang über die Grenze, sondern eine extrem anstrengende, beglückende Tour. Die Taktik, vom Südsattel bis zum Gipfel ohne grössere Pausen zügig, aber nicht hetzend durchzugehen, hatte sich bezüglich Sauerstoff- und Kräfteverbrauch als sinnvoll und ökonomisch erwiesen. Ebenso war es richtig, nach einem längeren Aufenthalt im Basislager erholt zu starten und ohne Rasttage zum Gipfel zu steigen. Reichliche Flüssigkeitszufuhr in den Rastphasen verhinderte eine Bluteindickung, deren Folgen katastrophal sein konnten. Das seilfreie Klettern bis zum Südgipfel brachte einen enormen Zeitgewinn. Und auch unsere Ausrüstung war tadellos: Ich hatte in keinem Moment gefroren, die Sauerstoffgeräte funktionierten einwandfrei, und wir hatten sogar ein Ersatzgerät im Rucksack.

Rückblickend konnten wir nur befriedigt feststellen, dass wir bei unserem Gipfelgang keinen wesentlichen Fehler gemacht hatten, denn ein einziger gravierender Fehler hätte ja das Scheitern bedeutet. Und schliesslich hatten wir das notwendige Quantum Glück, indem sich besonders Wind und Wetter als erträglich erwiesen. Der Schnee war zwar tief, aber nicht zu tief. Wir gerieten in keine Lawine und sind über keine Wechte abgestürzt.

Ich habe vorher und seither viele Berichte von Everest-Besteigungen gelesen. Häufig sind die Bergsteiger mit letzter Kraft, teilweise mit schweren Erfrierungen und dem Tod nahe, zum Südsattel zurückgekommen. Viele mussten vor Erreichen des Gipfels umkehren oder starben auf dem Abstieg. Besonders beeindruckt hat mich der Bericht der Amerikaner Chandler und Cormak von 1976: «Die Gipfelbesteigung war keine Freude, sie war im Gegenteil eine Qual, ein Alptraum. Es war die schlimmste Schinderei, die unsere Körper je erlitten haben. Wir lebten in ständiger Angst. Wir entkamen im letzten Moment durch ein sich schliessendes Tor und konnten ganz knapp unser Leben retten.»

Ich bin glücklich, dass unser Erlebnis ganz anders war. Ich habe dieses Spiel der Leiden genossen. Ich glaube, dass dieses Glück auf meiner Einstellung zum Bergsteigen basiert: Ich habe mich dem Gebirge stets mit einer Mischung von Respekt, Furcht und Liebe genähert. Ich betrachte den Alpinismus als ein prächtiges, wundervolles, beglückendes, unnützes Spiel, den Unfall als Folge eines meist vermeidbaren und oft selbstverschuldeten Fehlers. Auch das tödliche Scheitern ist in manchen Fällen ein Resignieren, eine Selbstaufgabe, bevor der letzte Lebenswille restlos ausgeschöpft ist.

Die Gnade der frühen Geburt hat uns einen einsamen Mount Everest beschert: Wer heute auf das Dach der Welt steigen will, findet sich im Basislager in einem Zirkus mit bis zu 300 Zelten. Mobiltelefone und Internetanschluss sind unten ebenso selbstverständlich wie weiter oben Gänsemarschkarawanen und Warteschlangen an den Fixseilen. Inkompetente Anwärter, deren Legitimation ein dicker Geldbeutel ist, versuchen ihr Sozialprestige mit einem «Sieg über den Everest» aufzumöbeln und blockieren den Weg für jene, die auch aus Freude zum Gipfel der Welt wollen.

Peter Hillary (Mitte) mit seinen Rettern Oswald Oelz und Reinhold Messner. Der Adrenalinsturm ist ausgestanden.

ADRENALIN PUR

Beim Zusammenpacken unserer Ausrüstung im Basislager schlug Wolfi Nairz vor, einen Teil für die Expedition des nächsten Jahres auszusondern und in Nepal zurückzulassen. Obwohl ich nicht die geringste Neigung hatte, in absehbarer Zeit wieder an einem Himalaja-Riesen herumzuklettern, folgte ich seinem Ratschlag. Man weiss ja nie...

Nach der Rückkehr konnte ich an manchen Abenden meine Heldentaten vom Everest einem geneigten Vortragspublikum erzählen. In Bregenz, der Stadt meines Vaters, war der Andrang so gross, dass im grössten Saal mehr als 200 Leute keinen Einlass fanden. Von der Vorarlberger Regierung durfte ich das Ehrenzeichen in Gold für sportliche Leistungen in Empfang nehmen. Bei der Verleihung wurde ich als Vorbild für die Jugend gepriesen; meinen Erfolg führte der Festredner auf einen bescheidenen und enthaltsamen Lebenswandel zurück!

Vor allem aber konnte ich es nicht erwarten, meine Arbeit im Spital wieder aufzunehmen. Mein ganzer Enthusiasmus und meine Energie gehörten der Abklärung und Behandlung rätselhafter oder schwerwiegender Krankheiten. Da war die junge Frau mit dem unerklärlichen Fieber, die mir mit der Bemerkung übergeben wurde, ich solle mir da nicht weiter den Kopf zerbrechen. Da hätten schon gescheitere, einschliesslich des Chefs, keine Diagnose stellen können. Geschickter hätte mein Ehrgeiz nicht angestachelt werden können. Abende lang wälzte ich Bücher und vertiefte mich in die Geschichte der Patientin, um hinter das Geheimnis dieses Fiebers zu kommen. Schliesslich meinte ich eine Ursache gefunden zu haben, und tatsächlich verschwand das Fieber nach der von mir eingeleiteten Behandlung. Die Diagnose war trotzdem falsch, erst Monate später fanden wir die winzige blutreiche Geschwulst, welche die Beschwerden verursacht hatte. Und da war auch jener junge Mann mit dem Hodenkrebs, dessen Tumor schon beide Lungen durchsetzt hatte. Diese bis in die Siebzigerjahre bei 90 bis 95 Prozent der jungen Männer tödliche Krankheit wurde am Kantonsspital mit einer neuen aggressiven Chemotherapie behandelt. Voll Begeisterung folgte ich den Anweisungen meiner Chefs, das Ganze ging mir aber zu langsam, meine Chefs waren nicht risikobereit genug. Die Dosis der verordneten Chemotherapie war in meinen Augen zu gering, um wirklich alle Tumorzellen abzutöten. Insgeheim beschimpfte ich meine Vorgesetzten als Tauben und feilschte mit ihnen um grössere Giftmengen. Man gab mir, dem risikobereiten Falken, nicht nach. Trotzdem wurde der Patient geheilt und ist heute bei guter Gesundheit.

Am 23. Dezember 1978, ich war inzwischen Oberarzt geworden, sah ich einen 28-jährigen Patienten, der in der Nacht zuvor ins Spital aufgenommen worden war. Er hatte beim Weihnachtsverkauf in einem renommierten Geschäft in Zürich Fische verkauft, als ohne ersichtlichen Grund Nasenbluten auftrat. Schliesslich legte er sein Fischmesser zur Seite und liess sich an der Poliklinik ambulant behandeln. Nachdem die Blutung gestillt war, ging er nach Hause. Er war überrascht, als er wenig später telefonisch aufgefordert wurde, sofort ins Spital zu kommen, da er schwer krank sei. Die Laborresultate hatten ergeben, dass der Patient an einer akuten Leukämie litt. Das Röntgenbild jener Nacht zeigte mir einen fast fussballgrossen Tumor direkt über dem Herzen, die Knochenmarkuntersuchung ergab die Diagnose eines lymphoblastären Non-Hodgkin-Lymphoms, eines besonders bösartigen Lymphknotenkrebses. Unbehandelt hatte der Patient nur noch wenige Tage oder Wochen zu leben. Während der Untersuchungen in den nächsten Stunden ging mir durch den Kopf, was ich über diese Krankheit gelesen hatte. Da wurde zwar von anfänglichen Erfolgen einer Chemotherapie berichtet, im Besonderen, wenn sie «front loaded with adriamycin» verabreicht werde, also bereits zu Beginn eine hohe Dosis eines besonders starken Zellgiftes enthielt. Anschliessend aber wurde darauf aufmerksam gemacht, dass bei allen Patienten innert sechs Monaten die Krankheit unweigerlich zurückkehre und sie töte.

Diese Botschaft drehte sich in meinem Kopf, als ich am Weihnachtsabend einen langen Waldlauf unternahm. Der Tumor weckte alle meine Aggressionen, und ich beschloss, für die Krebszellen ein «Hiroshima» zu veranstalten. Die Tauben waren jetzt in den Ferien, die Falken hatten freie Hand. Zusammen mit zwei mutigen Kollegen stellte ich eine besonders aggressive und hoch dosierte Chemotherapie zusammen, der wir die Kurzbezeichnung «BADCOP» gaben, abgeleitet von Bleomycin, Adriamycin, Doxorubicin, Cyclophosphamid, Onkovin und Prednison, einer Sammlung der schärfsten Waffen aus dem damaligen Arsenal der Chemotherapie. Wir wollten mit Krieg und in der Sprache des Krieges auf die Herausforderung dieser Krebserkrankung antworten. Über Weihnachten verabreichten wir die Mischung unserem Patienten, nach sieben Tagen waren der Fussball oberhalb des Herzens, also der Tumor, sowie die Krebszellen im Knochenmark eliminiert. Der Patient hatte dank seiner eigenen und unserer Motivation das Ganze ordentlich toleriert und ging nach Hause. Es folgten eine Reihe von Chemotherapiezyklen, die wir unter dem scharfen Blick der Tauben praktizierten.

Man hielt uns zwar für minder zurechnungsfähig, war aber immerhin vom Erfolg unserer Therapie beeindruckt. Der Patient lebte während zweier Jahre tumorfrei, bis ihn ein besonders bösartiger Rückfall innert weniger Tage tötete. Unser «BADCOP-Regime» wurde an dreizehn Patienten durchgeführt und brachte zwölf davon in ein tumorfreies Stadium, wenn auch nicht bei allen so lange wie bei unserem ersten Fall.

Manche Patienten liessen mich nachts so wenig schlafen wie vorher der Everest. Dazu gehörte auch ein Bauer aus dem Kanton Uri, der an einer akuten Leukämie litt. Wir hatten mittels aggressiver Chemotherapie bereits eine so genannte Remission, also das Verschwinden aller Krebszellen aus dem Blut, erreicht. Zur Sicherung dieses Erfolges wurde eine weitere Chemotherapie angeschlossen, die den Patienten für Infektionen anfällig machte. Eine Blutvergiftung mit dem Bakterium Serratia marcescens tötete ihn – und ich musste dies seiner Frau mit ihren beiden Kindern mitteilen. Seither läuten alle Alarmsignale in meinem Kopf, wenn ich Serratia marcescens höre, und den stets fröhlichen, optimistischen Urner Bauern werde ich nie vergessen. Wir sind stolz und glücklich über die Erfolge unseres medizinischen Tuns und nehmen sie als selbstverständlich. Im Gedächtnis bleiben die tragischen Niederlagen.

Nach 17 Monaten klinischer Tätigkeit, vielen Patienten und der Einreichung meiner Habilitationsschrift war es wieder Zeit für den Himalaja. Ruth und ich hatten uns getrennt, sie war zu einem anderen Mann gezogen. Ich war müde, nicht körperlich, sondern geistig; oft war ich gespannt, manchmal gereizt. Ich sehnte mich nach dem Gehen im Himalaja, dem Eis, dem Sturm, der Kälte und der Sonne.

Ich brauche das Leben in dieser anderen Welt, den Ausbruch aus unserer künstlichen Umgebung, die nicht unseren Grundbedürfnissen entspricht. Bis vor wenigen hundert Jahren waren unsere Hauptsorgen die Beschaffung von Nahrung, der Schutz vor Kälte, Feuer, wilden Tieren und Naturgewalten. Unsere Vorfahren stritten und führten Krieg um Jagdgründe und allenfalls um Frauen wie im Trojanischen Krieg – dem einzigen sinnvollen Krieg der Geschichte. Der tägliche Kampf ums Überleben erfüllt auch die Existenz der Bergbauern in den Alpen, der Sherpas in Nepal sowie der Indios in den Anden, die darum nicht daran denken, sinnlos Berge zu besteigen. Von dieser Lebensweise, in der sich unsere Evolution über Millionen von Jahren vollzog, haben uns die Errungenschaften der Technik isoliert und uns die

Sorge um Nahrung und elementare Bedrohung genommen. Wir sind in Städte gezwängt, die den Rhythmus der Natur ausschalten: Die Nacht ist taghell, der Winter ist warm, und den Regen nehmen wir kaum mehr wahr, wenn wir aus den klimatisierten Räumen in unsere klimatisierten Autos schlüpfen. Wir haben uns von der Erde isoliert; unsere Aufnahmefähigkeit, Wachheit und Erlebnisfähigkeit sind abgestumpft. Statt um Nahrung und Naturbedrohungen sorgen wir uns um Karriere, Termine, Steuern und Shareholder values; wir ärgern uns über Vorgesetzte, Kollegen und Nachbarn. Das Leben in einer Welt unnatürlicher Zwänge macht uns krank und gibt den Psychologen und Ärzten Beschäftigung. Darum haben im 19. Jahrhundert blasierte englische Junker und frustrierte zentraleuropäische Stadtbewohner das Bergsteigen erfunden.

Dabei sind solche psychosomatischen Störungen leicht behandelbar: Das Gehen in einem grossen Gebirge und die Rückkehr zum einfachen Leben bringen Ruhe; die Sorgen um Steuern und Karriere verfliegen in der reinen Luft. Wir werden mit einfachen Dingen glücklich: einem geschützten Zeltplatz, der Schutz vor Lawinen und Steinschlag bietet, einem warmen Schlafsack, Brennstoff, um Wasser zu bereiten, scharfen Steigeisen und einem guten Freund. Deswegen empfinde ich das Bergsteigen als das Privileg, weit weg von unserer verrückten Welt zu sein, um schliesslich wieder in ihr leben und funktionieren zu können.

Wolfi Nairz hatte die Genehmigung für die dritte Besteigung eines der schönsten Berge der Welt, des 6828 Meter hohen Ama Dablam, erhalten und eine Gruppe von fünf Freunden zusammengestellt, zu der auch Reinhold Messner und ich zählten. Bei unserer Reise ins Basislager des Mount Everest waren wir schon einmal unter diesem makellosen Berg durchgewandert und hatten staunend und verliebt die schroffen Grate bewundert. Besonders beeindruckend war ein riesiger Hängegletscher unterhalb des Gipfels, der die Sherpas an ein Schmuckstück namens Ama Dablam erinnerte, ein Muttermedaillon, das ihre Frauen um den Hals tragen. Wir wollten dem sicheren, wenn auch klettertechnisch anspruchsvollen Weg der Erst- und Zweitbesteiger über den Südwestgrat folgen. Dafür standen uns vier Wochen zur Verfügung; wir erwarteten eine genussvolle Tour.

Das Basislager am Ama Dablam lag auf einer wunderschönen Wiese. Dort trafen wir Peter Hillary, den Sohn des Erstbesteigers des Mount Everest, und drei seiner neuseeländischen Freunde. Sie planten eine Durchsteigung

Ang Kanchi mit einem Ama Dablam (oben). Reinhold Messner und Oswald Oelz beschliessen, zu den Verletzten zu klettern (unten).

Rechte Seite: Die Situation an der Ama-Dablam-Westwand

der Westwand unmittelbar unter dem Hängegletscher und hatten bereits einen Teil ihrer Aufstiegsroute erkundet. Als Reinhold und ich sie auf die Gefahr des Eisschlags und der Eislawinen aus dem Hängegletscher ansprachen, meinten sie, sie hätten die Wand nun während eines Monats beobachtet; es sei nichts heruntergefallen, und sie würden sich beeilen. Während wir unser Lager aufbauten, stiegen die vier Neuseeländer zur Wand auf. Während der folgenden zwei Tage beobachteten wir sie, als sie nach einem Biwak langsam über die Mitte der Wand hinauskletterten. Sie befanden sich genau in der Falllinie des Hängegletschers.

Unsere Sherpas und zwei Mönche feierten eine Opferzeremonie, um die Götter des Himalaja für unseren eigenen Aufstieg günstig zu stimmen, als uns ein entsetzter Schrei von Horst auffahren liess: Ein riesiges Stück des Hängegletschers war abgebrochen und stürzte direkt auf die vier Neuseeländer.

Peter Hillary schrieb später: «Wir kletterten in zwei Seilschaften. Ken war in Führung und hatte gerade gesagt: ‹This is the best day of climbing I ever had› – das ist der schönste Klettertag, den ich je erlebt habe. Ich fotografierte ein weiteres Mal mit meiner kleinen Kamera und steckte sie zurück in ihre Hülle und – ein erschreckendes Geräusch kam von oben, ein dunkles Rollen, das sich zum betäubenden Lärm einer Eislawine steigerte. Jemand sagte: ‹Oh, fuck!›, sonst nichts. Es kam direkt auf uns zu. Riesige Polsterstühle von Wassereis und eine grosse Welle kleinerer Eisstücke stürzten die Wand

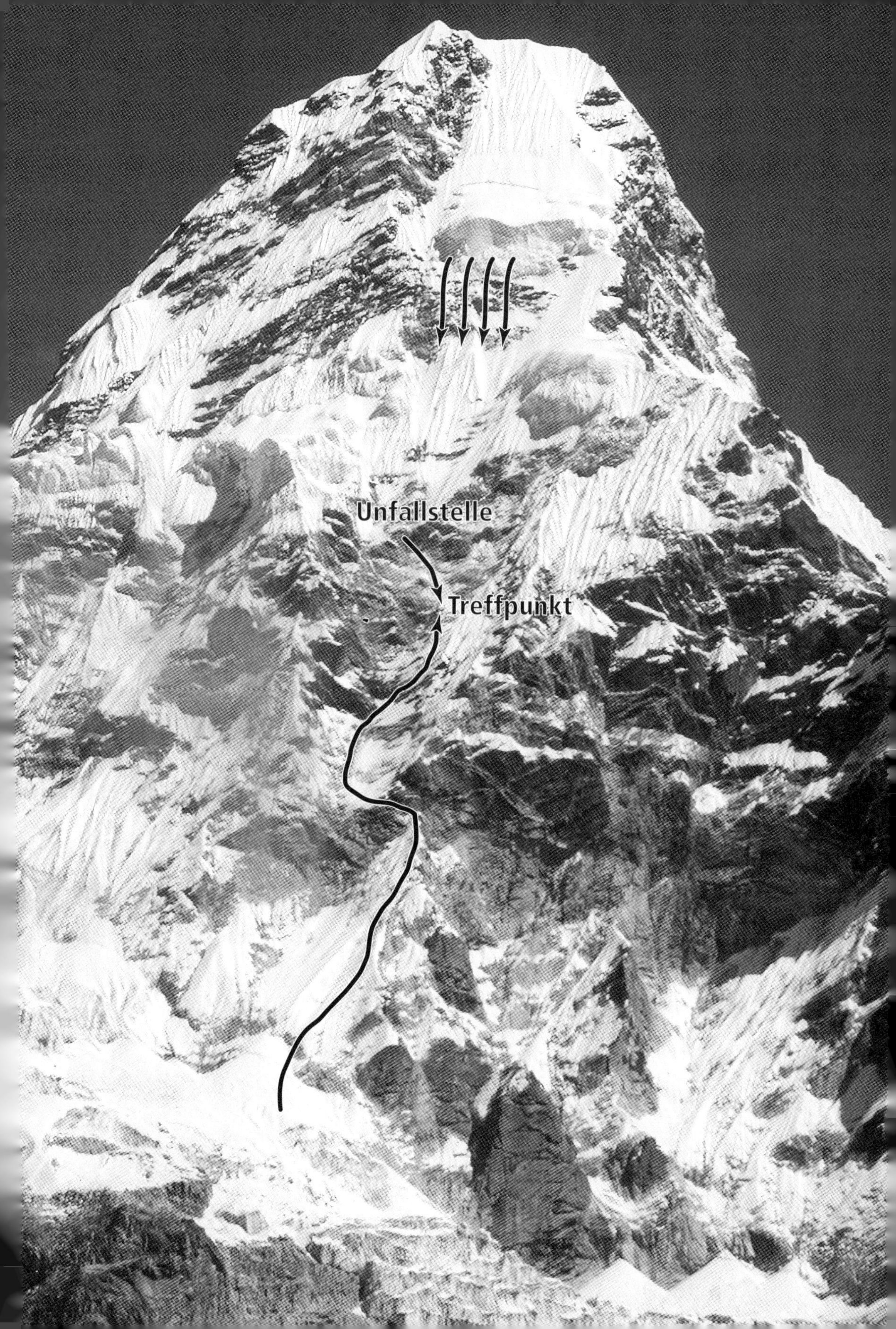
Unfallstelle
Treffpunkt

herunter. Ich klammerte mich an mein Eisbeil und meinen Pickel vor mir, presste mich nahe an die Wand und versuchte mich unter meinem Helm zu verstecken. Zehn starke Männer zogen an meinen Beinen, eine wütende Menge schlug auf meinen Kopf mit Stöcken und Steinen und schrie in meine Ohren. Dann konnte ich mich nicht mehr halten, stürzte, taumelte in einem Sturm von Meteoriten, der durch den Himmel flog. ‹This is it, this is it.›»

Nach einer halben Minute war alles vorüber. Der Schneestaub hatte sich gelegt, und wir waren erstaunt, dass die vier noch immer in der Wand hingen, wenn auch in veränderter Position. Ein einziger Sicherungsplatz hatte gehalten. Jeff und Ken waren gestürzt, hatten Peter mitgerissen und dabei ihr Seil um Peters Klettergurt gewickelt. Peter wurde von Merv mit nur noch einem Sicherungspunkt gehalten. Der unterste Kletterer hing regungslos im Seil; wir konnten dies durch ein starkes Fernrohr ausmachen. Die anderen begannen sich langsam zu bewegen, waren aber offensichtlich verletzt.

«Das gemütliche Lagerleben war vorbei.»

Linke Seite: Die Ama-Dablam-Westwand unmittelbar nach dem Niedergang der Eislawine; Reste stürzen über den unteren Wandteil.

Das gemütliche Lagerleben war vorbei. Noch am Abend stiegen wir am Südwestgrat so hoch wie möglich, um Einblick in die Wand zu bekommen und nach Möglichkeit vom Grat her Hilfe zu bringen. Dies erwies sich als unmöglich, die Strecke war viel zu lang und die entsprechende Querung viel zu gefährlich. So biwakierten wir und kehrten am frühen Morgen in unser Basislager zurück. Die einzige Möglichkeit, den Neuseeländern zu helfen, war, zu ihnen in die Wand zu steigen. In ihrem verletzten Zustand kamen sie nur äusserst langsam tiefer; den Toten hatten sie abgeschnitten, er lag am Fuss der Wand. Reinhold und ich beschlossen hinaufzuklettern, unsere Freunde sollten uns empfangen, wenn wir mit den Verletzten zurückkamen. Am Fuss der Wand fanden wir Ken mit seltsam verdrehten Gliedmassen und begruben ihn in einer Spalte. In der folgenden Nacht schlief ich nur wenige Minuten, dann träumte ich, in einem riesigen Trichter zu stehen, in den alle

Nena

Rechte Seite: «Dann hetzte Reinhold weiter voraus, versicherte die kritischsten Stellen und brüllte mich ständig an, schneller zu klettern.» In der Ama-Dablam-Westwand

Eisbrocken des Himalaja hineinstürzten. Wenn ich aufschreckte, hörte ich Steinhagel aus der Wand. Freiwillig wären wir nie eingestiegen.

Auch Reinhold sah am frühen Morgen nicht sehr ausgeruht aus. Als ich ihn darauf ansprach, sagte er, er habe keine Minute geschlafen, es sei ein Wahnsinn, in dieses Inferno einzusteigen. Doch müde waren wir nicht; eine heisse Spannung pulste durch jede Faser und trocknete uns Mund und Rachen aus. Wir trugen 600 Meter dünnes Seil mit uns, um die mittleren Partien der Wand zu versichern. Seilfrei kletterten wir zunächst einen steilen Eisgrat zu einem Felsriegel hoch. Noch nie war ich so steiles Eis geklettert, noch nie ohne Seil und noch nie mit drei Seilrollen am Rücken. Reinhold meinte zwar, wir könnten anseilen, wenn ich Sorgen hätte, kletterte aber unbeirrt weiter. Am Felsriegel fanden wir ein fixes Seil der Neuseeländer. Dann hetzte Reinhold weiter voraus, versicherte die kritischsten Stellen und brüllte mich ständig an, schneller zu klettern. Ich brüllte zurück, dass ich so schnell kletterte wie noch nie im Leben, noch nie hatte ich so viel Angst gehabt. Nur wenn wir durch einen Felsüberhang geschützt waren, gönnten wir uns minutenlange Pausen. Die Luft war erfüllt vom Pfeifen und Sirren herabstürzender Steine und vom dumpfen Knall der Einschläge, manchmal auch vom Schwefelgeruch, wenn Stein auf Stein schlug. Es war ein ständiges Bombardement.

Ich dachte an Nena. Wir waren ihr in Thyangboche begegnet. Sie war Peter Hillarys Girlfriend, und sie war schön, rassig, temperamentvoll und unkonventionell; sie liebte dieses Leben. Wir hatten stundenlang miteinander geredet und waren am Morgen zusammen ein Stück des Weges gegangen. Wenn die Neuseeländer den Gipfel erreicht hatten, wollte sie ins Basislager kommen. Den Schweiss, die vor Anstrengung fast reissenden Waden und meinen ausgetrockneten Rachen spürte ich nicht.

Um 11 Uhr morgens hatten wir die halbe Wand durchklettert und erreichten Geoff, Peter und Merv. Alle hatten wir Tränen in den Augen; Peters Arm war gebrochen, und auch ein Fuss war verletzt, so dass er ihn nicht belasten konnte. Er litt unter schrecklichen Schmerzen, trotzdem konnte ich ihm keine wirkungsvollen Medikamente geben, die seine Reaktionsfähigkeit weiter beeinträchtigt hätten. So seilte ich jeweils Peter mit der Seilbremse ab, während Reinhold die Standplätze einrichtete und die beiden

anderen Verunfallten sicherte. Grosse Eis- und Steinbrocken stürzten nun mit zunehmender Erwärmung in immer grösserer Zahl über unsere Route und ergänzten das konstante Trommelfeuer der kleinen Geschosse. Ausser Angst existierten keine Gefühle mehr, nur das möglichst schnelle Niedergleiten zählte. Um 5 Uhr abends erreichten wir den Fuss der Wand und liessen den Wahnsinn hinter uns. Peter bekam nun seine erste Morphiumspritze. Dann sass ich für Minuten einfach da und erbrach Galle, aber es war Galle der Erleichterung.

Am nächsten Tag holte uns ein Helikopter der nepalesischen Armee vom Wandfuss ab. Dies war die bis dahin höchste Helikopterrettung in Nepal; Sir Edmund Hillary hatte seinen ganzen Einfluss geltend gemacht, um sie zu ermöglichen. Wir luden zunächst Peter ein, ich kam in die Nähe des Kopiloten. Er stank aus dem Mund, aber ich hätte ihn umarmen können.

Peter wurde zunächst in Katmandu und dann in Neuseeland operiert und erholte sich vollständig. Er verarbeitete seine Ama-Dablam-Erfahrung im Buch «A Sunny Day in the Himalayas». Es endet mit folgenden Sätzen: «Und doch, die Intensität des Erlebnisses des Kletterns prägt sich unauslöschbar in den Sinn ein. Die Kopfschmerzen verschwinden, und man findet sich selbst wieder vom Verlangen gepackt, in die Berge zurückzukehren, um wieder zu klettern, um höher zu klettern und um härter zu klettern.» Peter Hillary unternahm einige weitere Expeditionen, bei denen mehrere seiner Freunde starben. Schliesslich bestieg er 1990 den Berg seines Vaters, den

Peter Hillary nach seiner Rettung am Wandfuss

Mount Everest. Nena aber reiste mit Reinhold nach Europa zurück und begleitete ihn bei seinem Alleingang auf der Nordseite des Mount Everest.

16 Jahre später: Fixseile am Ama-Dablam-Südwestgrat

16 Jahre später lud mich mein Freund Hans Kammerlander ein, mit einer kleinen Südtiroler Gruppe erneut den Südwestgrat des Ama Dablam anzugehen. Wenige Tage nachdem ich in Zürich ins Flugzeug gestiegen war, traf ich, erholt von der Wohltat des Gehens, bei meinen Freunden im Basislager auf 5000 Metern Höhe ein. Einen von ihnen musste ich gleich wieder zu Tal schicken, da er sich ein Höhen-Lungenödem zugezogen hatte. Auch einer der beiden Kameramänner – Hans konnte die Reise finanzieren, indem er ein Filmteam mitnahm – verliess uns bald, ihm erschien der Berg zu drohend und zu steil.

Der Gang durch das Solo Khumbu führte mir vor Augen, wie rasch sich die Sherpa-Welt in den vergangenen Jahren verändert hat: Bier ist jetzt überall zu haben, die längste Distanz zwischen zwei Lodges ist auf eineinhalb Stunden geschrumpft. Die «Expeditionen» geniessen diesen Komfort. Sie müssen nicht mehr unter grossen Strapazen und mit geringen Aussichten auf

sichere Heimkehr durch wildes, fremdes Land ziehen. Das Unbekannte ist gewichen, die Entbehrungen beim Anmarsch reduzieren sich auf ein Minimum. Trotzdem nennen sich diese Reisen aus Gründen des Prestige und der Konventionen – und weil sie sich so besser verkaufen lassen – noch immer «Expeditionen». Mehrere solcher Reisegruppen lagerten in unserer unmittelbaren Nähe. In ihren Camps war ein Satellitentelefon vorhanden; die Gespräche der Teilnehmer mit den Führern drehten sich unter anderem um Versicherungsprobleme. Der Tod oder die ernsthafte Verletzung eines Klienten würde, zumindest bei den amerikanischen Unternehmen, zum Bankrott und eventuell ins Gefängnis führen.

«Man kann auch an einem Fixseil von der Erde abheben.» Blick vom Ama Dablam gegen den Mount Everest (oben) und gegen Sechstausender des Khumbu-Himalaja (linke Seite)

Bereits seit drei Wochen waren sechs Spanier daran, die Route zum Gipfel mit Fixseilen zu versichern. Nun aber steckten sie fest; ein senkrechter Aufschwung am Ende des Grates war für sie unüberwindbar. So verliessen wir in einer Vollmondnacht um zehn Uhr zu viert unser Lager am Grat und überwanden den bis anhin erschlossenen Teil des Berges während der Nacht. Hans fixierte dann die schwierigsten noch nicht gesicherten Stellen bis zum Morgen und stieg, gefilmt von Wolfi Thomasett, unserem verbliebenen

Oldies im Glück: Konrad Renzler, Oswald Oelz und ein Südtiroler Wildschütz 1995 auf dem Gipfel des Ama Dablam

Kameramann, bis hinauf zum Kristallgipfel. Ich folgte ihm über den weissen Granit in der unwirklich schönen Mondnacht. Vor einem steilen Aufschwung schlief ich eine Stunde. Gegen Morgen musste ich einsehen, dass meine Akklimatisation noch nicht reichte, also stieg ich träumend über meinen Grat zurück.

Einige Tage später war ich mit den drei weiteren Freunden wieder da. Der weisse Granit mit seinen Kristalleinschlüssen war warm und fest, die fixen Seile störten die Harmonie nicht. An manchen Stellen fanden sich bis zu vier parallel angebrachte, zerfranste Seile früherer Expeditionen, die irgendwo in bizarren Eistürmen verschwanden. Aber auch an Fixseilen kann man die Welt weit unter sich lassen; der Raum weitete sich. Auf dem höchsten Eisbalkon unterhalb der Gipfelwand bezogen wir ein luftiges Nachtlager. Nach der Hitze des Tages folgte eine wenig komfortable Nacht. Gegen die blasse Morgenkälte half nur der stetige Schritt, das Höhersteigen um 10 bis 30 Zentimeter pro Bewegung im trittfesten, griffigen Eis. Die Wand blieb steil bis zum letzten Meter; Wind und Sonne hatten die seitlichen Grate fein modelliert. Plötzlich verschwand Konrad vor mir aus meinem Gesichtsfeld; so abrupt geht die Eiswand in die Gipfelkuppe über. Ein letzter Schritt, und auch ich stand zwischen Everest, Lhotse, Makalu und Kangchendzönga – ich bildete mir ein, die Sterne im Blau des Himmels zu sehen. Es war zehn Uhr vormittags. Nach 16 Jahren erlebte ich das Glück eines weiteren Endpunktes. Man kann auch an einem Fixseil von der Erde abheben.

1

3

4

5

7

8

9

10

11

12

15

16

Legenden zu den Farbtafeln

Die Seitenzahlen in Klammern verweisen auf den entsprechenden Text im Buch.

1 Oswald Oelz im zweiten Eisfeld in der Eigernordwand, 1995 (242)

2 Vor Sonnenaufgang am «Hinterstoisser-Quergang» in der Eigernordwand, 1995 (240)

3 «Die Luft war erfüllt vom Pfeifen und Sirren herabstürzender Steine und vom dumpfen Knall der Einschläge.» Im zentralen Eisfeld der Ama-Dablam-Westwand, 1979 (122)

4 Exponierte Passage im Aufstieg zum Lager II am Glacier Dome, 1983 (164–167)

5 «Vor uns lag der schönste Grat, den wir je gesehen hatten, und er führte zum Gipfel des Mount Everest.» Die letzten hundert Höhenmeter des Everest-Südostgrates mit den Spuren von Oswald Oelz und Reinhard Karl, 1978. Der zweite Absatz ist der Hillary-Step (107).

6 Nichts lebt hier; die Reduktion auf Licht, Schnee, Felsen und den antarktischen Himmel schafft eine einzigartig vollkommene Landschaft. Im Aufstieg zum Vinson-Massiv, Antarktis, 1986 (200 f.)

7 Die Weissen Kordilleren über den einzigartigsten Blautönen der Welt. Auf dem Titicacasee, 1996 (261)

8 «In einigen Jahren werde ich alle grösseren und kleineren Exemplare, die ich noch ergattern kann, einfangen.» Der Parinacota (6330 m) hinter dem Dorf Sajama in Bolivien, 1996

9 «Das Klettern in der Wand war kein Genuss, weil wir steile bis senkrechte Schotterhalden und morsches Eis vorfanden.» Im mittleren Felsgürtel der Aconcagua-Südwand, 1974 (78–80)

10 Morgendämmerung am Südwestgrat des Ama Dablam, 1995 (127 f.)

11–13 Sandsteinabenteuer im Wadi Rum in Jordanien, 1997 (251–254): In der dritten Seillänge von «Raid mit the Camel» am Jebel Rum (11); das Lager in der Wüste (12); Abseilen in der Route «Beauty» am Jebel um Ejil (13)

14 «Das tausendfache Warum des Morgens.» Aufbruch zum Südwestgrat des Ama Dablam, 1995 (127 f.)

15–16 Einsame Reisen mit kleinen Freundesgruppen, 1996 und 1997: Der Condoriri (5648 m) wurde aus dem Körper eines weissen Kondors geboren, den ein Prinz mit einem Pfeil erlegt hatte. Der ursprüngliche Name «Cunturchiri» bedeutet «der gefrorene Kondor» (15). Das lange verschlossene Dolpa in Nordnepal ist vorsichtig dem Trecking-Tourismus geöffnet worden und bietet beglückendes Wandern der gehobensten Klasse (16).

Vanessa und Oswald
Oelz mit Führern der
Weltrevolution in einem
tibetischen Wirtshaus,
1980

HÖHENRAUSCH

«Vanessa lachte mich mit ihren Schalkaugen amüsiert und neugierig an – um mich war es geschehen.»

Am 9. Januar 1980 hielt ich um 11 Uhr eine Vorlesung über Prostaglandine am Inselspital Bern; um 14 Uhr wurde ich im Bezirksgericht in Uster geschieden. Ruth liess sich durch einen Anwalt vertreten, der leicht zu seinem Honorar kam, da wir übereingekommen waren, ohne Zorn und Vorwürfe auseinander zu gehen. Um sein Honorar zu rechtfertigen, fühlte er sich dennoch bemüssigt, meine seltsame Person dem hohen Gericht zu erläutern. Ich sei ein engagierter Arzt, stecke die ganze Zeit im Spital und habe es sogar zum Oberarzt und Privatdozenten gebracht. Das sei schon fast mehr, als man einer Frau zumuten könne. Dann aber begäbe ich mich noch ständig in Lebensgefahr, sogar bis zum Gipfel des Mount Everest, und verbringe meine ganze Freizeit auf Expeditionen oder in irgendwelchen Wänden in den Alpen. Mehrfach sei ich schon fast gestorben. Mit einem solchen Mann zusammenzuleben, sei wirklich keiner Frau zuzumuten. Ich stimmte dem zu, bat den Richter, keine weitere Zeit zu verschwenden, und wurde geschieden.

Auf dem Nachhauseweg hörte ich Bob Dylan: «It is all over now, Baby Blue». Ich war traurig über unser Versagen und das Ende einer schönen Geschichte, die so verheissungsvoll begonnen hatte. Am Abend ging ich erstmals mit Vanessa aus, die ich wenige Wochen zuvor beim Konditionstraining kennen gelernt hatte. Ein Bekannter hatte uns einander vorgestellt und beiläufig erwähnt, dass ich eben dieser Oelz vom Everest sei und mit dem Messner bergsteige. Meine wenig eleganten Bewegungen beim Training hatten Vanessas Erstaunen geweckt; sie konnte sich nicht vorstellen, dass ein so tapsiger Bär ein einigermassen passabler Bergsteiger sei. Sie lachte mich mit ihren Schalkaugen amüsiert und neugierig an, da sie ein marginales Interesse am Bergsteigen entwickelt hatte – um mich war es geschehen. Vier Tage nach unserem ersten gemeinsamen Abend beschlossen wir zu heiraten.

Unsere Hochzeitsreise führte uns im Herbst in 22 Tagen um das Annapurna-Massiv in Nepal. Zusammen mit zwei Sherpas gestattete ich mir dabei noch einen Abstecher auf den 6200 Meter hohen Chulu West – eine Tour, die infolge tiefen Neuschnees und Schneetreibens anstrengender wurde, als wir uns vorgestellt hatten. Um Mitternacht war ich zurück beim

«Am Tag darauf waren dafür unsere beiden Frauen etwas ruhiger als sonst» – Vanessa Oelz und Uschi Messner während der Anreise zum Shisha Pangma

Zelt, in dem meine Frau wartete. Meine zu leichten Schuhe hatten mir Erfrierungen ersten Grades an beiden Füssen eingetragen, so dass ich die folgenden Tage nur humpelnd weiterziehen konnte. Dies zwang mich zu einem gemütlicheren und für Vanessa angenehmeren Tempo. Wir redeten schon von der nächsten Reise, die uns, zusammen mit Reinhold und Uschi, nach Tibet führen sollte. Schliesslich musste ja pro Jahr mindestens eine Expedition «gemacht» werden…

Die Mannschaft, die im Frühjahr 1981 nach Tibet reiste, war ganz nach meinem Geschmack zusammengestellt: Uschi, Reinhold, Vanessa, der Kameramann Gerhard Baur und der Tonmann Friedl Mutschlechner gehörten ihr an. Friedl hatte ich bislang bei Reinholds Festen als immer fröhlichen und lauten Musikanten kennen und schätzen gelernt, er war zudem einer der besten Südtiroler Bergsteiger und Bergführer jener Zeit.

Die Stimmung seiner Musikgruppe «Almenrausch» erfüllte auch die Reisegesellschaft auf dem Flug nach Peking, wo wir genügend Raum und Champagner für eine erste Feier auf dem Weg nach Tibet hatten. Die anschliessenden Verhandlungen mit der Chinese Mountaineering Association (CMA) in Peking waren dann allerdings weit weniger von Heiterkeit geprägt. Die CMA ist laut Selbstdarstellung um die Freundschaft mit Bergsteigern anderer Länder sowie um die Organisation von Reisegruppen und Expeditionen in China besorgt. Wir merkten aber bald, dass sie vielmehr eine erfolgreiche Institution zur höchstmöglichen finanziellen Ausbeutung nicht chinesischer Bergsteiger verkörperte. Lediglich die Gastmähler, die den langen Sitzungen folgten, linderten den Ärger über immer neue finanzielle Forderungen der Chinesen: Berge chinesischer Köstlichkeiten mussten wir mit 60-prozentigem chinesischem Schnaps, dem Mao Tai, hinunterspülen, und unzählige Trinksprüche auf die Freundschaft aller Bergsteiger mit dem chinesischen Volk, auf die Volksarmee und auf den Erfolg unserer Expedition waren zu begiessen.

Chang und seine Braut, die «Prinzessin», warten auf ihre Portion Parmaschinken.

Friedls Bänkelgesänge und Schüttelreime auf chinesisch-russische Beziehungen und auf die Ausbeutungsmethoden des CMA waren glücklicherweise so südtirolerisch gehalten, dass der chinesische Dolmetscher resigniert auf die Übersetzung verzichtete. Andernfalls hätten wir unsere Expedition wohl schon in Peking beenden müssen. Auch Uschi und Vanessa sorgten für ernsthafte Schwierigkeiten, als sie bei einem «Freundschaftsmahl» beschlossen, es den Chinesen – und überhaupt den Männern – einmal so richtig zu zeigen: Entfesselt verkündeten sie Trinkspruch um Trinkspruch über Männer und Frauen und deren Verwirrungen und schlossen jedes Mal mit «Gambe!», Trink aus! – bis die chinesische Männerdelegation händeringend um Schonung bat. Am Tag darauf waren dafür unsere beiden Frauen etwas ruhiger als sonst.

Unser Weg führte von Lhasa über Shigatse zum Shekar Dzong und schliesslich nach Tingri, dem Ausgangspunkt der britischen Everest-Expeditionen zwischen 1921 und 1938. Der schmerzhafte Anblick von während der Kulturrevolution zerstörten Klöstern und vernichteter Kultur begleitete uns auf der ganzen Reise. Trost waren uns die grandiose Weite und Schönheit Tibets, der Charakter und die Frömmigkeit der Bevölkerung und die Vorfreude auf unsere Besteigung. Von der Reise in den klapprigen Jeeps mehr als durchgeschüttelt, bezogen wir im Angesicht des Shisha Pangma, des «Grates über den Weiden», wie sich der Name übersetzt, ein Basislager auf 5100 Metern Höhe. Mittels Parmaschinken machte sich Vanessa hier zwei herumstreunende Hunde zu Freunden; wir tauften sie Chang und «Prinzessin». Chang verteidigte unser Lager gegen alle Hundekonkurrenz und wurde von allen übrigen Expeditionsteilnehmern gehasst, da er seine Aufgabe besonders während der Nacht mit lautem Bellen bewältigte. Nachdem Vanessa angedroht worden war, man werde den Ruhestörer erschlagen, löste

sie das Problem, indem sie abends jeweils eine Tablette Valium in Parmaschinken einwickelte und so den Hunden verabreichte, worauf die ersehnte Ruhe einkehrte.

Yak-Karawane auf dem Weg zum vorgeschobenen Basislager am Shisha Pangma

Nach einer gemütlichen Akklimatisationszeit von zwei Wochen mit zahlreichen Abstechern, bei denen wir unsere chinesischen Bewacher abschütteln konnten, wanderten wir mit einer kleinen Yak-Karawane, die unsere Ausrüstung transportierte, und einigen tibetischen Treibern in zwei Tagen zum vorgeschobenen Basislager am Fusse des Gletschers, der vom Shisha Pangma herunterfliesst. Fantastische Eistürme säumten den Weg, und der Blick über Tibet weitete sich noch mehr.

Ein erster Vorstoss bis 6600 Meter und ein kurzes Verweilen in einem Zelt endete mit einer Gasexplosion, als einer von uns versuchte, die Gaspatrone eines Kochers auszutauschen, während nebenan ein weiterer Kocher noch in Betrieb war. Mit angesengten Haaren und Bärten retteten wir uns in den eisigen Sturm ausserhalb des Zeltes und fuhren mit unseren Skiern zum vorgeschobenen Basislager ab. Ein zweiter Vorstoss Richtung Gipfel war nur noch Friedl, Reinhold und mir gegönnt. Gerhard hatte unter fürchterlichen

Vor der Umkehr: Friedl Mutschlechner (links) und Reinhold Messner beim erfolglosen ersten Besteigungsversuch am Shisha Pangma auf 7400 m Höhe

Kopfschmerzen und Gleichgewichtsstörungen ins Basislager absteigen müssen; er war ein Opfer der akuten Bergkrankheit geworden. Unser Aufstieg fand nach reichlichen Schneefällen und unter ungünstigen Wetterbedingungen statt. Es war klar, dass Friedl nun unbedingt seinen ersten Achttausendergipfel erreichen wollte. In glänzender Form gelangte er, zusammen mit Reinhold, nach eineinhalb Tagen in jenes Hochtal, das sich bis in eine Höhe von 7000 Metern an den Fuss des Gipfelaufschwunges zieht. Ich folgte etwas langsamer und schlug mein Biwakzelt einige hundert Meter unterhalb der beiden auf, da ich ermüdet war und mit Kopfschmerzen zu kämpfen hatte.

Am folgenden Tag hatte ich mich etwas erholt, in rasch sich verschlechterndem Wetter und Schneetreiben folgte ich den beiden, fand Spuren und stapfte für Stunden in dämmerigem Licht die immer steilere Flanke hinauf. Schliesslich traf ich meine Freunde auf einem kleinen Plateau auf 7400 Metern Höhe bei den Resten eines alten Zeltes. Der Sturm und das Schneetreiben hatten nun eine solche Stärke erreicht, dass selbst Friedl enttäuscht einsehen musste, dass jedes Weitergehen für heute sinnlos war. Wir stiegen ab.

Als ich am nächsten Morgen bemerkte, dass sich das Wetter überhaupt nicht gebessert hatte, blieb ich beruhigt in meinem Schlafsack und schlief viele Stunden lang. Ich hätte mir nicht im Traum gedacht, dass meine Freunde in Richtung Gipfel vorstossen würden. Ich wähnte uns am Beginn des Monsuns oder sogar schon mittendrin. Aufgeben kam aber für Friedl an jenem Morgen nicht in Frage: Er drängte schon um zwei Uhr morgens zum Gipfelgang, und Reinhold folgte ihm schliesslich zweifelnd.

Ich wartete den ganzen Tag und hatte gelegentlich Funkkontakt mit Vanessa. Der Sturm hatte in keiner Weise nachgelassen, als ich schliesslich um 17 Uhr meinte, Laute vor meinem Zelt zu hören. Tatsächlich standen da Friedl und Reinhold, beide mit schneeverkrusteten, fast grünen Gesichtern, aber verschmitzt und zufrieden. Es war Reinhold, der keuchte: «Wir waren auf dem Gipfel, Friedl hat fast den ganzen Weg gespurt.» Noch am gleichen Abend fuhren wir mit den Skiern zu unserem vorgeschobenen Basislager ab, in das wir schliesslich um Mitternacht hineinstolperten.

Nach dem Erfolg: Friedl Mutschlechner bei seiner Rückkehr vom Gipfel des Shisha Pangma, den er mit Reinhold Messner im Monsunsturm erklettert hatte

Die beiden hatten ihre letzten Kräfte mobilisiert und waren in einem Frühmonsunsturm von 7000 auf 8046 Meter aufgestiegen und dann wieder lebendig heruntergekommen. Viele andere wären wohl irgendwo sitzen geblieben, um zu schlafen, wahrscheinlich für immer. Da die physiologischen Eigenschaften solcher Elitehöhenbergsteiger bei Wissenschaftlern und Laien grosses Interesse weckten, beschloss ich, in Zusammenarbeit mit den Universitäten Bern und Genf, meine Freunde zu vermessen. Dies betraf Reinhold, Friedl, dann auch Peter Habeler, Hans Engel (der erste Deutsche, der den Everest ohne Sauerstoff bestieg), Michel Dacher, Doug Scott und die besten polnischen Höhenbergsteiger, nämlich Jerzy Kukuczka, Krzysztof Wielicki und Wanda Rutkiewicz. Das Eintrittskriterium für diese Studie war die Besteigung eines Bergs über 8500 Meter ohne Sauerstoffgerät. Friedl qualifizierte sich dafür, als er 1982 mit Reinhold den Kangchendzönga erkletterte. Man vermutete, dass solche Elitehöhenbergsteiger ungewöhnlich befähigt seien, Sauerstoff aufzunehmen und ökonomisch zu verarbeiten. Unsere Studien zeigten dann aber, dass sämtliche Aspekte der Sauerstoffaufnahme und -verarbeitung bei dieser Gruppe im normalen physiologischen Bereich lagen, vergleichbar mit mittelmässig bis gut trainierten Ausdauersportlern. Auch alle anderen Messungen ergaben Normalwerte, es war eigentlich eine recht langweilige Studie.

Das Geheimnis des Erfolgs solcher Bergsteiger liegt demnach nicht in ungewöhnlichen körperlichen Fähigkeiten, sondern in der langjährigen Erfahrung, der richtigen Einschätzung der Lage, der Motivation und vor allem

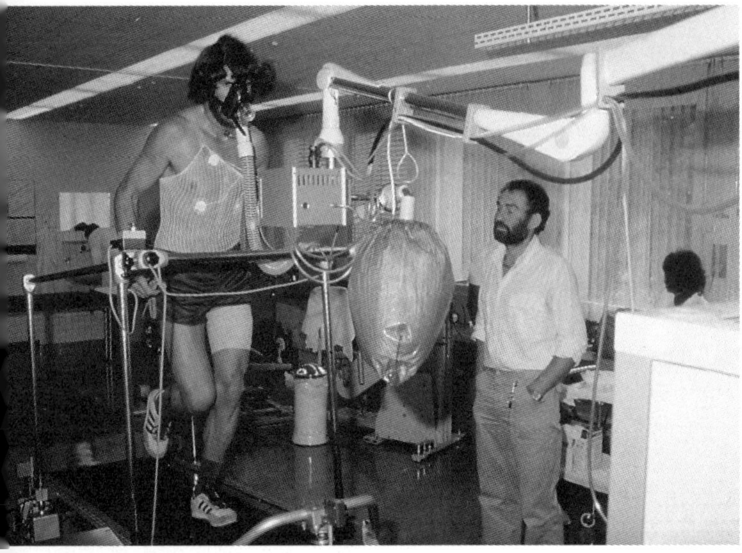

Reinhold Messner beim Test der maximalen Sauerstoffaufnahme im Labor

der Leidensfähigkeit, die psychologische, aber nicht physiologische Barrieren überwinden lässt. So hat Reinhold Messner Dogmen zerstört, wie eben jenes, dass der Mensch über 8500 Metern Höhe nicht ohne Sauerstoff überleben könne. Das Entscheidende ist ein wacher, fantasievoller Geist, der durch Tabus herausgefordert und von Barrieren beflügelt wird. Die Aggressivität und Schonungslosigkeit, mit der Extrembergsteiger Hindernisse attackieren und Probleme lösen, müssen sie auch gegen sich selbst anwenden, wenn dies für den Erfolg oder das Überleben entscheidend ist.

1982 folgte die Reise zur Cho-Oyu-Südwand, bei der Reinhard Karl starb. Nach meinem Hirnödem im Basislager und der nachfolgenden Lungenembolie in Katmandu war ich tief deprimiert. Ich hatte mich selbst geschlagen, krank gemacht, und war fast gestorben. Wenn ich gestorben wäre, dann wäre jetzt Ruhe. So aber musste ich in diesem Jahr noch einmal versuchen, auf einen hohen Berg zu steigen, den Wind, die Sonne und die Kälte spüren und mein inneres Gleichgewicht wieder finden. Dann kam die Nachricht von Reinhards Tod. Lange Traurigkeit mündete in den unbewussten Entschluss, noch einmal zum Cho Oyu zu fahren. Ich musste unbedingt auf dieses Eisplateau unter der Gipfelwand klettern; ich musste sehen, wo Reinhard gestorben war. In meinem Büro hing ein grosses Bild der Wand, das ich den ganzen Sommer über anschaute. Ich machte zwar andere Pläne, im Grunde war aber nur der Cho Oyu in meinem Kopf.

Im September rief mich Reinhold an, der gerade von der Besteigung dreier Achttausender zurückkehrte. «Bulle, willst du im Winter mit zum Cho Oyu kommen? Wir brauchen noch einen Arzt.» Dieses Telefon elektrisierte mich, da war neuer Stoff. Bisher hatte ich immer erklärt, dass Winterbergsteigen im Himalaja der absolute Wahnsinn sei und ich einen solchen Unfug nicht mitmachen würde. Nun aber war ich aufgeregt wie selten. Ich ging auf meine 20-Kilometer-Laufstrecke, um zu meditieren, brauchte aber höchstens zwei Kilometer, um absolut sicher zu sein, dass ich an dieser Expedition teilnehmen würde. Ein Gespräch noch mit Vanessa: Sie hatte natürlich gespürt, dass es soweit kommen würde; sie wusste, dass ich gehen musste. Daraufhin das Telefon an Reinhold, dass ich selbstverständlich mitkommen würde. Erlösung war in Sicht!

Nach vier Wochen Akklimatisation im winterlich kalten, kristallklaren Himalaja kletterte ich zum dritten Mal durch die zentralen Eiskaskaden der Cho-Oyu-Südwand, die Hanspeter Eisendle «Koreakrieg» getauft hatte. Eine schmale, zentrale Zone war vor den Eislawinen und stürzenden Séracs einigermassen geschützt. Trotzdem sorgten die absturzbereiten Eisbalkone für Adrenalin, lieferten Stoff für die Süchtigen. Wunderschöne Eiskletterei, steiles, zähes Eis, in das die Pickelspitze saftig eindrang. Seine ganze Existenz konnte man an zwei bis drei Zentimetern Eisen ins Eis hängen.

«Ich musste unbedingt auf dieses Eisplateau unter der Gipfelwand klettern; ich musste sehen, wo Reinhard gestorben war.» Der «Schiffsbug» beim Unglücksort am Cho Oyu

Mit Voytek Kurtyka und Hanspeter überquerte ich am folgenden Tag das lange Plateau mit den unendlich vielen Stufen. Der Wind von Westen fiel uns unvermittelt an wie ein Raubtier; wir hatten Mühe, nicht umgeworfen zu werden. Nach Stunden erreichten wir das oberste flache Plateau, dahinter steilte sich die Wand 1600 Meter bis zum Gipfel auf. Ich meinte, den «Schiffsbug» aus Eis zu erkennen, den mir Wolfi Nairz beschrieben hatte. Dort musste noch Material von der Frühjahrsexpedition liegen, und dort war wohl auch die Stelle, wo Wolfi und Reinhard verschüttet wurden. Ich war überrascht, dass sie an dieser kaum geschützten Stelle ihr Zelt aufgeschlagen hatten; ganz weit oben, 1200 Meter höher, hingen einige Eisbalkone. Mit Sicherheit war ich also an dem Ort, wo Reinhard in einer Gletscherspalte begraben war, der Kreis hatte sich geschlossen.

Ein ominöses Krachen riss mich aus meiner Besinnung und liess mir das Blut in den Adern augenblicklich gefrieren: Weit über uns löste sich eine Eislawine, Hanspeter sah sie zuerst, schrie, die Lawine raste auf uns zu, wir

«Wir stellten unser Zelt in eine Spalte unter einem riesigen Eisüberhang, so sicher, wie es nur sein konnte in dieser Wand.»

rannten, sinnloses Versuchen. Ich stellte mich mit dem Rücken zur Lawine, dachte: «Oh, Vanessa, das wars wohl.» Die Eisbrocken überrollten unsere Spur, genau dort, wo wir noch vor zwei Minuten gestanden hatten, aber sie trafen uns nicht.

Wir stellten unser Zelt in eine Spalte unter einem riesigen Eisüberhang, so sicher, wie es nur sein konnte in dieser Wand. Reinhold würde wohl unzufrieden sein mit uns, er wollte, dass wir das Lager II höher aufstellten. Weiter oben gab es aber keinen sicheren Platz, überall drohten Séracs, zudem waren wir müde. Ich hatte schreckliches Kopfweh, die richtigen Pillen fand ich in meinem Rucksack nicht. Das Einzige, was ich fand, waren Kodein-Hustentabletten, ein schlechtes Mittel gegen Kopfweh. Ich nahm dennoch einige. Wenig später wurde mir schlecht, ich begann zu erbrechen, brach die ganze Nacht. Der Zelteingang war voll von Erbrochenem, mein Rucksack, mein Schlafsack, meine Daunenjacke. Ich fühlte mich elend wie selten zuvor. Ich wollte unten sein, wollte, dass alles vorbei sei, wusste nicht, wie ich in diesem Zustand über das riesige Plateau und dann über den Eisfall hin-

unterkommen sollte. Wann würde dieses Kopfweh aufhören – und sollte ich nicht endlich dieses Expeditionsspiel an den Nagel hängen? Ich hatte bereits genug Warnungen erhalten.

«Die riesigen Lawinen, die wir in unserer Südwand sahen, bewirkten lähmende Angst.» Die Cho-Oyu-Südwand

Am nächsten Morgen stiegen wir ab, ich trottete langsam hinter Hanspeter und Voytek, die schon am Horizont des Plateaus verschwunden waren. Nach wenigen hundert Metern ging es mir gut, ich hatte den Ort gefunden, der mich soviel beschäftigt hatte. Ich gewann meine Ruhe und Zufriedenheit zurück, es war unglaublich schön. Nur wenige Stunden nach der schrecklichen Nacht wusste ich, ich würde das Spiel weiterspielen. Und irgendwo war Reinhard, und dann war da noch das Kyrie aus der «Missa di Notre Dame» von Guillaume de Machault 1270 komponiert. Ganz deutlich konnte ich diese mittelalterliche Musik hören, die den Raum erfüllte und das Requiem für Reinhard war.

Angst und Zufriedenheit wechselten in den nächsten Tagen. Klettereien in der Umgebung des Basislagers schafften Erleichterung, die riesigen Lawinen,

«Die absturzbereiten Eisbalkone sorgten für Adrenalin, lieferten Stoff für die Süchtigen.»
In den Eiskaskaden des «Koreakriegs», Cho-Oyu-Südwand

die wir in unserer Südwand sahen, bewirkten lähmende Angst. Ich hatte jetzt genug gesehen von diesen Lawinen, ich wollte nicht verschüttet werden. Trotzdem verliessen Paul Hany und ich wenige Tage vor Weihnachten Lager II, um Seile nach oben zu transportieren. Paul stieg bald weit voraus, er war unheimlich stark und meinte: «Wir gehen nicht mehr zurück, bis wir auf dem Gipfel sind.» Als wir uns in einer Höhe von 7000 Metern wieder trafen, sagte er, dass er wirklich nicht mehr umkehren wolle. Das kam für mich nicht in Frage. Während des ganzen Tages hatte ich mich mit den schweren Lasten gequält. Der weitere Aufstieg in dieser Wand würde für mich wohl das Ende dieser Expedition bedeuten; sie war fürchterlich steil, schwer zu klettern, und überall drohten absturzbereite Séracs. Zudem war ihr oberster Teil mit frischem Neuschnee geladen, der nur darauf wartete, in einer riesigen Lawine loszudonnern. Ich sagte Paul: «Ich steige ab.» Er sagte: «Ich steige auf.» Reinhold und Hans Kammerlander waren ins Lager II nachgekommen und meinten, Paul sei verrückt, was ich nur bestätigen konnte.

Nach 15 Uhr verliess ich Lager II, einige Minuten später drehte ich mich zufällig um und sah eine Lawine, die die ganze heutige Aufstiegsspur von Paul und mir überrollte; sie erreichte fast Lager II, aber Hans und Reinhold waren unter dem grossen Eisüberhang sicher. Paul hingegen musste von dieser Lawine weggefegt oder verschüttet worden sein, er war sicher tot. Zu lange darf man sein Spiel unter diesen Séracs nicht spielen. Das Plateau war windstill, mein Körper warf in der sinkenden Sonne einen langen Schatten. Dann knackte das Funkgerät, das ich bei meinem einsamen Abstieg eingeschaltet hatte. Paul war im Moment des Lawinenniedergangs eben daran, eine Querspalte zu überwinden. Durch deren oberen Rand wurde er geschützt und überlebte völlig unbeschadet.

Bewusst, ganz langsam wanderte ich das letzte Mal über die weiten Eisfelder in die unglaublichen Farben der hereinbrechenden Nacht.

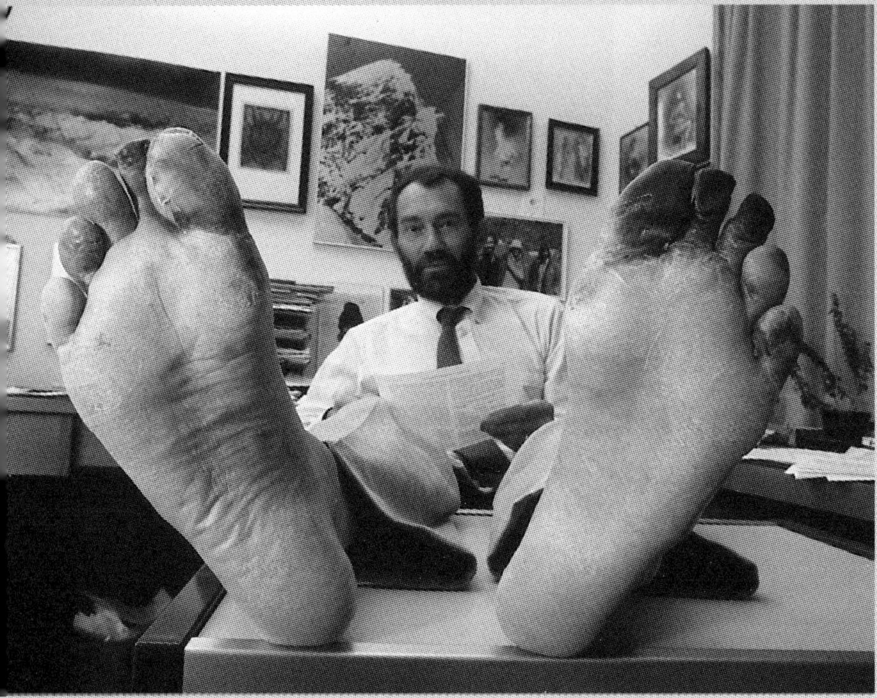

«Die Reise zum Glacier Dome hatte mich vier Zehen gekostet. Ich wurde zu zehn Prozent für invalid erklärt und kaufte mir mit der einmaligen Abfindungssumme ein kleines Bergbild von Giovanni Giacometti.» Im Büro im Universitätsspital Zürich, Frühjahr 1984

DER TRÜGERISCHE FREMDE

Eines Mittags im Januar 1982 kamen Berchtold und Marc, zwei Medizinstudenten aus Bern, in mein Spitalbüro und fragten mich, ob ich sie bei ihrer Dissertation betreuen würde. Sie seien Bergsteiger und wären interessiert, ein bergmedizinisches Thema zu bearbeiten. Ich wusste kaum etwas von Bergmedizin, ausser dass man in der Höhe krank wird, hatte aber plötzlich die elektrisierende Idee, dass ich Bergtouren als Forschungsunternehmen tarnen und so meine spärlichen vier Wochen Ferien pro Jahr ausdehnen könnte. Deswegen sagte ich den beiden sofort meine uneingeschränkte Unterstützung zu und begann damit, ohne es zu ahnen, den für mich wichtigsten Abschnitt meines Forscherlebens. Wir beschlossen, die Häufigkeit und die Erscheinungsformen der akuten Bergkrankheit in den Schweizer Alpen zu studieren. Peter Hackett, ein origineller, leichtlebiger und intelligenter Hippiearzt aus Colorado, hatte jahrelang unter den Sherpas im Solo Khumbu gelebt und in einer ersten solchen Studie bei Treckingtouristen in Pheriche auf 4272 Metern herausgefunden, dass fast die Hälfte unter akuter Bergkrankheit litt. Berchtold und Marc befragten nun in drei Hütten der Berner Alpen, nämlich in der Konkordiahütte (2850 m), der Finsteraarhornhütte (3048 m) und der Mönchsjochhütte (3600 m), insgesamt 400 Bergsteiger nach Symptomen und untersuchten sie anschliessend auf Erscheinungen der Bergkrankheit. Gelegentlich verpflichtete mich meine Verantwortung als Doktorvater, die beiden bei ihrem Tun zu beobachten und auch um etwas Abwechslung und kreative Entspannung der jungen Wissenschaftler besorgt zu sein, weswegen wir uns bei guten Schneeverhältnissen ausgedehnte Skitouren gönnten.

Ein beträchtlicher Teil der Freizeitbergsteiger war bergkrank, und zwar umso mehr, je höher die Hütte war. In der Mönchsjochhütte litten mehr als die Hälfte der Personen an Kopfweh, und manche der Patienten konnten einem wirklich leid tun, wenn sie am Morgen bleich zum Jungfraujoch zurückwankten, nachdem sie in der Nacht gelitten und erbrochen hatten. Den Grund für die besonders hohe Zahl von Erkrankten in dieser Hütte erkannten wir bald: Die meisten waren ohne Akklimatisation aus dem Flachland gekommen, mit der Bahn aufs Jungfraujoch gefahren und in einer Stunde zur 3657 Meter hohen Hütte gelangt, um hier zu übernachten: «Too fast too high» – zu schnell zu hoch, wie Dr. Charles Houston, der Nestor der Höhenmedizin, dieses Risikoverhalten nannte. Eine andere Behandlung als den raschen Abstieg gab es zu jener Zeit noch nicht.

Die höchste Hütte Europas, die Capanna «Regina Margherita», thront auf der Signalkuppe im Monte-Rosa-Massiv auf 4559 Metern. 1893 hatte die Königin von Italien, Margherita, begleitet von zwei Hunden und einer Hundertschaft von Trägern und Führern, das «Osservatorio» persönlich eingeweiht. Ihr Mann, König Umberto, betreute in drei verschiedenen Schlössern drei Frauen, was der munteren Königin viel Zeit fürs Bergsteigen liess. Hartnäckigen Gerüchten zur Folge waren es noch andere Gründe, die sie neben ihrer Liebe zu den Alpen und zur Wissenschaft bewogen, entscheidend bei der Finanzierung der Capanna «Regina Margherita» mitzuwirken. Angelo Mosso, Professor für Physiologie in Turin, genoss die Huld der Königin, führte mehrere Forschungsexpeditionen zum Gipfel des Monte Rosa und veröffentlichte schliesslich 1897 das erste höhenmedizinische Buch der Geschichte mit dem Titel: «Fisiologia dell'Uomo sulle Alpi» oder «Der Mensch in den Hochalpen». Nach dem Ersten Weltkrieg diente das Laboratorium nicht mehr der Wissenschaft, sondern bei Unwettern als zerfallender Schutz für Erschöpfte. Trotz Protesten von Umweltschützern wurde das Osservatorio in den späten Siebzigerjahren vom Club Alpino Italiano als Schutzhütte grosszügig erneuert. Als ich von diesem Neubau erfuhr, ergab sich aus der Höhe und den grossartigen Tourenmöglichkeiten in der Umgebung die zwingende Konsequenz, unsere Forschungen dorthin auszudehnen. Marco Maggiorini, ein Medizinstudent aus Zürich, begleitete mich und begann in der Capanna «Regina Margherita» seine Dissertation, ein für ihn schicksalshafter Schritt, da er in der Folge fast jeden Sommer einige Wochen hier verbringen und wichtige höhenmedizinische Probleme erforschen sollte.

Im Frühjahr und Sommer 1983 fanden wir hier noch viel mehr kranke Bergsteiger als an den bisher untersuchten Orten – und dies besonders unter jenen Alpinisten, die innerhalb von ein oder zwei Tagen aus dem Flachland zur Hütte gekommen waren. Eine Seilbahn auf der italienischen Seite des Monte Rosa ermöglicht nämlich einen mühelosen «Aufstieg» bis auf 3200 Meter. Besonders beeindruckt waren wir von schwer kranken Patienten mit einem Höhen-Lungen- oder Höhen-Hirnödem, die manchmal scheinbar in letzter Minute mit dem Helikopter oder einem Rettungsschlitten in lebensrettende tiefere Gefilde transportiert werden mussten.

Für den Herbst 1983 war für einmal eine gemütliche Expeditionsreise eines bunten Haufens von Freunden und Kunden der Bergsteigerschule von Wolfi Nairz zum 7193 Meter hohen Glacier Dome in der Annapurna-Kette geplant. M. Nishima und Dorje Sherpa hatten 1964 diesen Gipfel erstmals erreicht und von einem zerrissenen Gletscher, aber nicht zu grossen technischen Schwierigkeiten berichtet. Beim Anmarsch durch saftige Reisfelder unter dem heiligsten Berg Nepals, dem Machapuchare, erfrischten uns herzhafte Regengüsse. Ich freundete mich mit Kurt, einem feinfühligen Neurologen aus Berlin, und seiner Freundin Ulrike an. Wir redeten von Marathons, Medizin, Gottfried Benn und den Bergen, während wir uns vor sintflutartigen Regenfällen in die rauchigen Häuser unserer Träger flüchteten und erfolglos versuchten, unsere Habseligkeiten zu trocknen. Die Zelte im Wasser und die Unbill des Wetters mit ausgiebigen Schneefällen in den oberen Regionen verzögerten unseren Aufstieg, so dass wir schliesslich einen Wettlauf gegen die verrinnende Zeit führten. Nachdem wir einige gewaltige Lawinenstriche durchquert hatten, stellten wir schliesslich am 21. Oktober in einer Höhe von 5800 Metern zwei Zelte auf, sechs Tage vor unserem geplanten Rückreisetermin. Dabei hatten wir ja noch eine Woche zum Flugplatz zurückzumarschieren. Obwohl meine Begleiter Rudi Mayr und Friedel Kleissl sowie ich selbst noch nicht optimal akklimatisiert waren und die verbleibenden 1400 Höhenmeter zum Gipfel uns unendlich lang schienen, beschlossen wir, am nächsten Tag den Gipfelgang zu versuchen.

Beschwerlicher Anstieg zum Glacier Dome: Träger in einer Schlucht im Himalaja

«Die Zelte im Wasser und die Unbill des Wetters verzögerten unseren Aufstieg.» Zeltlager beim Anmarsch zum Glacier Dome

Wieder einmal wachte ich mit hämmerndem Kopfweh auf, als mir Gyaltzen, einer unserer zwei Sherpas, um 3 Uhr morgens einen dampfenden Becher Tee ins Zelt reichte. Ich hätte liegen bleiben und beim ersten Morgenlicht so schnell als möglich absteigen sollen – aber ich nahm bloss drei Kopfwehtabletten, schälte mich aus dem Schlafsack, schlüpfte in meine Daunenjacke und meine Schuhe und startete den Aufstieg. An diesem lächerlichen Siebentausender würde ich nicht scheitern, diese Reise sollte nicht umsonst gewesen sein. Wenn ich jetzt umkehrte, wären der ganze Anmarsch und das wochenlange Warten im Regen und im Schnee umsonst gewesen.

Ich hatte kaum Augen für die Purpurfarben des Morgens, das Steigen der Sonne und die Weite des Horizonts. Mein Kopf schmerzte trotz aller Medikamente, und meine Bronchien schmerzten vom Husten, dem hechelnden Atem und der kalten Luft. Zu fünft wechselten wir uns beim Spurtreten ab, knietief, zuweilen gar hüfttief war der Graben, den wir über die weiten Eisfelder pflügten.

Verschneites Lager am Glacier Dome (dem breiten Buckel links im Bild)

Manchmal schien die oberste Eiskruste unsere bleischweren Körper zunächst zu tragen, um dann mit einem knirschenden Laut nachzugeben und uns versinken zu lassen. So krochen wir Stunde um Stunde unter einer gleissenden Sonne höher, die Gipfel rundherum lagen unter uns; nur noch die Annapurna, der erste von Menschen bestiegene Achttausender, und unser endloser Schneehang zum Glacier Dome waren höher. Wenn nur das ewige Hämmern in meinem Kopf nicht gewesen wäre, das zur Erschöpfung der Muskeln und zur Anstrengung des Atmens noch den Schmerz hinzufügte! Hinter jedem scheinbar höchsten Punkt erschien wieder ein neuer Aufschwung mit vielgestaltigen Schneeskulpturen, auf dem die langsam tiefer sinkende Sonne bizarre Schattenfiguren formte.

Der Gipfel war ein breiter, vom Wind geformter Schneebuckel. Als ich die letzten Schritte zu ihm hinauf taumelte, tauchte dahinter im Osten die Manaslu-Gruppe auf. Tief hinter dem Machapuchare zerfloss das Abendlicht über den Ebenen Nepals und Nordindiens. Mir wurde leicht, mein Kopfweh

«So krochen wir Stunde um Stunde unter einer gleissenden Sonne höher, die Gipfel rundherum lagen unter uns.» Aufstieg zum Glacier Dome

war verflogen, und ich wollte hier sitzen bleiben. Rudi und Friedel hatten bereits den Abstieg angetreten, und auch Ang Nima und Gyaltzen, die uns begleitet hatten, drängten mich zum Aufbruch. Es war vier Uhr nachmittags; wir würden uns gehörig beeilen müssen, um vor Einbruch der Nacht noch unsere zwei Zelte zu erreichen. Doch ich wollte bleiben, wenigstens noch eine Viertelstunde dem Spiel der wechselnden Farben zusehen und den freundlichen, eiskalten Wind spüren. Ich versprach den Sherpas, in zehn Minuten in der Aufstiegsspur, die ja nicht zu verfehlen war, nachzukommen, und schickte sie nach unten. Mehr als erleichtert stiegen sie ab, und innert Minuten waren sie weit weg – bunte Punkte, die schnell kleiner wurden und verschwanden. Wieder einmal war ich ganz allein, losgelöst von der Erde, in einer anderen Welt. Träumend und widerwillig stand ich schliesslich auf, drückte noch ein-, zweimal auf den Auslöser meiner Kamera und trat meine ersten Schritte nach unten.

Ich bemerkte zehn Meter links von mir einen gross gewachsenen Bergsteiger in einem dunklen Anorak; die Kapuze hatte er über den Kopf gezogen. Er ging neben mir her und riet mir in einem norddeutschen Dialekt, die Spur zu verlassen und direkt zu unserem Lager abzusteigen. Im Aufstieg hatten wir einen weiten Bogen um eine steile Séraczone gemacht, gerade hinunter würde ich viel schneller sein. Ich zögerte daher keinen Augenblick, dem guten Rat zu folgen, verliess die Spur und stieg die immer steilere Eiswand nach Süden hinunter. Bald musste ich mir zwischen Eistürmen und Spalten einen gewundenen Weg suchen und blanke Eispassagen mit den Frontzacken der Steigeisen abklettern. Mein neuer Begleiter war schon wieder verschwunden. Die Sonne war untergegangen, und das Licht wurde fahler; vor meinen Augen lag ein Schleier, der immer dichter wurde. Konturenhaft erahnte ich im Sternenlicht Quergänge, die mich Spalten ausweichen liessen und zu einer weiteren steil abfallenden Eiswand brachten. Die Pickelspitze drang nur wenig in das harte Eis, mit der linken Hand versuchte ich zusätzlich, mein Gleichgewicht zu halten. Ein Steigeisen rutschte weg, und ich stürzte einige Meter ab, bis mich eine Stufe im Eis auffing. Rechts und links ahnte ich weitere Eistürme; eine lange Querung auf Eisbalkonen zwischen Spalten endete vor einer Längsspalte. Also zurück – ich war gefangen.

Ich fror und hatte wahnsinnige Angst und Wut, in einer Falle zwischen chaotischen Eismonstern verloren zu sein. Zudem war ich fast blind. So steckte ich meine Füsse samt Schuhen und Steigeisen in den Rucksack, zog den Biwaksack darüber, legte mich in den Schnee und schlief ein. Ein Schiff fuhr vorbei, ganz hoch zog der schwarze Schiffsbug über mir weg. Ich brüllte. Sie mussten mich doch sehen, eine Strickleiter herunterlassen und mich mitnehmen, sie konnten doch nicht einfach vorbeifahren! Aber langsam glitt das Schiff vorbei, überliess mich gleichgültig meinem Schicksal, gefangen, um zu sterben. Verzweifelt wollte ich weiterleben, solange es irgendwie möglich war, auch wenn diese grausamen Seeleute beschlossen hatten, dass ich sterben müsse. Wenig später sass ich an einem Bach im Grünen und hielt eine Angelrute. Meine Tante Frieda, die ich schon seit Jahren nicht mehr gesehen hatte, sass neben mir und sagte, dass hier ein ausgezeichneter Bach zum Forellen Fischen sei. Wieder tauchte ich in das Dunkel, in die Nacht, deren Kälte aus dem Himmel und dem Eis mir ins Mark kroch, meine Zähne klappern und meine Muskeln zittern liess. Ich war ein verzweifeltes blindes Bündel auf blankem Eis, das nicht sterben wollte. Darüber, darunter und daneben Eis, nichts als Eis.

Im fahlen Morgenlicht konnte ich noch immer nur schemenhafte Konturen erahnen. Ich war kalt wie das Eis um mich herum und wartete. Da tauchten links neben dem nächsten Eisturm meine Expeditionskameraden auf. Ich konnte sie deutlich sehen, war einfach glücklich, gerettet zu werden, und sass da. Wie einst Werner Heim am Mount Kenya zogen sie Seile hinter sich her und hatten in Windeseile eine Bahn gebaut, eine viel komfortablere als damals am Mount Kenya, eine mit einer Kiste, in die man hineinsitzen und hinunterfahren konnte. Nun war ich gerettet, man würde mich wohl einladen, und ich konnte mit der Seilbahn zu Tal fahren. Meine Kameraden aber waren von ihrer Seilbahn so begeistert, dass sie selbst begannen, darin auf und ab zu fahren. Ich hörte ihr Lachen und ihre Spässe, aber sie kümmerten sich nicht um mich. Mein flehentliches Bitten und meine zornigen Forderungen nach Abtransport schienen sie nicht zu hören, für sie zählte nur ihr Spiel. Wütend schlief ich wieder ein.

Das letzte Gipfelbild vom Glacier Dome vor der Begegnung mit dem trügerischen Fremden. Der Lichteinfall entstand beim Absturz am folgenden Tag, als sich das Kameragehäuse offenbar kurz öffnete.

Die Sonne stand schon hoch, als ich wieder erwachte und die Wärme spürte. Die Schleier vor meinen Augen waren verschwunden. Ich konnte wieder klar sehen und einigermassen klar denken. Die Seilbahn und die Freunde waren weg, überall um mich herum drohten Séracs und Spalten. Ich befand mich auf etwa 6900 Metern, meine einzige Rettung bestand im direkten Weg nach unten. Für den Rückweg über den Gipfel war ich zu schwach, und ich hätte ihn wohl auch nicht gefunden. Vorsichtig kletterte ich, mich an der Falllinie orientierend, weiter nach unten. Ich spürte meinen Körper nicht mehr, ich würde klettern, bis ich entweder tot oder auf einer grünen Wiese war. Mein Abstieg führte mich an den oberen Rand eines Couloirs; einige hundert Meter tiefer erahnte ich ein Schneeplateau. Vielleicht würde mich dieses zu unserer Aufstiegsspur zurückbringen. Das Couloir war mit Triebschnee geladen, eine Lawinenfalle; schon meine ersten tiefen Tritte durch die oberflächliche Harschschicht in den grundlosen Pulverschnee bestätigten diese Vermutung. Es gab aber keinen anderen Weg als dieses Couloir – lieber wollte ich in einer Lawine sterben als sitzen bleiben und warten. Mit dem Pickel in der Rechten sondierte ich den Schnee, mit dem klobigen Daunenhandschuh der Linken schlug ich kleine Löcher und versuchte zusätzlichen Halt zu gewinnen. Die Schneedecke war zu hart, also zog ich meinen Daunenhandschuh aus und durchschlug sie mit den blossen Fingerspitzen. Zunächst schmerzten diese noch, dann nicht mehr; sie wurden weiss und gefühllos.

Ich war etwa 50 Meter im Couloir abgestiegen, als die Schneedecke über mir mit einem hellen Knall, wie von einem Blitz getroffen, in der ganzen Breite des Couloirs riss und sich die Welt rasend schnell zu bewegen begann. Weisses Chaos verschluckte mich, ich registrierte reaktionslos rasendes Gleiten, freies Fallen, Aufschläge, Weitergleiten, Stösse gegen meinen Rücken, meinen Kopf, und wieder freies Fallen, dann einen letzten Aufschlag – und plötzlich Ruhe. Ich lag einfach da, auf dem Rücken; Ausläufer der Lawine flossen links und rechts an mir vorbei. Ich lebte – aber alle meine Glieder schmerzten, und ich hatte panische Angst, gelähmt zu sein. Dann erhob ich mich mühsam, wie ein Boxer, wenn der Ringrichter bis acht gezählt hat. Ich konnte stehen, ich konnte gehen! Die Lawine hatte mich Hunderte von Metern auf das Plateau heruntergetragen, dessen Existenz ich angenommen hatte. Die Aufstiegsspur musste weiter rechts liegen. Ich hörte Stimmen im Nebel. Als ich schliesslich auf Rudi, Friedel, Franz und Pani traf, war ich leer, hatte keine Emotionen mehr. Ich trank gierig vom süssen Tee, den sie mitgebracht hatten, und taumelte abwärts zu unseren Zelten.

Kurt begleitete mich am nächsten Tag beim Abstieg ins Basislager. Wir besprachen im Sinne einer Manöverkritik meine akute Bergkrankheit und mein Hirnödem, die Halluzinationen und die vorübergehende Blindheit, die Kurt, den Neurologen, sichtlich interessierten. Wir überlegten auch, ob man für solche Zustände eine Therapie entwickeln könne. Im Basislager zeigte es sich, dass nicht nur mein Hirn Schaden genommen hatte: Die Finger und die Zehen wiesen beträchtliche Erfrierungen auf. Die Finger würden wohl heilen – die Zehen aber, von denen ich während des ganzen Leidensweges nichts gespürt hatte, waren weiss und verfärbten sich nach schnellem Auftauen in 37 Grad warmem Wasser blau. Dies schien mir ein kleiner Preis zu sein für mein Überleben. Ich war überglücklich, einfach auf einer Wiese in der Sonne liegen zu können und auf den Helikopter zu warten, der mich nach Katmandu bringen würde. Manchmal dachte ich an die Geschichte von Antoine de Saint-Exupéry, in welcher sich ein abgestürzter Pilot in den Anden während zehn Tagen zur nächsten menschlichen Siedlung durchschlägt und diese am Ende seiner Kräfte erreicht. «Ich kann dir sagen: Was ich getan habe, kein Tier hätte es fertiggebracht.»

Vanessa empfing mich erleichtert, aber sichtlich wütend, dass ich meine Haut so leichtfertig zu Markte getragen hatte. Sie hatte ein Foto des Glacier Dome gesehen und meinte, das sei ja gar kein Berg, sondern ein Hügel. Glücklicherweise wandelte sich ihr Zorn in liebevolle Fürsorge, als sie den

«Unsere beiden Lhasa-Apsohunde Troll und Tashi verfolgten mit höchstem Interesse die Geruchsentwicklung meiner absterbenden Zehen.» Vanessa Oelz mit Troll, Tashi und Tochter Chomo (v. r.)

beklagenswerten Zustand meiner Zehen sah. Während dreier Monate trocknete das erfrorene Gewebe und wurde vom gesunden entlang einer klaren Demarkationslinie abgestossen. Unsere beiden Lhasa-Apsohunde Troll und Tashi verfolgten mit höchstem Interesse die Geruchsemissionen dieses Prozesses.

Als die Zeit gekommen war (eine Regel amerikanischer Chirurgen sagt: «Freeze in January, amputate in July» – im Januar erfroren, im Juli amputiert), spazierte ich eines Nachmittags nach einem Referat über eine seltene Krankheit in den Operationssaal und legte mich zur Überraschung der Schwester auf den Operationstisch. Daraufhin nahm Jon Largiadèr, ein befreundeter Chirurg, die nötigen Korrekturen an meiner Fussform vor. Die Reise zum Glacier Dome hatte mich vier Zehen gekostet. Ich wurde zu zehn Prozent für invalid erklärt und kaufte mir mit der einmaligen Abfindungssumme ein kleines Bergbild von Giovanni Giacometti. Die Heilung erfolgte rasch; nach zehn Tagen unternahm ich eine erste Skitour. Zum Klettern trage ich seither massgeschneiderte Kletterschuhe von Meister Woldemar Hohmann aus Dresden.

Das New England Journal of Medicine, die unbestritten führende medizinische Fachzeitung der Welt, veröffentlichte in jenen Tagen eine wissenschaftliche Studie über die Wirksamkeit von Dexamethason bei der Prophylaxe der akuten Bergkrankheit. Dazu wurden freiwillige Versuchspersonen mit Dexamethason oder einem wirkungslosen Scheinmedikament, einem so genannten Placebo, behandelt und dann in einer Unterdruckkammer für 48 Stunden auf eine simulierte Höhe von 4000 Metern emporgehoben. Die Untersuchung ergab, dass die mit Dexamethason vorbehandelten Personen viel weniger unter den Beschwerden der akuten Bergkrankheit litten als die Kontrollpersonen, die Placebo erhielten. Damit war neben dem klassischen Diamox ein weiteres Medikament gefunden, das bei besonders empfindlichen Personen oder bei zu schnellem Aufstieg zur Prophylaxe der akuten Bergkrankheit eingesetzt werden kann. Die Idee war zwar nicht ganz neu: Dexamethason hatte sich schon bei Patienten mit Hirntumoren nützlich erwiesen, da es die den Tumor umgebende Hirnschwellung abklingen liess. Den gleichen Effekt zeigte das Medikament nun auch bei der schweren akuten Bergkrankheit, die auch mit einem Hirnödem, also einer Hirnschwellung, einhergeht.

Als ich dies las, fiel mir sekundenschnell ein, dieses Medikament nicht zur Prophylaxe, sondern zur Therapie der akuten Bergkrankheit zu testen. In der Monte-Rosa-Hütte auf 2795 Metern bot eine bekannte Fernsehmoderatorin mit schlimmem Kopfweh und verschwollenen Augen, die abends anlässlich einer Begehung der Haute Route vor die Kamera treten sollte, erste Gelegenheit, diese neue Therapiemöglichkeit zu testen. Ich war als medizinischer Kommentator bei der Sendung engagiert und offerierte meine experimentelle Behandlung für den Preis eines Fotos zuvor und danach. Widerwillig gab die Fernsehsprecherin ihre Zustimmung. Der Erfolg war frappant: wenige Stunden nach der Einnahme von 8 Milligramm Dexamethason fühlte sie sich hervorragend und bot am Abend eine erstklassige Moderation – ohne Augenringe. Daraufhin untersuchte mein Dissertant Gian Mario Ferrazzini während des Sommers 1984 und 1985 in der Capanna «Regina Margherita» 36 Bergsteiger mit schwerer akuter Bergkrankheit. An solchen bedauernswerten Patienten herrscht dort oben kein Mangel; viele der übernachtenden Bergsteiger sind von Kopfweh, Übelkeit, Schwindel, Erbrechen und Atemnot gepeinigt. Dank seinem Tessiner Charme konnte Gian Mario diese Patienten für unsere Studie gewinnen und sie auf die Schwere ihrer Krankheit untersuchen. Dann machten wir Messungen der Lungenfunktion und der Sauerstoffversorgung des Organismus. Gian Mario fotografierte ferner den Augenhintergrund der Patienten vor der Behandlung. Anschliessend erhielten sie «doppelblind» – weder Ärzte noch Patienten wussten, welches Medikament verabreicht wurde – Dexamethason oder

«An bedauernswerten Patienten herrscht in der Capanna ‹Regina Margherita› kein Mangel; viele der übernachtenden Bergsteiger sind von Kopfweh, Übelkeit, Schwindel, Erbrechen und Atemnot gepeinigt.»

Placebo. Während der Nacht wurden sie weiterbetreut und am nächsten Tag noch einmal untersucht. Nach Ende der Studie erfuhren wir, welche Patienten mit der aktiven Substanz behandelt worden waren und welche unter Placebo den Spontanverlauf ihrer Krankheit hatten erleben müssen. Zu unserer Freude zeigten die Resultate das erhoffte Ergebnis: Dexamethason linderte die Schwere der Bergkrankheit bei allen Patienten, wobei die Wirkung bei manchen dramatisch, bei anderen relativ gering war. Zumindest aber konnten alle Bergsteiger, die mit Dexamethason behandelt worden waren, aus eigener Kraft absteigen, während einzelne der Placebopatienten abtransportiert oder zumindest begleitet werden mussten. Damit hatte sich meine Hoffnung erfüllt: Wir fanden eine medizinische Notfallbehandlung, die dem bergkranken Alpinisten den Abstieg ermöglicht und seine Beschwerden lindert.

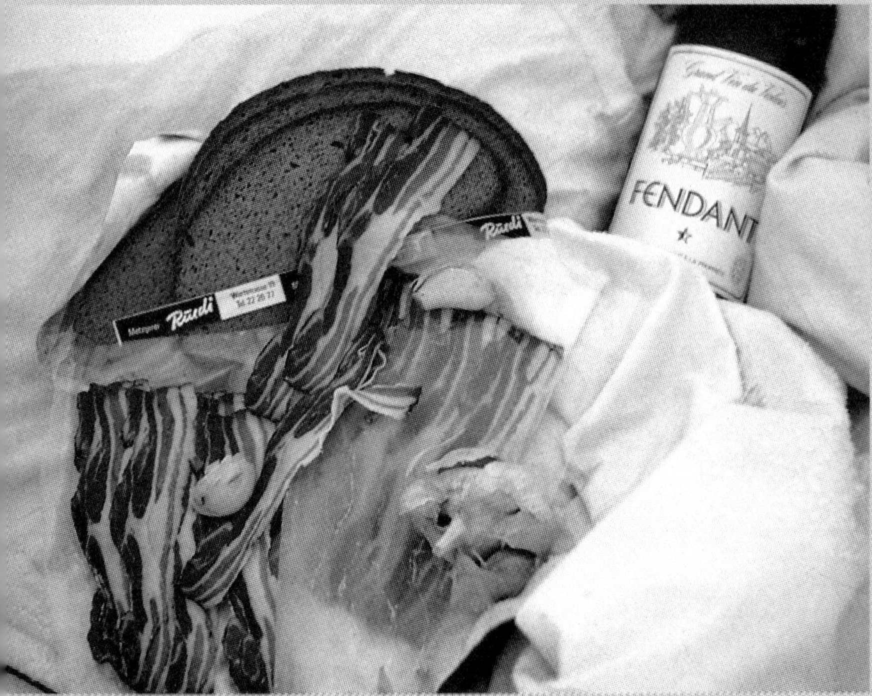

Die «Rüedi-Diät» am Shisha Pangma: Schwarzbrot, Speck, roher Knoblauch und Walliser Wein

ZWISCHENSPIEL

Die Forschungstätigkeit in der Capanna «Regina Margherita», die ich ursprünglich als legitime Ausdehnung meiner Bergferien konzipiert hatte, war inzwischen in ernsthafte Arbeit ausgeartet. Nur noch selten blieb uns Zeit, an einem freien Morgen ein paar Viertausender zu besteigen oder durch die Lyskamm-Nordwand zu klettern. Falls wir dabei die Untersuchung eines Patienten mit schwerer Bergkrankheit verpassten, mussten wir zudem noch mit vorwurfsvollen Bemerkungen von Peter Baertsch rechnen, dessen wissenschaftliche Ernsthaftigkeit den Wert unserer Forschungstätigkeit wesentlich bereicherte. So war ich im Herbst 1985 nach fünf Wochen auf 4559 Metern reif für eine Erholungsexpedition!

Markus Itten, ein quirliger, enthusiastischer und für fast jeden Unfug motivierbarer Notar aus dem Berner Seeland, hatte einige seiner Freunde, alle Herren mittleren Alters, zu einer Tibetreise zwecks Besteigung des Shisha Pangma (8046 m) eingeladen, an dem ich mich ja schon 1981 versucht hatte. Wir waren drei Unternehmer, zwei Ärzte und zwei höhere Angestellte. Nur Diego Wellig, ein junger Walliser Bergführer, der schon einige meiner Versuchspersonen auf die Capanna «Regina Margherita» geführt hatte, fiel etwas aus diesem Rahmen. Besonders freute ich mich über die Teilnahme von Marcel Rüedi, einem Metzgermeister aus Winterthur, mit dem ich schon einige Skitouren gemacht hatte. Er war als Amateur der zu jener Zeit erfolgreichste Höhenbergsteiger der Schweiz und hatte bereits sieben Achttausender, darunter den K 2, in erstaunlich kurzen Zeiten bestiegen. Ferner waren da meine Freunde Stefan Wörner und Peter Weber aus dem Zürcher Oberland.

Schwierige Anreise zum Shisha Pangma mit lokalen Lastwagen; im Vordergrund (links) ein Teil des Reiseproviants

Die Fahrt durch Tibet führte uns die Anstrengungen vor Augen, welche die Chinesen seit meiner letzten Reise vor vier Jahren zur Förderung des Fremdenverkehrs unternommen hatten: Viele Ruinen der in der Kulturrevolution zerstörten Klöster waren weggeräumt und die Sakralbauten teilweise wieder aufgebaut worden. Betrüblicherweise wurden vor allem chinesische Verwaltungsgebäude und hässliche Wohnsilos sowie Hotels für die zu erwartenden Gäste errichtet. Einmal mehr aber liess die Weite des tibetischen Raumes und das Spiel der Farben die Trauer um eine untergehende Kultur etwas in den Hintergrund treten und entschädigte auch für die strapaziöse Reise in klapprigen Autos zu unserem Basislager auf 5100 Metern, das wir nach kurzen Akklimatisationsaufenthalten in Tingri am 7. September 1985 erreichten. Wieder wanderten wir dann zwei Tage später mit den stoischen Yaks und ihren Treibern zum Platz des vorgeschobenen Basislagers auf 5900 Metern. Dieser hatte seit 1981 nichts von seiner Einmaligkeit eingebüsst, allerdings verunzierten jetzt schon einige Mülldepots von jüngeren Expeditionen den Ort. Kaum hatten sich die tibetischen Treiber mit ihren Yaks davongemacht, als ich die helle Stimme von Marcel hörte: «Komm, wir gehen noch ein bisschen weiter, ich habe schon gepackt. Oswald und Diego, kommt doch mit.» Obwohl mir das nun wirklich zu schnell ging, brauchte ich keine zehn Minuten, um ihm mit schwerem Gepäck und den Skiern zu folgen. Diego stiess zu uns, als wir eine Stunde später am Rande des Gletschers bereits unser Zelt aufstellten.

Herren mittleren Alters auf grosser Tour: Marcel Rüedi (links) und Oswald Oelz mit dem Walliser Bergführer Diego Wellig (Mitte)

Wir lagerten zu jener Zeit als einzige Gruppe am Shisha Pangma. Unsere Absicht war es, den Berg in einem Blitzversuch im reinen Alpinstil zu besteigen – wir wollten also im Himalaja die in den Alpen übliche Taktik anwenden: Aufstieg in einem Zug, ohne vorher errichtete Lager und Fixseile, Verzicht auf einheimische Träger – und selbstverständlich Verzicht auf Sauerstoffgeräte. In Ansätzen wurde dieser Stil schon 1954 von Herbert Tichys Gruppe am Cho Oyu sowie 1957 von Hermann Buhl und seinen drei Freunden am Broad Peak angewandt. In reiner Form praktizierten ihn

«Nach einem Aufstieg durch den langen, in der Mittagshitze ausserordentlich heissen Korridor stellten wir unser letztes Biwak auf.»

Reinhold Messner und Peter Habeler erstmals 1975 bei der Besteigung des Gasherbrum I. Die Vorteile des Alpinstils sind seine Schnelligkeit, Mobilität und Eleganz, welche geringere Kosten und wenig Umweltbelastung verursachen. Den zusätzlichen Risiken – keine Lagerkette, knappe Ausrüstung und fehlende Sauerstoffgeräte – steht eine Verminderung der objektiven Gefahren wie Eislawinen, Wetterunbill und dergleichen infolge kürzeren Verweilens in der Gefahrenzone gegenüber.

Seit dem Erreichen Lhasas und damit der Höhe von 3800 Metern, welche eine gewisse Akklimatisation ermöglicht, waren erst 14 Tage vergangen und damit die Akklimatisationsdauer für die Besteigung eines Achttausenders natürlich völlig ungenügend. Wir durften aber auf einen Akklimatisationsvorteil zählen: Marcel hatte im Frühsommer den zweithöchsten Berg der Welt, den K 2, bestiegen, Diego, der Berufsbergführer, war während des ganzen Sommers auf den Walliser Viertausendern tätig gewesen, und ich hatte während fünf Wochen in der Capanna «Regina Margherita» gearbeitet. Wir vertrauten also auf unsere Vorakklimatisation und den Alpinstil. Am Abend des 12. September stellten wir auf 6500 Metern unser Zelt in den Schutz einiger Séracs. In der Nacht fiel Schnee, und der Sturm zerrte an unserem Zelt. Stundenlang lag ich wach und fürchtete einen Wettersturz und damit das Ende unseres Versuches. So oft ich sonst am Morgen erleichtert war, wenn das schlechte Wetter andauerte und ich absteigen durfte, so freute ich mich am folgenden Tag über einen stahlblauen Himmel. Nach einem Aufstieg durch den langen, in der Mittagshitze ausserordentlich heissen Korridor stellten wir unser letztes Biwak auf. Hier, auf 7100 Metern, war ich finster entschlossen, bis zum Gipfel zu gehen. Schon 1981 war dieser Aufstieg eine wüste Schinderei gewesen, unter keinen Umständen wollte ich ihn noch ein drittes Mal machen. Zu unserer einfachen Rüedi-Diät aus Schwarzbrot, Speck und rohen Knoblauchzehen tranken wir unzählige Töpfe Tee.

Um halb sechs Uhr morgens war Marcel der Erste, der aus dem Zelt kroch und bald unermüdlich unsere Spur durch den tiefer werdenden Neuschnee grub. Alles entbehrliche Gepäck blieb auf den letzten 950 Höhenmetern zurück. Nach zwei Stunden Aufstieg in hartem Lawinenschnee erreichten wir auf 7400 Metern jenen Platz, an dem die meisten früheren Expeditionen ihr letztes Hochlager eingerichtet hatten, um die Schlussetappe zu verkürzen. Hier hatte 1981 für mich der Gipfelgang im Monsunsturm geendet. In der Morgensonne weitete sich der Blick über das tibetische Hügelhochland, nach Osten ins Sherpa-Land bis zum Mount Everest, Lhotse, Makalu und Cho Oyu. Nun folgte einfache Kletterei, die aber durch triebschneegeladene, lawinengefährliche Flanken führte, denen wir nach Möglichkeit auf Felsrippen auswichen. Trotzdem musste während vieler Stunden knie- bis hüfttief und manchmal sogar brusttief gespurt werden. Das Pflügen eines unendlich langen und sehr tiefen Grabens erfüllte unsere ganze Existenz. Nur selten liess mir Marcel den Vortritt, dann bekam ich zu spüren, was es heisst, Massen von Schnee wegzuräumen, um wieder einen Schritt höher zu gelangen. Es war quälendes, typisches Höhenbergsteigen, ein Spiel der Leiden. Nur gelegentlich noch wanderte der Blick über den sich immer weiter öffnenden Horizont, hinauf zum «Grat über den Weiden». Ab 7800 Metern kletterte jeder für sich in Eiscouloirs, die von Felsrippen begrenzt wurden. Marcel hatte ein Couloir gewählt, das mir zu gefährlich schien, und so war ich nach rechts ausgewichen. Wie kritisch die Kletterei war, demonstrierte er denn

«Das Pflügen eines unendlich langen und sehr tiefen Grabens erfüllte unsere ganze Existenz.»

Unwirklich schönes Spuren über der Welt: Auf dem Gipfelgrat des Shisha Pangma

auch, als er einmal die Balance verlor und mit einem doppelten Überschlag nach unten stürzte, glücklicherweise aber durch ein Schneefeld gebremst und gehalten wurde. Die letzten Meter bis zum Gipfelgrat mussten wir, nachdem wir erst den Triebschnee abgeräumt hatten, in steilem Eis auf den Frontzacken unserer Steigeisen überwinden. Ohne Sauerstoffgeräte auf einer Höhe von annähernd 8000 Metern war diese Anstrengung an der Grenze des Aushaltbaren. Nachdem ich endlich die Gratwechte durchstossen hatte, lag ich für Minuten nach Luft japsend im Schnee, vor meinen Augen kreisten die Sterne. Es war fünf Uhr abends, die Sonne stand tief, und eine Wolkendecke verbarg alle Welt unterhalb von 7700 Metern. So wurde der letzte Gang über den sanfteren Gipfelgrat zum unwirklich schönen Spuren über der Welt, das um 17.30 Uhr auf dem Gipfel oder genauer gesagt einen Meter unterhalb des höchsten Punktes endete. Der Gipfel selbst war nämlich eine derart wackelige Schneeformation, dass er bei Berührung vibrierte, weswegen wir auf den letzten Meter verzichteten.

«Wir drei glücklichen, atemlosen Wesen waren die Ersten, die den Gipfel eines Achttausenders am Ort mit einer Flasche Wein feierten.» Auf dem Shisha Pangma

Der Shisha Pangma war Marcels achter Achttausender, mein zweiter und Diegos erster – im Besonderen war es der erste Achttausender, der von einem Oberwalliser bestiegen wurde. Um dies zu feiern, hatte Diego denn auch eine Flasche Malvoisie, heimischen Weisswein, im Rucksack mitgeführt, die ich nun entkorkte. Später behauptete er, wir hätten ihn nur mitgenommen, weil wir von dieser Flasche wussten. Diese Flasche entkorkte ich nun. Der Wein war wegen seines hohen Zuckergehaltes gerade noch flüssig, beim ersten Schluck meinte ich, einige Eiskristalle im Mund zu spüren. So waren wir drei glücklichen, atemlosen Wesen die Ersten, die den Gipfel eines Achttausenders am Ort mit einer Flasche Wein feierten. Ohne dass ich das zunächst bemerkte, nahm Marcel unsere ganze Gipfelunterhaltung auf Band auf, einschliesslich unserer Weinzeremonien. Daraus wurde später ein Radiofeature, das zahlreiche Zuhörer köstlich amüsierte.

Zwei Stunden später, bei Einbruch der Nacht, erreichten wir unser Zelt. Genau im Moment unseres Eintreffens wurde es vom wütenden Wind losgerissen und in die Luft gewirbelt. Eine eisigkalte Nacht hätte uns bevorgestanden, wenn es nicht Marcel gelungen wäre, das Zelt in letzter Sekunde einzufangen.

In den nächsten Tagen und Wochen zeigte sich, dass unsere Taktik, den Shisha Pangma im Alpinstil anzugehen, richtig gewesen war: Es fiel massenhaft Schnee, der die Gipfelambitionen unserer verbliebenen Freunde zunichte machte.

«Übermütig kehrten Marcel und ich aus Tibet in die Schweiz zurück.» Oswald Oelz und Marcel Rüedi im Herbst 1985

MAKALU, SCHRITTE ÜBER DIE GRENZE

Krzysztof Wielicki

Übermütig kehrten Marcel und ich aus Tibet in die Schweiz zurück. Wir hatten den Shisha Pangma, den einst geheimnisvollsten Achttausender, in einer Blitzaktion und ganz auf uns selbst gestellt bestiegen. Es zeigte sich aber, dass erfüllte Wünsche Kinder haben, so viele wie die Säue: Marcel wünschte sich, möglichst schnell noch die restlichen sechs Achttausender zu erledigen, um sich dann – auch aus Rücksicht auf seine Familie und sein Geschäft – mehr anderen Ausdauersportarten in der Schweiz zu widmen. Im Geheimen hoffte er wohl auch, noch in den Wettlauf um alle Achttausender eingreifen zu können, den sich Reinhold Messner und Jerzy Kukuczka lieferten. Ich wünschte mir auch noch ein, zwei, drei oder möglichst viele weitere Achttausender. Marcels Einladung, mit ihm im Frühjahr 1986 den Cho Oyu zu besteigen, musste ich mit dem Hinweis auf meine gelegentlichen beruflichen Verpflichtungen ablehnen... Er machte seinen neunten Achttausender dann mit Peter Habeler.

Im Herbst 1986 aber fuhren wir zum Makalu (8463 m). Ich hatte meine ganzen Jahresferien zusammengenommen, also standen mir vier Wochen zur Verfügung. Wir wurden Mitglieder einer Polish/Austrian/Swiss Expedition. Die Polen, unter ihnen die hervorragenden Höhenbergsteiger Wanda Rutkiewicz und Krzysztof Wielicki, waren schon zwei Wochen zuvor von Katmandu aufgebrochen; Wolfi Nairz und Horst Fankhauser würden uns in 14 Tagen folgen.

Marcels und mein Übermut dauerte an, als wir uns in Zürich von unseren Frauen verabschiedet hatten. Sechs Tage später waren wir auf 5400 Metern Höhe im Basislager am Makalu. Ein Helikopter hatte uns von Katmandu in die Nähe von Tashigaun gebracht und auf einem Kartoffelfeld auf etwa 2800 Metern ausgeladen. Wir fanden zwei Träger, die, durch ein grosszügiges Angebot motiviert, versprachen, einen Teil unserer Habe innert dreier Tage in das Basislager zu bringen. Den Rest luden wir uns selbst auf und wanderten durch Urwald, Sümpfe und Flüsse zu den Moränen des Makalu. Mehrere Gruppen hatten hier ihre Zelte aufgeschlagen; zuerst traf ich Reinhold Messner und Sabine, Brigitte und Hans Kammerlander sowie Friedl Mutschlechner und Wolfi Thomaseth. Reinhold nahm den vierten Anlauf, seinen dreizehnten Achttausender zu machen: Wir hatten 1974 gemeinsam die Durchsteigung der Südwand versucht, dann hatte er mit Doug Scott die

Wanda Rutkiewicz

Begehung des Westgrats geplant, war aber wegen der Geburt seiner ersten Tochter umgekehrt. Später hatte er noch mit Hans eine Winterexpedition durchlitten, die im Sturm stecken blieb. «Bulle, ich habe den Yeti gesehen», empfing er mich und erzählte mir von einer seltsamen Begegnung während seiner Akklimatisationstour im Tibet. Der Yeti schien ihn mehr zu interessieren als der Makalu.

Dann wurden Marcel und ich von unseren polnischen Freunden herzlich aufgenommen. Wanda Rutkiewicz, eine offene, liebenswerte Frau, hatte ich einst bei einem Vortrag in Innsbruck getroffen und restlos bewundert, da sie trotz allerlei Unbill und schweren Verletzungen die erfolgreichste Höhenbergsteigerin jener Zeit war. Krzysztof Wielicki, ein kleiner, drahtiger Mann mit schalkhaften Augen, hatte sich mit seinen Wintererstbesteigungen des Mount Everest und des Kangchendzönga einen Namen gemacht. Wir dinierten fettes polnisches Schweinefleisch aus Büchsen, das gemäss Angabe der Polen für ihre legendäre Stärke im Winter des Himalaja hauptverantwortlich war und das dank polnischem Wodka auch problemlos verdaut wurde. Krzysztof war seit über einem Monat im Himalaja und brannte darauf, endlich loszuklettern. Marcel meinte seinerseits, wir sollten den Makalu im Shisha-Pangma-Stil angehen, also ohne viel Federlesens bis zum Gipfel durchklettern. Nur: Ich hatte diesmal keine fünf Wochen auf der Capanna «Regina Margherita» verbracht, und der Makalu ist gut 400 Meter höher als der Shisha Pangma. Trotzdem wollte ich natürlich nicht zurückstehen und folgte Marcel und Krzysztof zwei Tage nach unserer Ankunft im Basislager auf 6000

«Wenig später stand unser Zelt, durch den Eingang schauten Everest und Lhotse herein.» Das Lager am Makalu auf 7000 m Höhe

Meter Höhe hinauf, wo wir unser Zelt am Fusse der Kukuczka Ridge aufstellten, einer steilen Eis- und Felsrippe südlich des Normalwegs. Irgendwo in meinem Hinterkopf läutete eine Alarmglocke, als ich am nächsten Morgen Krzysztof und Marcel über steilen Lawinenschnee folgte und bald an einem immer steileren, griffigen Eisgrat nach oben kletterte. Wir verzichteten auf Seilsicherung – wir führten gar kein Seil mit uns. An manchen kritischen Passagen fanden wir dankbar Reste alter Fixseile und gewannen trotz unserer schweren Rucksäcke schnell Höhe.

Krzysztof wartete wie ein Sommerfrischler an der Adria in Sonnenbadposition auf einer Plattform auf 7000 Metern, die er aus dem Eis herausgehauen hatte. Er begrüsste mich als Professor – die Ernennung dazu war kurz vor unserer Reise durch die Universität erfolgt – und stellte sich selbst als «Professor of fresh air» vor. Wenig später stand unser Zelt, durch den Eingang schauten Everest und Lhotse herein. Ich war höchst zufrieden; neun Tage nachdem wir Zürich verlassen hatten, waren wir auf 7000 Metern Höhe, und ich hatte keine Beschwerden. Den ganzen Nachmittag gabs Suppe, Tee und polnischen Schweinebraten, dann schliefen wir ein.

Irgendwann in der Nacht wachte ich auf und musste husten. Es war ein quälender Husten, der nur besserte, wenn ich aufrecht sass. Marcel und Krzysztof schliefen tief und atmeten ruhig, aber ich litt unter zunehmender Atemnot. Dazu kam noch dieses ominöse Gurgeln – ich brauchte kein Stethoskop, um mein sich fulminant entwickelndes Höhen-Lungenödem zu diagnostizieren. Gegen Morgen hustete ich massenhaft weissen Schaum aus und bekam nur noch kniend mit über 40 Atemzügen pro Minute etwas Luft. Wenn dieser Zustand anhielt, würde ich in den nächsten Stunden ersticken. Meine Freunde, die sich für den weiteren Aufstieg bereitmachten, fragten mit bedeutungsvollem gegenseitigem Blick, wie es mir gehe. Wohl wissend, dass sie mir in meinem erbärmlichen Zustand beim Abstieg ohne Seil nicht helfen konnten, und aus meiner tiefen Überzeugung heraus, dass man seine Fehler selbst ausbaden muss, orientierte ich sie über eine kleine Unpässlichkeit, die wohl vorübergehen würde und die ich behandeln wollte. Sie schienen beruhigt.

In meinem Rucksack befanden sich einige Kapseln Nifedipin. Dies ist ein Mittel zur Blutdrucksenkung und zur Behandlung der Angina pectoris. Im Tierexperiment senkt es bei Ratten auch den überhöhten Blutdruck im Lungenkreislauf, der bei Höhenexposition entsteht und der schon damals als eine der wichtigsten Ursachen für die Entstehung des Höhen-Lungenödems angesehen wurde. Ich hatte Nifedipin aus dieser Überlegung mitgenommen; vielleicht konnte es mir in einer schwierigen Situation helfen. Jetzt war ich in einer verzweifelten Situation. Ich fühlte mich wie der Jäger, der mit nur einer Patrone im Gewehr vor dem riesigen Bären steht: Dieser Schuss muss sitzen. Wieder hustete ich kniend grosse Mengen schaumiger Ödemflüssigkeit aus meinen Lungen aus. Dann zerbiss ich zwei Kapseln und schluckte gleich noch ein Nifedipinpräparat mit verzögerter Wirkung, alles in allem also 40 Milligramm des Wirkstoffes. Dann hustete ich weiter und weiter und versuchte, so viel Schaum wie möglich loszuwerden.

Der Auswurf von Schaum liess nach, und mein hechelnder Atem wurde ruhiger. Hatte ich zuletzt wie schwer herzkranke Patienten kniend oder stehend nach Luft gerungen, so konnte ich nach 20 Minuten wieder sitzen, mich anziehen und meine Schuhe binden. Ich nahm noch 500 Milligramm Diamox, ein Mittel zur Verbesserung der Atmung, und packte meinen Rucksack.

Marcel und Krzysztof hatten beim ersten Anzeichen, dass es mir besser ging, das Zelt zusammengepackt und waren weiter nach oben geklettert, um

«Den ganzen Nachmittag gabs Suppe, Tee und polnischen Schweinebraten, dann schliefen wir ein.»

zumindest noch den Makalu La, den Pass auf 7400 Metern Höhe, der in die Gipfelregion leitet, zu erkunden. Für mich aber war die Reise zu Ende. Die Tatsache, dass ich nur ganz knapp dem Erstickungstod entronnen war, weckte auch die Einsicht, dass Achttausender nicht ohne Akklimatisation im Handstreich zu nehmen sind. Um einigen Spalten und Séracs auszuweichen, kletterte ich noch 100 Meter auf unserer Rippe weiter und querte dann nach links zur Spur des Normalwegs. Dort traf ich Reinhold mit einer Anzahl Sherpas beim Aufbau eines Lagers. Er sagte mir in deutlichen Worten, dass ich wohl nicht ganz bei Trost sei, so schnell in die Höhe zu rennen. Ich konnte das eigentlich nur bestätigen. Wenige Stunden später war ich wieder im Basislager, wo ich die Nifedipintherapie meines Höhen-Lungenödems noch während 24 Stunden fortsetzte. Marcel und Krzysztof kamen am gleichen Abend zurück und erzählten von ihrem Aufstieg zum Makalu La, den sie ohne besondere Anstrengung gemacht hatten. Beide drängten, so rasch wie möglich zum Gipfel aufzubrechen. Meine Hinweise auf die ungenügende Akklimatisation beantwortete Marcel mit der Bemerkung, er werde langsam gehen und könne ja jederzeit umkehren. Zwei Tage später brachen sie auf.

Ich verliess die Expedition Stunden später, noch immer von Husten gequält und geschwächt – eine Jammergestalt. Ohne Rücksicht auf meine Proteste lud Wanda einem Träger den Grossteil der Last aus meinem Rucksack auf und erklärte mir unmissverständlich, dass ich krank sei. Drei Tage später erreichten wir den Flugplatz in Tumlingtar, von wo ich am nächsten Tag ein klappriges Flugzeug nach Biratnagar bestieg. Eine nächtliche Busfahrt brachte mich nach Katmandu. Es war halb acht Uhr morgens, als ich in ein Hotel eincheckte und mir ein Frühstück bestellte. Der Kellner brachte mir dazu «The Rising Nepal», die Tageszeitung. Auf der Frontseite sprang mir die Überschrift entgegen: «Messner scales Makalu where two others died» – Messner besteigt den Makalu, an dem zwei andere gestorben sind. Fassungslos las ich, dass Marcel beim Abstieg vom Gipfel des Makalu, den er am 25. September erreicht hatte, ums Leben kam. Krzysztof hatte überlebt, ein Mann aus Gurkha, der an einer französischen Expedition teilnahm, war zudem in der Nähe des Basislagers gestorben.

Ich war wie versteinert. Noch vor fünf Tagen hatte ich mit Marcel gescherzt, als er mit seinem breiten Lachen zum Gipfel losgezogen war, und nun soll er tot sein. Krzysztof schrieb mir später einen langen Brief, aus dem ich einige Passagen wiedergebe:

«Katmandu, 8. Oktober 1986

Lieber Oswald

[…] Wir starteten unsere Besteigung am 21. September und erreichten an diesem Tag das Lager I [6600 m], am nächsten Tag gelangten wir auf den Makalu La [7400 m]. Wir kletterten im Alpinstil, trugen also unsere gesamte Ausrüstung selbst. Am 23. September stiegen wir bis 7900 Meter auf, stellten dort unser Zelt auf und biwakierten. In diesem letzten Biwak fühlte sich Marcel zwar gut, aber er war nicht so aktiv wie sonst; er war schläfrig. Nach einer guten Nacht weckte mich Marcel am 24. September um 5.30 Uhr auf, und wir begannen unsere Vorbereitungen für den Gipfelaufstieg. Ich nahm den Rucksack, und wir starteten um 7.45 Uhr Richtung Gipfel. Ich führte den ganzen Weg. Marcel war immer 30 bis 40 Meter hinter mir. Ich entschloss mich für eine neue Variante und kletterte durch ein Schnee- und Eiscouloir direkt zum Gipfel. Im felsigen Teil des Couloirs liess ich 20 Meter fixes Seil. Der Schnee war sehr tief und weich.

Ich erreichte den Gipfel um 15.45 Uhr, machte fünf oder sechs Fotoaufnahmen und kletterte rasch wieder zum Ende des Couloirs, wo ich Marcel traf, der vor dem windigen Grat eine Rast einlegte. Er sah gut aus. Ich gab ihm all meine Flüssigkeit, nämlich einen Liter Tee, und er trank alles. Im Couloir war es wegen des Schattens sehr kalt, aber der Gipfel war noch immer in der Sonne, so sagte ich zu ihm: ‹Ich gehe hinunter zum Zelt, mir ist sehr kalt. Ich werde heisse Getränke für uns herrichten.› Er antwortete: ‹Okay, ich steige auf den Gipfel.› Es war vier Uhr nachmittags. Ich erreichte unser Zelt um sieben Uhr abends und begann meine Füsse und meinen Körper aufzuwärmen. Danach bereitete ich Getränke zu, aber Marcel kam nicht. Es war eine schreckliche Nacht. Ich wachte um sechs Uhr morgens auf, aber Marcel war noch immer nicht erschienen. Ich war sicher, dass er auf der steilen Querung zum Gipfel oder im Couloir abgestürzt war. Ich wartete am Morgen bis 9.15 Uhr und entschloss mich dann, zum Makalu La abzusteigen, um Hilfe zu organisieren. Dort traf ich etwa um elf Uhr Reinhold, Hans und Friedl. In diesem Moment schaute Hans durch den Feldstecher und sagte: ‹Ich sehe Marcel, er kommt herunter, er ist auf ungefähr 8000 Metern über Camp III.› Ich konnte nichts sehen, da ich mit meinem linken Auge nicht mehr scharf sah. Ich blieb am Makalu La. Ich konnte nicht verstehen, warum Marcel nach dem Gipfel plötzlich seine Kraft verloren hatte oder was sonst geschehen war. Um vier Uhr nachmittags kamen schliesslich zwei Sherpas mit der schrecklichen Nachricht, dass Marcel tot war. Ich konnte nicht mehr zu Marcel zurücksteigen an diesem Tag, darum stieg ich ins Base Camp ab. [...]

Wanda und Pankiewicz haben mir versprochen, Marcels Körper mit einem symbolischen Begräbnis in einer Spalte zu bestatten. Ich kannte Marcel nur ein paar Tage, aber ich schätzte ihn als einen alten Freund. Ich kann ihn und sein optimistisches Gesicht nicht vergessen. Vielleicht war es mein Fehler, aber ich konnte zu Marcel nicht sagen: Stopp, komm zurück! Er war für mich einer der grössten Himalaja-Tiger, er war ein sehr starker Mann, wie Du ja weisst.

Es ist schwierig zu sagen, was ich fühle und was ich gefühlt habe. Möglicherweise verstehst Du mich, möglicherweise auch nicht, aber ich hoffe, dass Du meine Situation als Freund beurteilst. Ich bin wie ein Tier. Ich habe Marcel verloren, aber ich kann trotzdem nicht aufhören. Ich warte auf das Kukuczka-Team, um mit ihm zur Annapurna I zu gehen. Bin ich ein Tier? Wer kann mich und ähnliche Leute verstehen?

Bitte gib mein tiefes Mitgefühl an Marcels Familie weiter.

Herzliche Grüsse
Dein Krzysztof Wielicki»

«Wieder war ein Freund tot, mit dem ich gelacht und gelitten hatte und mit dem ich auf einem Höhepunkt empfunden hatte, dass das Leben nicht mehr schöner werden konnte.» Marcel Rüedi am Makalu

Wieder war ein Freund tot, mit dem ich gelacht und gelitten hatte und mit dem ich auf einem Höhepunkt empfunden hatte, dass das Leben nicht mehr schöner werden konnte. Dabei hatte er dieses Leben in allen seinen Dimensionen genossen, wollte noch vieles erfahren und unter keinen Umständen in den Bergen sterben. Am Shisha Pangma hatte Marcel uns vor einer schlimmen Nacht bewahrt, als er, im Abstieg weit vorausgehend und die Spur tretend, genau in jenem Moment zu unserem Zelt kam, in dem der wütende Wind es aus seiner Verankerung gerissen hatte und davontrug. Mit einem Sprung hatte er es noch erwischt und schon neu befestigt, als Diego und ich ankamen. Auch konnte er lachen über das ganze breite Gesicht, und meistens lachte er, ob er nun vom Absatz seiner Würste, seinem geliebten Rennrad oder von den letzten Metern zum Gipfel des K 2 erzählte. Dabei zeigte er durchaus empfindsame Seiten, wenn er von seiner Familie und dem Entwachsen der Töchter berichtete oder wenn er, der Metzger, sich weigerte, im Basislager am Shisha Pangma ein Schaf zu schlachten – er könne dies nicht, der Doktor müsse das machen. Dieses noch nicht abgeschlossene Leben endete am zehnten Achttausender. Es endete, weil die grenzenlose Motivation den Organismus mit der phänomenalen Konstitution über den Limes der Physiologie peitschte.

Meine positiven Erfahrungen mit Nifedipin bei der Notfallbehandlung des Höhen-Lungenödems teilte ich in einem Brief an das «Journal of the American Medical Association» mit, der auch gleich veröffentlicht wurde. Weil aber solche Anekdoten den Wert einer Therapie noch in keiner Weise belegen, testeten wir in den beiden folgenden Sommern Nifedipin bei Bergsteigern mit einem Höhen-Lungenödem in der Capanna «Regina Margherita». Wir planten Röntgenaufnahmen, die Messung des Sauerstoffgehalts im Blut und die Bestimmung des Hochdrucks im Lungenkreislauf mittels einer Ultraschalluntersuchung des Herzens. Für die Sicherheit unserer Patienten hatten wir reichlich Sauerstoffvorräte zur Hand, damit wir sofort helfen konnten, falls unsere Versuche nicht gelingen sollten. Deswegen hatte das ethische Komitee des Zürcher Universitätsspitals unseren Experimenten an Menschen auch seinen Segen erteilt. Während wir mit anderen wissenschaftlichen Studien beschäftigt waren, warteten wir gespannt auf geeignete Patienten, doch niemand war genügend krank. Dann aber kam uns ein anderes unserer Forschungsprogramme zu Hilfe, bei dem Bergsteiger, die in den Alpen unter 4000 Metern Höhe schon einmal ein Lungenödem ent-

Die Capanna «Regina Margherita», 4559 m, im Monte-Rosa-Massiv

wickelt hatten, für weitere Messungen während 72 Stunden auf der Capanna «Regina Margherita» zu verbleiben hatten. Wegen der ersten dieser freiwilligen Versuchspersonen wurde ich eines Nachts um 11 Uhr – wir waren gerade eingeschlafen – unsanft vom Hüttenwirt geweckt, der Sepp sei «molto ammalato», sehr krank. Er war wirklich krank, schon von der Türe aus konnte ich das ominöse Lungenrasseln hören. Der Sepp sass aufrecht da, Marco Maggiorini bemühte sich schon um ihn und hatte seine Einwilligung für eine Behandlung erhalten. Schnell war ein Röntgenbild gemacht, das die Diagnose eines Lungenödems bestätigte. Mit verhaltenem Enthusiasmus wälzte sich auch Manfred Ritter, unser Spezialist für Ultraschall-Untersuchungen des Herzens, aus seinem Schlafsack und bestätigte das Vorliegen einer schweren pulmonalen Hypertonie, also des gefährlichen Hochdrucks im Lungenkreislauf.

Aufgeregt und gespannt verabreichten wir dem Bedauernswerten die erste Kapsel Nifedipin. Zehn Minuten später war gar nichts geschehen. Der Patient litt weiter unter starker Atemnot; die Sauerstoffsättigung seines roten Blutfarbstoffs, die in dieser Höhe 85 Prozent betragen sollte, lag zwischen 45 und 50 Prozent, und der Blutdruck war nach der Einnahme von Nifedipin nicht abgefallen. So schoben wir dem Patienten eine weitere Kapsel in den Mund und forderten ihn auf, sie zu zerbeissen, damit das Medikament möglichst schnell aufgenommen wurde.

Fünf Minuten später begann die Sauerstoffsättigungskurve, die wir kontinuierlich aufzeichneten, anzusteigen, auf 65 Prozent, dann auf 70 Prozent.

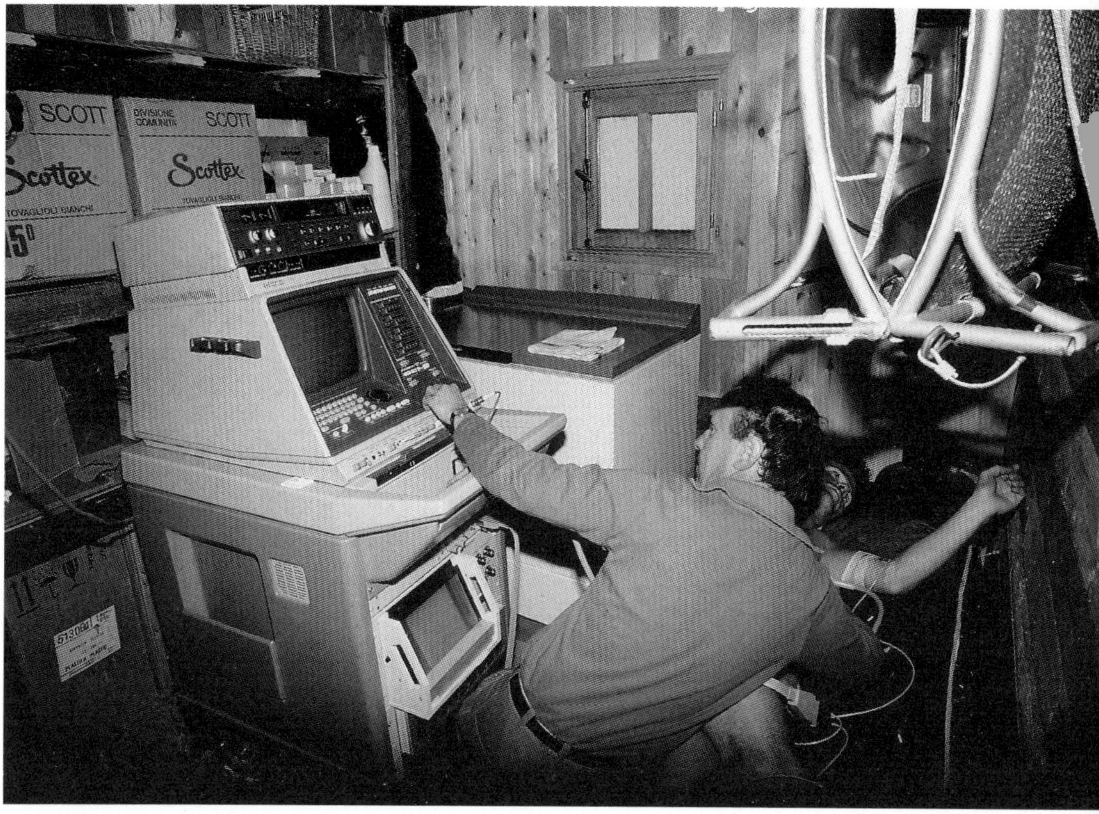

Ultraschall-Herzuntersuchung in der Capanna «Regina Margherita»

Der Patient berichtete, dass es ihm besser gehe: Er bekomme besser Luft, und der Klotz auf seiner Brust werde leichter. Marco zwinkerte mir aufgeregt triumphierend zu. Mein persönliches Wunder, das mir am Makalu das Leben gerettet hatte, wiederholte sich! Danach bestätigte Manfred, dass der systolische Druck im Lungenkreislauf von exzessiven 85 Millimeter Quecksilber auf die für diese Höhe fast normalen 40 Millimeter abgefallen war. Wir behandelten den Patienten während der nächsten 48 Stunden entsprechend unserem Forschungsprotokoll weiterhin mit Nifedipin und konnten die stetige Verbesserung seines Gesundheitszustandes und den Rückgang des Lungenödems dokumentieren. Er bestieg, seinem dringenden Wunsch folgend, in dieser Zeit den Lyskamm und die Dufourspitze.

Während des Sommers 1989 behandelten wir fünf weitere Patienten erfolgreich, so dass schliesslich auch Peter Baertsch, unser kritisch-skeptischer Mitstreiter, vom Erfolg der Behandlung überzeugt war. Noch in den letzten Tagen auf 4559 Metern schrieben wir unser Paper und reichten es dem

Urs Waber (links) und Peter Baertsch (rechts) messen die Sauerstoffspannung im arteriellen Blut.

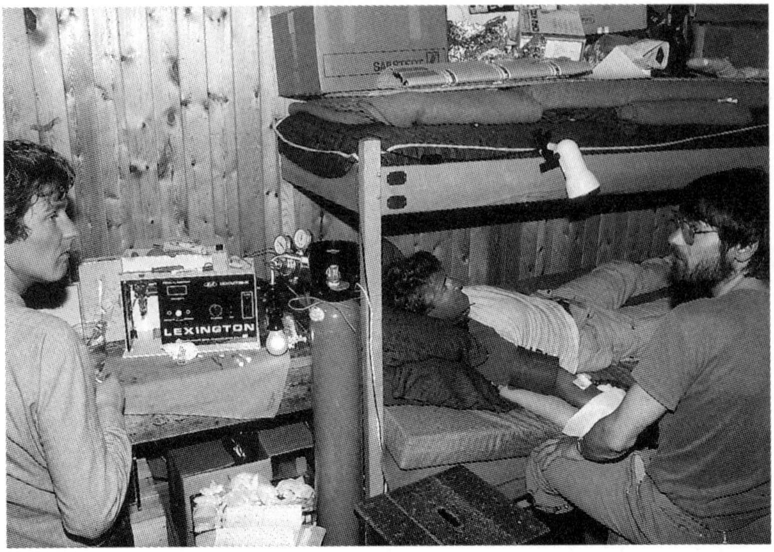

führenden und für seine Schnelligkeit bei der Veröffentlichung bekannten Medizinjournal «Lancet» ein. Man wusste ja nie, ob nicht unser Konkurrent Peter Hackett am Mount McKinley die gleichen Ideen hatte und uns zuvorkommen könnte. Wir wussten allerdings, dass «Lancet» die meisten zur Veröffentlichung eingereichten Papers ablehnte, und warteten gespannt auf eine Reaktion.

Dann reiste ich mit Horst Fankhauser, den ich seit unserer Expedition von 1972 am Manaslu kannte, sowie dem Pensionisten Josl Knoll und den Himalaja-Novizen Walter Egger und Dittrich Egbert nach Nepal, um den Manaslu vielleicht über seine Normalroute zu besteigen. In steter Monotonie wechselten sich ausgiebiger Schnellfall, Lawinenabgänge und zwei Tage guten Wetters mit erneutem Schneefall ab. Als schliesslich drei unserer Sherpas von einer Lawine verschüttet worden waren und nur dank rascher Hilfe eines zufällig hinter ihnen gehenden amerikanischen Bergsteigers unversehrt gerettet werden konnten, gaben wir in einer Höhe von knapp 7000 Metern unseren Besteigungsversuch entnervt auf. Später erfuhren wir, dass zehn Tage nach unserer Abreise das Basislager, in dem wir uns sicher wähnten, von einer Eislawine mehrere Meter hoch verschüttet wurde.

Im Spital erwartete mich die Mitteilung des «Lancet», dass sie gerne unser Paper «Nifedipine for High Altitude Pulmonary Edema» veröffentlichen würden.

Inzwischen war auch mein Freund Stefan Wörner in extremer Höhe gestorben. Er hatte unter Aufbietung all seiner Kräfte seinen vierten Achttausender, den Cho Oyu, gegen Abend des 12. Mai 1988 erreicht. Irgendwann in der Nacht war er dann zu seinem Zelt auf 7400 Metern Höhe zurückgekehrt. Am nächsten Morgen konnte ihn sein Kamerad trotz aller Anstrengung nicht mehr dazu bewegen abzusteigen und musste, selbst am Ende seiner Kräfte, den schwer kranken Stefan zurücklassen, um die eigene Haut zu retten. Dieses einsame Sterben meiner Freunde und das Wissen, dass solche Tragödien in grosser Höhe häufig sind, veranlassten mich, die Idee eines Medikamentenmixes zu propagieren, den wir «Margherita-Cocktail» tauften. Diese einfache Medikamentenkombination soll dem schwer kranken und erschöpften Bergsteiger in grosser Höhe eine Notfallbehandlung der akuten Bergkrankheit und des Höhen-Lungenödems ermöglichen und so die letzten Reserven für den rettenden Abstieg mobilisieren. Da der in Not geratene Bergsteiger nicht weiss, ob er an einem Lungen- oder Hirnödem leidet und zudem beide Erscheinungen der schweren akuten Bergkrankheit häufig gleichzeitig auftreten, wird ein Cocktail von Medikamenten genommen, die beide Probleme kurzfristig behandeln. Er besteht aus einem kortisonartigen Präparat zur Behandlung des Hirnödems sowie Nifedipin für das Höhen-Lungenödem. Zusätzlich kann Diamox eingenommen werden, das die Atmung steigert und damit den Sauerstoffgehalt des Blutes erhöht. Gelegentlich wurde dieser Cocktail als Doping bezeichnet und wahrscheinlich auch als solches missbraucht. Es kann aber nicht genug betont werden, dass es sich um eine Notfallbehandlung handelt, die ausschliesslich dafür verwendet werden soll, den rettenden Abstieg zu ermöglichen.

Auf dem Weg zu den «Seven Summits»: Oswald Oelz im Dezember 1986 nach der Besteigung des Vinson-Massivs

SEVEN SUMMITS DER EITELKEITEN

Am 9. November 1986 feierten wir in Sulden am Ortler das Ende des unendlich einsamen und äusserst öffentlichen, qualvollen und beglückenden Weges von Reinhold Messner auf die Gipfel aller Achttausender. Bis wenige Jahre zuvor hatte sich niemand vorstellen können, dass es im Laufe eines einzigen Lebens möglich sei, alle 14 höchsten Gipfel der Welt zu erklettern. Der ersten dramatischen Ersteigung eines Achttausenders – der 8091 Meter hohen Annapurna durch Maurice Herzog und Louis Lachenal am 3. Juni 1950 – folgte während der nächsten 14 Jahre die Eroberung aller 14 Gipfel über die jeweils leichteste Route. Bis 1975 hatte kein Bergsteiger mehr als zwei dieser Gipfel erklommen. Mit Ausnahme der letzten Expeditionen am Makalu und Lhotse hatte Reinhold zudem keine Normalrouten im zur jeweiligen Zeit üblichen Stil, sondern neue schwierige Routen oder alte Aufstiege in neuem Stil erschlossen. Möglich wurde dies dank seiner Fähigkeit, Ideen zu entwickeln, die jenseits des Vorstellungsvermögens anderer Bergsteiger lagen, und diese gleich auch noch umzusetzen. Auf seinen Touren praktizierte er zunehmend den Verzicht: Zunächst den Verzicht auf eine Lagerkette, wie 1975 bei der Besteigung des Hidden Peak im Alpinstil mit Peter Habeler, dann den – alpinhistorisch wichtigsten – Verzicht auf ein Sauerstoffgerät am Mount Everest und schliesslich den totalen Verzicht bei den Alleingängen auf neuen Routen am Nanga Parbat und Mount Everest. Wie er dabei seine Grenze erlebte, schildert eindrücklich Nenas Beschreibung der Rückkehr Reinholds vom Gipfel des Everest: «Und da kommt er über den Gletscher, schaut nur einmal auf, sehr langsam. Er streift mich mit einem Blick, geht mit gesenktem Kopf weiter, ist nicht mehr bewusst da. Ich sage, neben ihm hergehend: Reinhold, wie geht's? Ein paar Schluchzer sind die Antwort. Sein Gesicht ist gelb, seine Lippen sind aufgesprungen und zerfranst. Da ist er, der stärkste Mensch, den ich kenne, total am Ende, ausgelaugt bis in die Seele.»

Reinhold war zurückgekommen von allen Achttausendern. Dies auch, weil er manchmal noch rechtzeitig umgekehrt war und weil er ein gehöriges Quantum Glück gehabt hatte. Dieses Glück feierten wir in einem ausgelassenen Fest mit zwei Musikkapellen, einem feierlichen Gottesdienst eines Prälaten aus Rom, Platzkonzerten, Pressekonferenzen, dem Fernsehen und schliesslich einem Festessen mit sieben Spitzenköchen und 14 Sternen. Zum Schneehuhn im Salzmantel wurde unter anderem Château Talbot 1945 serviert, die vierzehn Desserts wurden mit Marc de Bourgogne 1886 abgerundet.

Wir freuten uns schon auf unsere nächste Reise in die Antarktis, die uns einen Wunsch erfüllen sollte, den wir schon seit vielen Jahren gehegt hatten. Seit 1972 sprachen wir nämlich vom Vinson-Massiv, dem mit 4897 Metern höchsten Gipfel der Antarktis. Wir wussten nur, dass das Vinson-Massiv 1966 durch eine amerikanische Bergsteigergruppe bestiegen worden war, die von der amerikanischen Navy massiv unterstützt wurde, und dass seither alle privaten alpinistischen Versuche in der Antarktis an den logistischen Schwierigkeiten gescheitert waren. Die Nationen, die die Antarktis in Einflusssphären aufgeteilt hatten, wünschten keinen Privattourismus, nicht zuletzt weil allfällige Rettungsaktionen äusserst problematisch und teuer gewesen wären. Mit Eifersucht wachten sie über ihre Territorien, da sie strategische Optionen offen halten wollten und auf Bodenschätze und künftigen Fischfang hofften.

1983 hatten dann die amerikanischen Millionäre Dick Bass und Frank Wells die erste private Bergsteigerreise in die Antarktis organisiert. Sie charterten eine umgebaute DC-3, die vom Briten Giles Kershaw geflogen wurde, und erreichten als dritte Gruppe den Gipfel des Vinson-Massivs, nachdem Wissenschaftler 1979 eine zweite Besteigung durchgeführt hatten. Seither war ein kärglicher Privattourismus zu den Ellsworth Mountains, in denen das Vinson-Massiv liegt, in Gang gekommen, der von Giles Kershaw und seinem Flugzeug abhing. Er wurde 1984 vom argentinischen Militär für einige Zeit in Gewahrsam genommen und setzte seine einsamen Flüge 1985 fort. Für die Exklusivität der Reise sorgten die Reisekosten, da ab Punta Arenas, der Südspitze Chiles, für einen Flug in die Ellsworth Mountains und zurück rund 20 000 US-Dollar pro Person bezahlt werden mussten. Dieser Betrag war unter anderem durch den Benzinpreis diktiert, da Kershaw den chilenischen Streitkräften in der Antarktis für die Gallone Treibstoff 50 Dollar zu bezahlen hatte.

Der aufregende Teil unseres Unternehmens begann in Punta Arenas, der windzerzausten südlichsten Stadt Chiles, in der sich Antarktis-Freaks, Bergsteiger, Segler, Ruderer und Wissenschaftler treffen und die eine geradezu rekordverdächtige Bordelldichte aufweist. Das Passagierabteil von Giles' DC-3 war mit einem 1000-Liter-Benzintank ausgefüllt, wir zwängten unsere Fracht und insgesamt acht Personen daneben und dahinter. Die Reise über Inseln, Packeis und die Antarctic Peninsula zeigte uns schroffe Bergformationen, von denen die wenigsten einen Namen tragen, wie etwa die Scarlatti

Reinhold Messner und Wolfi Thomaseth in Punta Arenas, der südlichsten Stadt Chiles

Mountains oder die Staccato Peaks, und die allermeisten unbestiegen sind. Nach vielen Stunden einsamsten Fluges mit dem Gefühl der totalen Abhängigkeit des Reisenden vom Flugzeug tauchten um zwei Uhr morgens die Ellsworth Mountains aus dem Nebel auf: hohe, kahle Berge, eine Mondlandschaft, in der unser Flugzeug auf 2000 Metern Höhe landete. Nach dem Verlassen des warmen Flugzeugs wurde uns die klirrende Kälte unmittelbar bewusst; die Sonne stand hinter den Bergen, die Temperatur betrug minus 35 Grad.

Für den Aufstieg vom Landeplatz zum Gipfel des Vinson-Massivs hatten frühere Bergsteiger jeweils drei Lager erstellt und 10 bis 14 Tage gebraucht, da durch die Wetterverhältnisse oft Verzögerungen diktiert wurden. Eine solche Strategie aber entsprach nicht Reinholds Temperament, und so beluden wir drei – Wolfi Thomaseth war unser Kameramann – uns nach kurzem Schlaf mit allem, was uns für einige Tage Überleben in der Antarktis nötig schien. Der Aufstieg entsprach im Charakter dem Normalweg am Mount McKinley, war also technisch nicht anspruchsvoll. Wenn der Wind einschlief, herrschte absolute Stille. Nichts lebte hier. Mit Ausnahme eines langen, vereisten Felscouloirs und einiger Spalten stellten sich wenig Hindernisse in unseren Weg, so dass wir auf ein Seil verzichteten. Am Ort, wo üblicherweise das zweite Lager bezogen wird, stellten wir unser Zelt auf und schliefen einige Stunden, nachdem wir uns mit Südtiroler Schüttelbrot, Speck, Parmesan und reichlich Getränken versorgt hatten.

Als wir später durch einen Eisbruch weiterstiegen, herrschte Sturm, und wir steckten im Nebel. Es war noch kälter geworden. Am Ende des Eisfalls aber stiessen wir auf zwei geräumige Zelte, und bald kam uns mein Freund Stefan Wörner entgegen. Er war zwei Wochen vor uns aus der Schweiz abgereist und hatte am Vortag nach längerem sturmbedingtem Warten mit seinem Gast und einer amerikanischen Gruppe den Gipfel des Vinson-Massivs erreicht. Wir fanden Zeit zum Aufwärmen und Tee Trinken und für eine angeregte Unterhaltung mitten in der Antarktis. (Es sollte das letzte Mal sein, dass ich zusammen mit Stefan an einem Berg war. Eineinhalb Jahre später starb er am Cho Oyu.) Wenige hundert Meter höher durchstiessen wir die Nebeldecke und stiegen in gleissendes, kristallklares Licht. Die höchsten Gipfel der Ellsworth Mountains waren Inseln in einem Meer von wattigem Ne-

bel. Sonne, Himmel, Eis und einige wenige Felsen bildeten eine Landschaft von strenger Ruhe und einzigartiger Entrücktheit.

Ich war ungeheuer aufgeregt und erwartungsvoll, als wir in knirschendem Schnee den zehn Meter hohen Gipfelaufschwung, den höchsten Punkt des antarktischen Kontinents, erreichten. Reinhold stand schon auf dem Gipfel, und Wolfi filmte mein Höherklettern. Mit sattem Schlag drang die Pickelspitze ins griffige Eis. Ein überwältigendes Hitzegefühl strömte aus der Tiefe meines Bauches in meinen Kopf, als ich den letzten Schritt zur Verwirklichung meines viele Jahre alten Traumes tat. Die höchsten Gipfel der Ellsworth Mountains und das ganze Vinson-Massiv waren nun überblickbar: ein Plateau, 20 Kilometer lang und 14 Kilometer breit, das mehrere Gipfel umfasst und auf dessen höchstem Punkt wir nun standen, 26 Stunden nachdem unser Flugzeug gelandet war. Dieses unbeschreibbare Hochgefühl am Ende jahrelangen Wartens belohnte jede Anstrengung und hielt an.

«Ein überwältigendes Hitzegefühl strömte aus der Tiefe meines Bauches in meinen Kopf, als ich den letzten Schritt zur Verwirklichung meines viele Jahre alten Traumes tat.» Oswald Oelz auf dem Gipfel des Vinson-Massivs; aus dem Nebel ragen die Gipfel von Mount Tyree und Shinn.

Nach den 14 Achttausendern hat er nun auch die «Seven Summits» geschafft: Reinhold Messner auf dem Gipfel des Vinson-Massivs

Am nächsten Morgen gelangten wir zurück zum Landeplatz unseres Flugzeugs. Reinhold hatte nun auch die «Seven Summits», die höchsten Berge der sieben Erdteile, bestiegen, nachdem die 14 Achttausender für ihn bereits Geschichte waren. Viel mehr bedeutete ihm aber die Begegnung mit der Antarktis, die in den folgenden Jahren Ziel seiner weiteren Aktivitäten werden sollte.

Dick Bass hatte 1981 den Begriff der «Seven Summits» kreiert, welcher die Gipfel Mount Everest (8848 m) in Asien, Aconcagua (6959 m) in Südamerika, Mount McKinley (6194 m) in Nordamerika, Kilimandscharo (5895 m) in Afrika, Elbrus (5633 m) in Europa, Vinson-Massiv (4897 m) in der Antarktis sowie die Carstensz-Pyramide (4884 m) in Australien/Ozeanien umfasste. Der texanische Ölmillionär bestieg statt der Carstensz-Pyramide in Neuguinea allerdings den Mount Kosciusko (2228 m) in Australien, dessen Gipfel über eine gesperrte Autostrasse erreicht werden kann. Nach zwei vergeblichen Versuchen erreichte er am 18. Oktober 1985 den Gipfel des Mount Everest, wobei er von einem der besten amerikanischen Bergführer fast auf den Gipfel geschleppt wurde und nur knapp dem Erschöpfungstod entging. Er hat in der Folge keine Berge mehr bestiegen. Pat Morrow, ein kanadischer Berufsbergsteiger und Fotograf, bewarb sich etwa zur gleichen Zeit um die Trophäe der «Seven Summits». Der Wettlauf um nationales Prestige zwischen den USA und Kanada wurde medienwirksam und gewinnträchtig aufgebauscht. Weil Dick Bass dank seiner Ölmillionen als Erster in die Antarktis gelangte, gewann er das «Wettrennen». Pat Morrow konterte mit der Einführung der Carstensz-Pyramide an Stelle des Mount Kosciusko. Er argumentierte wie Reinhold Messner, dass die Carstensz-Pyramide als Kulminationspunkt von Australien/Ozeanien zu gelten habe. Mit der Erkletterung dieses Kalkriffs verwirklichte Pat Morrow am 7. Mai 1986 seine Vision der «Seven Summits», die nun Reinhold wiederholte. Seither wird engagiert und – von den eigenen Besteigungserfolgen abhängig – vehement gestritten, welche Version der «Seven Summits» wohl die richtige sei.

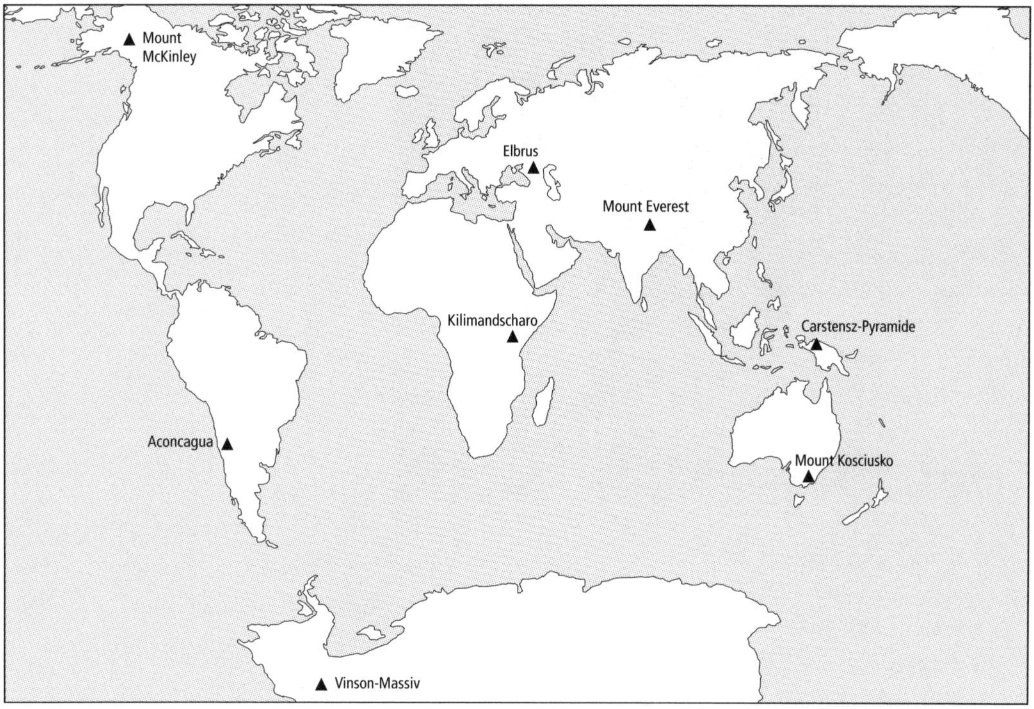

Die höchsten Berge der sieben Kontinente

Kontinent	Berg	Höhe	Erstbesteigung
Europa	Elbrus	5633 m	08. 06. 1874
Afrika	Kilimandscharo	5895 m	06. 10. 1889
Südamerika	Aconcagua	6959 m	14. 01. 1897
Nordamerika	Mount McKinley	6194 m	07. 06. 1913
Asien	Mount Everest	8848 m	29. 05. 1953
Australien/Ozeanien	Carstensz-Pyramide	4884 m	13. 02. 1962
oder	Mount Kosciusko	2228 m	05. 01. 1848
Antarktis	Vinson-Massiv	4897 m	18. 12. 1966

«Seven Summits», der Vierte: Reinhold Messner und Oswald Oelz auf dem Aconcagua, Dezember 1986

Auf der Rückreise nach Europa mussten wir in Santiago de Chile sechs Tage auf unseren Anschlussflug warten. Kurz entschlossen reisten wir mit Hilfe der lokalen deutschen Bergsteigerkolonie nach Puente del Inca auf der argentinischen Seite des Aconcagua. Drei Tage später stand ich mit Reinhold Messner und Wolfi Thomaseth auf dem 6959 Meter hohen Gipfel, an dessen Südwand wir im Januar 1974 einen Monat verbracht hatten. Wir waren nun schon seit 15 Jahren befreundet und freuten uns wieder über einen gemeinsamen Gipfel. Wir hatten uns wohl manchmal gegenseitig angebrüllt – so in der Südwestwand des Ama Dablam aus Angst und um unsere Haut zu retten –, aber wirklich gestritten hatten wir noch nie. Viele ehemalige Freunde hatten Reinholds Zorn zu spüren bekommen: ein Naturereignis, das Dämme und Schanzen der Vernunft einzureissen droht. Ich habe zeitlebens niemanden erlebt, bei dem ein aus Wut oder Aggression geborener Adrenalinschub eine derartige Erweiterung der Pupillen bewirkt. Opfer seiner Ausbrüche waren auf unseren Reisen chinesische Begleitoffiziere und Yaktreiber, die sich nicht an Vereinbarungen hielten, aber auch Schreiberlinge, die Unfreundliches über Reinhold aussonderten, sowie Freunde, von denen er meinte, dass sie sich auf seine Kosten profilieren wollten. Da ich diese empfindlichen Seiten meines Freundes kenne, ist mir in Ermangelung entsprechenden Konfliktpotenzials solches bislang erspart geblieben. Ich schätze Reinhold als ideenreichen, unkonventionellen und zutiefst kreativen Menschen, dessen Innerstes meist verschlossen bleibt. Er ist grosszügig und kleinlich, manchmal herzlich und trotz seiner scheinbaren Kaltschnäuzigkeit verletzlich. Menschen, welche die Fantasie und Fähigkeit haben, neue Horizonte zu erschliessen, sind meistens schwierige und unbequeme Charaktere. Ich persönlich schätze ihre Freundschaft.

Meine Eitelkeit und mein Ehrgeiz waren nun geweckt: Erst Pat Morrow und Reinhold hatten die «Seven Summits» mit Einschluss der Carstensz-Pyramide erreicht und erst fünf Bergsteiger jene Version mit dem Mount

Der Kilimandscharo. Stich aus Hans Meyers «Ostafrikanischen Gletscherfahrten», 1890

Kosciusko. Wenn ich mich beeilte, konnte ich mir noch einen Platz unter den ersten zehn sichern oder vielleicht gar unter den ersten Drei. Zwar bekräftigte ich mir selbst, dass ich auch weiterhin vor allem zum Vergnügen und zur Erholung auf Berge steige – eine weitere Trophäe zur Hebung meines Selbstwertgefühls würde aber auch nicht schaden. Zudem konnte ich den schwierigsten und höchsten sowie den am schwierigsten zu erreichenden Gipfel bereits abhaken, und ferner war am Kilimandscharo eine alte Scharte auszuwetzen.

Inzwischen kannte ich die Besteigungsgeschichte des höchsten Berges Afrikas; sie stellt ein besonders eklatantes Beispiel des Eroberungsalpinismus dar und verdient es, hier kurz nacherzählt zu werden:

Der Kilimandscharo war am 6. Oktober 1889 vom deutschen Geografen Hans Meyer und dem k. u. k. Turnlehrer Ludwig Purtscheller aus Salzburg erstmals bestiegen worden. Dieser Erfolg war eine Frucht der Zähigkeit Meyers, der beim ersten Versuch 1887 am Kraterrand aufgeben musste und beim zweiten Versuch 1888 durch aufständische Schwarze gefangen genommen und in Ketten an die Küste zurücktransportiert wurde. Meyer vermerkte mit Genugtuung den deutschen Erfolg, denn es «erschien mir fast als eine nationale Pflicht, dass der Gipfel des Kilimandscharo, wahrscheinlich des höchsten afrikanischen und zweifellos des höchsten deutschen Berges, der von einem Deutschen (Rebmann) entdeckt und von einem Deutschen (von der Decken) zuerst näher untersucht wurde, nach allen Bemühungen englischer Reisender doch zuerst von einem deutschen Fuss betreten werde».

«Seven Summits», der Fünfte: Oswald Oelz entkorkt am 11. September 1987 auf dem Kilimandscharo eine Flasche Moët-Chandon.

Dementsprechend pflanzte Meyer auf dem verwitterten Lavagipfel mit dreimaligem, von Herrn Purtscheller kräftig sekundiertem Hurra eine kleine, im Rucksack mitgetragene deutsche Fahne auf und rief frohlockend: «Mit dem Recht des ersten Ersteigers taufe ich diese bisher unbekannte namenlose Spitze des Kibo, den höchsten Punkt afrikanischer und deutscher Erde: Kaiser-Wilhelm-Spitze.»

Am 11. September 1987 bestiegen Vanessa und ich den Berg, dessen deutscher Name sich zum Glück nicht durchgesetzt hatte. Wir scheuten uns diesmal nicht, den Grossteil unseres Gepäcks schwarzen Trägern zu überantworten, die uns bis zur Kibo Hut auf 5000 Metern Höhe begleiteten. Wir wanderten geruhsam durch alle Vegetationszonen, bis wir schliesslich auf ausgetretenem Pfad in einer Wüstenlandschaft den höchsten Punkt des afrikanischen Kontinents erreichten. Anstatt eine Fahne zu hissen, entkorkte ich eine Flasche Moët-Chandon, deren Inhalt als Folge des niedrigen Luftdrucks und der Erschütterung während des Aufstiegs zum grössten Teil in die afrikanische Höhenluft entschwand. Die wenigen verbleibenden Schlucke aber mundeten uns beiden köstlich.

«Seven Summits», der Siebte: Kaukasus-Panorama im Anstieg zum Elbrus

Die Tatsache, dass angelsächsische Geografen zum Ärger der Franzosen den Elbrus (5633 m) im Kaukasus und nicht den Montblanc als höchsten Berg Europas bezeichnen, zwang mich 1989, über Moskau in den Kaukasus zu reisen. Die Briten Frederick Gardiner, Florence Crawford Grove und Horace Walker bestiegen den Berg zusammen mit dem Walliser Führer Peter Knubel erstmals am 28. Juli 1874. Sie empfanden den Aufstieg über die endlosen Schneehänge als erschöpfend und extrem langweilig. Ihre Mühen beim Aufstieg führten sie allerdings weniger auf die dünne Luft zurück als darauf, dass sie «für ernsthaftes Gehen nicht genügend trainiert gewesen seien» und die «erzwungene Abstinenz vom Wein und die veränderte Diät» sie schwächten. Offensichtlich waren sie aber verbohrte, also echte Bergsteiger, da sich nach ihrem Erfolg nur die eine Frage stellte, «wie bald man einen weiteren Berg besteigen könne».

Gemäss Vorschrift der russischen Behörden begleiteten uns zwei Führer, die uns in tiefer Sorge um unsere körperliche Verfassung in der historischen Prijut-11-Hütte auf 4050 Metern mit Krimwein und Vodka versorgten und schliesslich im eisigen Sturm auf dem Gipfel eine Flasche fast gefrierenden Krimsektes entkorkten. Dabei machte ich in den Weiten des Kaukasus künftige Ziele aus, während ich mit Vanessa und Markus Itten meinen «seventh summit» feierte – den Mount Kosciusko in Australien hatte ich nämlich drei Monate zuvor im Rahmen von Kletterferien in Australien erreicht.

«Seven Summits», die Zugabe: Martyn Williams (vorne) und Pat Morrow im Aufstieg zur Carstensz-Pyramide

Ganz zufrieden aber war ich nicht. Schliesslich behaupteten so wichtige Leute wie Reinhold Messner und Pat Morrow, dass der wirklich höchste Gipfel Australien/Ozeaniens die Carstensz-Pyramide sei, die im zentralen Hochland von Irian Jaya, dem indonesischen Teil von Neuguinea, liegt.

Die Carstensz-Pyramide ist von einem dichten, fast undurchdringlichen Urwald umgeben. Der Erstbesteiger Heinrich Harrer brauchte 1962 einige Wochen, um sich mit Hilfe von Dani-Trägern, den in einer Steinzeitkultur lebenden Bewohnern des Hochlands, zum Fuss des Berges durchzuschlagen. Dann wurde er durch eine perfekte Klettertour in festem, extrem rauem Kalk belohnt. Auch Reinhold Messner hatte bei der zweiten Besteigung 1971 etliche Mühe, sich von einer Missionsstation im Hochland zur Carstensz-Pyramide vorzuarbeiten. Noch undurchdringlicher als die Vegetation waren aber die politischen Schwierigkeiten, mit denen sich spätere Anwärter herumzuschlagen hatten: In den Siebzigerjahren setzte nämlich die Ausbeutung der 1936 entdeckten und 1960 erkundeten, immens reichen Kupfererze in unmittelbarer Umgebung des Berges ein. Da indessen die Lokalbevölkerung mit den Abfindungen nicht zufrieden war, die ihnen von der amerikanischen Mining Company und den Behörden in Jakarta geboten wurden, erfolgten wiederholt kleinere Sabotageakte auf Einrichtungen der Mine. Die indonesische Zentralregierung, welche die hauptsächliche finanzielle Nutzniesserin der Mine ist, schlug die Revolten brutal nieder; mit Maschinengewehren feuerten Soldaten aus Helikoptern auf die mit Pfeil und Bogen bewaffneten Dani-Krieger. Seither wurde das Gebiet von der Zentralgewalt in Jakarta hermetisch abgesperrt. Neben einigen indonesischen Bergsteigern hatten daher nur ganz wenige wagemutige Ausländer sich nach Messner an der Carstensz-Pyramide versucht. Meinen Freunden Markus Itten und Diego Wellig gelang dank ausgeprägter Frechheit und grosser Unbekümmertheit die erste schweizerische Besteigung – beinahe wären sie dabei von nach ihnen suchenden Militärpatrouillen erschossen worden.

Seit mir Reinhold von seiner abenteuerlichen Reise zu diesem Berg erzählt hatte, wartete ich auf eine Gelegenheit, den vom holländischen Seefahrer Jan Carstensz 1623 vom Meer aus gesichteten Berg zu ersteigen. Zahlreiche Versuche, eine Genehmigung zu bekommen, waren gescheitert. Schliesslich erreichte mich über Italien eine Nachricht vom Südpol. Reinhold, der bei seiner Antarktisdurchquerung dort während einer Nacht Station gemacht hatte, hatte erfahren, dass eine amerikanische Gruppe von der indonesischen Regierung eine Genehmigung für die Besteigung der Cars-

«Dann befanden wir uns trotz fantastisch rauer Kalkkletterei im Eisland und mussten die meisten Griffe und Tritte mit dem Hammer freilegen.» Aufstieg zur Carstensz-Pyramide

tensz-Pyramide erhalten werde, und sandte mir ihre Adresse. Nach mehreren drängenden Telefonaten meinerseits nach Phoenix, Arizona, willigte der Organisator der Gruppe, ein Mann mit direktesten Beziehungen zum amerikanischen Aussenministerium, ein, mich mitzunehmen. Später fand ich heraus, dass es die persönliche Intervention des amerikanischen Aussenministers in Jakarta war, die unsere Reise ermöglichte. Zehn Tage später traf ich die mir unbekannten Herren, unter ihnen auch Pat Morrow, in tropischer Hitze am Flugplatz von Biak in Irian Jaya. Fünf weitere Tage waren nötig, bis auch der letzte Polizeioffizier seine Unterschrift unter unser «Special permit» gesetzt hatte.

Fahrzeuge der Mining Company transportierten uns zunächst in ein Sumpfland. Von dort halfen uns lokale Träger vom Stamm der Danis beim Transport der Kletterausrüstung zum Fuss des Berges. Dies dauerte zwei Tage, dann zogen sich die Danis rasch zurück. Obwohl wir uns fast auf dem Äquator befanden, waren die Temperaturen auf 3800 Metern Höhe gegen den Gefrierpunkt gefallen, und der ständige Regen hatte sich in Schneefall gewandelt. Vom ersehnten Ziel, der Carstensz-Pyramide, waren durch den Nebel nur einige Kalkwände auszumachen.

Die folgenden Tage vergingen mit Klettereien in Rinnsalen und Wasserfällen, welche die Wände des Berges an allen Stellen zu blockieren schienen. An zwei Tagen erreichte ich den Gipfelgrat, wurde aber von dort durch den wütenden Sturm und 30 Zentimeter Neuschnee auf die Felsplatten zurückgetrieben. Die übrige Zeit sassen wir in unserem Küchenzelt, trieben sarkastische Spässe und lasen uns laut Passagen aus einem Buch mit dem ansprechenden Titel «Holidays in Hell» vor. Dann wieder bemühte ich mich in meinem Zelt erfolglos, meine Kleider über Kerzenflammen zu trocknen. Ein vorletzter Besteigungsversuch drei Tage vor meiner unaufschiebbaren Abreise endete einige hundert Meter westlich des Gipfels an senkrechtem Fels, der mit 10 Zentimetern Eis gepanzert war. Da ich nicht mit solchen Verhält-

Martyn Williams und Oswald Oelz am 16. März 1990 auf der Carstensz-Pyramide: «Das Erreichen dieses Gipfels bescherte mir einmal mehr einen orgiastischen Höhepunkt bis in die letzte Faser meines durchnässten, kalten Körpers.»

nissen gerechnet hatte, war meine Kletterausrüstung schlicht ungenügend. Bei erneuten Trocknungsübungen über der Kerzenflamme sinnierte ich über Peter Matthiessen nach, dessen Buch «Auf der Spur des Schneeleoparden» ich gerade las. Nachdem er auf seiner beschwerlichen Reise nach dem verschlossenen Dolpa in Nordnepal, deren einziger Zweck es war, den Schneeleoparden zu finden, diesen nie zu Gesicht bekommen hatte, zog er den Schluss, dass die Reise wahrscheinlich mehr Gewinn brachte, weil er eben sein Ziel nicht erreichte. Aber so recht wollte sich diese Erkenntnis, dass die Überwindung der Begierden den Pfad zum vollkommenen Glück freigebe, noch nicht einstellen.

So startete ich am 16. März 1990 zu meinem letzten entschlossenen Versuch. Pat Morrow, der die Carstensz-Pyramide nun zum zweiten Mal erklettern wollte, und der Antarktis-Veteran Martin Wylliams, den ich am Vinson-Massiv getroffen hatte, begleiteten mich. Meist kletterten wir seilfrei, überwanden einige Wasserfälle und traversierten schliesslich den langen Grat zum Hauptgipfel. An einer 40 Meter hohen, überhängenden bis senkrechten Abseilstelle liessen wir ein Seil hängen, danach befanden wir uns trotz fantastisch rauer Kalkkletterei im Eisland und mussten die meisten Griffe und Tritte mit dem Hammer freilegen. Das Erreichen dieses Gipfels bescherte mir einmal mehr einen orgiastischen Höhepunkt bis in die letzte Faser meines durchnässten, kalten Körpers. Dreieinhalb Tage später stand ich im Hörsaal und unterrichtete meine Studenten über die Ursachen von lang dauerndem Fieber.

Die ersten zehn

Besteigungen der «Seven Summits» nach Angaben von Xavier Eguskitza

	Name	Land	Geburtsdatum	Besteigung des letzten Gipfels
	Version mit Carstensz-Pyramide			
1	Patrick Morrow	Kanada	18. 10. 1952	05. 08. 1986
2	Reinhold Messner	Italien	17. 09. 1944	03. 12. 1986
3	Oswald Oelz	Schweiz	06. 02. 1943	16. 03. 1990
4	Geoff Tabin	USA	03. 07. 1956	22. 06. 1990
5	Jean-Pierre Frachon	Frankreich	12. 07. 1947	27. 11. 1991
6	Gerhard Schmatz	Deutschland	05. 06. 1929	23. 02. 1992
7	Ronald Naar	Holland	19. 04. 1955	12. 05. 1992
8	Skip Horner	USA	29. 09. 1947	12. 05. 1992
9	Keith Kerr	GB	13. 05. 1952	15. 05. 1992
10	Ralph Hoibakk	Norwegen	14. 07. 1937	24. 05. 1992

	Version mit Kosciusko			
1	Dick Bass	USA	21. 12. 1929	30. 04. 1985
2	Gerry Roach	USA	08. 09. 1943	13. 12. 1985
3	Pat Morrow	Kanada	18. 10. 1952	05. 08. 1986
4	Gerhard Schmatz	Deutschland	05. 06. 1929	02. 12. 1986
5	Reinhold Messner	Italien	17. 09. 1944	03. 12. 1986
6	Oswald Oelz	Schweiz	06. 02. 1943	20. 04. 1989
7	Phil Ershler	USA	07. 05. 1951	25. 12. 1989
8	Geoff Tabin	USA	03. 07. 1956	22. 06. 1990
9	Rob Hall	Neuseeland	14. 01. 1961	21. 11. 1990
10	Garry Ball	Neuseeland	06. 04. 1953	12. 12. 1990

Für Naomi Uemura und Dölf Reist, die Pioniere der ersten «Five Summits», ergab sich die Besteigung der fünf höchsten Berge ganz selbstverständlich im Rahmen ihres lebenslangen Bergsteigens. Für Dick Bass hingegen war es eine Gelegenheit zu zeigen, dass ein amerikanischer Manager bei guter körperlicher Kondition dank Verbissenheit, Geld und einer Portion Glück fast alles erreichen kann, was er will, während sich beim Berufsbergsteiger Pat Morrow die Freude am Klettern mit der Herausforderung durch die «Seven Summits» verband. Inzwischen sind die «Seven Summits» für profilsüchtige Geschäftsleute und eitle Bergsteiger eine weitere Trophäe zur Imagepflege geworden. Bei guter körperlicher Gesundheit, Sitzleder für lange Flugreisen und dem nötigen Geld auf dem Bankkonto sind denn auch fünf der «Seven Summits», nämlich Elbrus, Kilimandscharo, Mount McKinley, Vinson-Massiv und Aconcagua, ohne allzu grosse Probleme «machbar». Und auch die Carstensz-Pyramide kann inzwischen von geführten Gruppen ohne besondere politische Schwierigkeiten erreicht werden. Allein der Mount Everest stellt ein Nadelöhr dar, das aber mit Hilfe besonders erfahrener Führer auch passierbar geworden ist. Darum stimmen mich die Erlebnisberichte der Bergpioniere nostalgisch. Auch ich habe mir «schnelle Berge» gekauft, während die Abenteurer in der Frühzeit des Alpinismus Monate und manchmal Jahre für das Erreichen ihrer Ziele einsetzen mussten. Ihre Expeditionen waren Reisen ins Unbekannte, mit unsicherem Ausgang und mit noch schlechteren Erfolgsaussichten. Ich beneide Hans Meyer, Matthias Zurbriggen, Edmund Hillary, Heinrich Harrer, Florence Crawford Grove und all die anderen um ihre Abenteuer; sie sind heute so nicht mehr erlebbar. Trotzdem bin ich glücklich über das Privileg, einige Male hoch über den Wolken in einer anderen Welt gewesen zu sein, die, wie Herbert Tichy schreibt, nicht für den Menschen gemacht, «von der Welt abgetrennt» zu sein scheint. Das Glück der letzten Schritte auf einen Gipfel, den man sich jahrelang gewünscht hat, ist nicht beschreibbar.

Oswald Oelz, der Kleinbauer, mit seinem ersten Entenpaar Philemon und Baucis

INTRIGEN UND DIE MATTERHORN-NORDWAND

Gemäss verbreiteter Meinung stellt die Ernennung zum Lehrstuhlinhaber einer Universität oder zum Chefarzt einer Klinik das Nonplusultra einer medizinischen Karriere dar. Während vieler Jahre hatte ich gar nicht an eine solche Möglichkeit gedacht und mein Leben nach dem Axiom des grösstmöglichen Lust- und Freudengewinns gestaltet. Dies galt für meine Arbeit mit den Patienten, im Forschungslaboratorium und in der Capanna «Regina Margherita» ebenso wie beim Bergsteigen auf einer Expedition oder beim Langstreckenlauf. Patientenschicksale, Forschungsprojekte und die ewig wiederkehrende Frage, ob wir alles richtig gemacht hätten, verfolgten mich Tag und Nacht – auch wenn ich wusste, dass Fehler unvermeidbar und manchmal jede scheinbare Lösung falsch ist. Auf langen Reisen oder Expeditionen brannte ich darauf, ins Spital zurückzukommen, da ich es nicht erwarten konnte, das Schicksal meiner Patienten und neue Forschungsresultate zu erfahren und mich wieder in meine Arbeit zu stürzen. Ein befreundeter Kollege, der auf der medizinischen Stufenleiter noch etwas unter mir stand, machte mich dann an einem Frühlingstag des Jahres 1985 darauf aufmerksam, dass im Kanton Basel-Landschaft eine Chefarztstelle ausgeschrieben sei und dass ich wohl der geeignete Kandidat wäre. Ob ihn dabei rein kollegiale Sorge um meine Karriere oder auch die Tatsache trieb, dass er bei meiner Wahl eine Stufe höher rutschen würde, war mir einerlei. Da ich inzwischen Schweizer Staatsbürger geworden war, erfüllte ich die wichtigsten Voraussetzungen und bewarb mich um die ausgeschriebene Stelle. Stolz legte ich dem Schreiben meinen Lebenslauf und eine Liste meiner wissenschaftlichen Publikationen bei und nahm an, man werde jenseits des Jura beeindruckt sein. Postwendend wurde meine Bewerbung bestätigt, man werde sich für das Weitere mit mir in Verbindung setzen. Vier Wochen später bekam ich erneut Post: Man habe einen anderen gewählt, schicke mir meine Unterlagen zurück und danke für mein Interesse am Kanton Basel-Landschaft. Tatsächlich hatte man einen bestens qualifizierten Arzt aus Basel gewählt. Ich tröstete mich damit, dass ich kein Basler sei und dass im Kanton Basel-Landschaft ausser ein paar Jura-Kalkfelsen keine Möglichkeit zum Bergsteigen vorhanden war.

Ein Jahr später wurde eine Chefarztstelle an einem von Ordensschwestern betriebenen Spital in Zürich ausgeschrieben. Ich war zu jener Zeit noch immer Mitglied der Heiligen römisch-katholischen Kirche, gehörte also der falschen Religion an. Trotzdem erhielt ich mehrere Signale, mich für die Stelle zu bewerben. Ein Gespräch mit dem freundlichen weltoffenen Pfarrer, der die Schwestern und das Spital betreute, bestätigte mir, dass meine Religion keine Rolle spiele, sondern allein die medizinische Eignung. So meldete ich mich und durfte diesmal sogar vor die Wahlkommission treten. Das Gespräch war angenehm, konstruktiv und viel versprechend. Danach reiste ich zum Makalu. Bei meiner Rückkehr verheimlichte mir Vanessa zunächst den Brief, in dem mitgeteilt wurde, man habe jemanden aus Bern gewählt. Also hatte ich vielleicht doch die falsche Religion, redete ich mir zu, oder die Wahl war schon von vornherein entschieden, da sie auf den Wunschkandidaten des chirurgischen Chefarztes fiel.

Das Rennen, «die Rat race», wurde heisser, als die Chefarztposition eines anderen Zürcher Spitals ausgeschrieben wurde. Es gab einen klaren Favoriten, der auch Wunschkandidat des chirurgischen Chefarztes war. Trotzdem bewarb ich mich – ohne Erfolg. Die Wahl war schon im Voraus entschieden. Langsam begann ich an meiner Eignung und Wählbarkeit zum Chefarzt zu zweifeln. Vielleicht hatte jener Chefarzt doch recht, der Hans Peter Bircher, einem Kletterfreund und Dissertanden von mir, einmal gesagt hatte: «Aha, ich sehe, Sie haben Ihre Dissertation bei Professor Oelz gemacht. Sie müssen dann aber nicht meinen, dass Sie es so machen können wie der Oelz.»

Auf der linken Seite der Stadt Zürich liegt das Stadtspital Triemli, ein Betonkasten mit 23 Stockwerken, in dem fast alle Sparten der ganzen Medizin betrieben werden. Es stellt einen medizinischen Gegenpol zum Universitätsspital dar, an dem ich inzwischen als Stellvertreter des Ordinarius arbeitete. Das Haus war in den Sechzigerjahren gebaut worden, die Medizinische Klinik wurde seither von einem kantigen Chefarzt geführt, der ein Erbfeind meines Mentors Ruedi Froesch war und schon seit langem erklärt hatte, er werde seinen Nachfolger selbst aussuchen. Da er die Altersgrenze erreichte, kam auch für diesen Mann die Zeit, ersetzt zu werden, und seine Stelle wurde ausgeschrieben. Das Triemli war für mich eine uneinnehmbare Festung, wie Herzog Blaubarts Burg; während bald 20 Jahren hatte ich es beobachtet.

Ich wusste um einige Unterstützung von Freunden und um entschlossene Gegenwehr des abtretenden Chefarztes – ich war definitiv nicht der Wunschkandidat. Trotzdem bewarb ich mich zum vierten Mal um eine Chefarztstelle, mit dem beruhigenden Wissen im Hintergrund, dass manche Kreise der Fakultät mich auch als Kandidaten für ein Ordinariat sahen, also für die Leitung einer Klinik am Universitätsspital. Trotz erbittertem Sperrfeuer des bisherigen Stelleninhabers empfahl mich die Wahlkommission dem Stadtrat von Zürich als einzigen Kandidaten für die Chefarztposition in Innerer Medizin am Triemli. Gleichzeitig wurde in der Fakultät über meine eventuelle Beförderung zum Ordinarius und Direktor einer Klinik am Universitätsspital abgestimmt. Intensives Lobbying der Gegenseite, die vor allem mein nicht akademiekonformes Bergsteigen betonte, und der Hinweis, dass ich in einem Zeitungsinterview Schafzüchter als meinen Hauptberuf angegeben hätte, brachten mich dort auf Platz zwei. Noch zögerte ich, im Triemli zuzusagen, da meine Bande ans Universitätsspital seit 1968 fest geworden waren und ich mit vielen Freunden in harmonischem, gutem Wettstreit zusammenarbeitete. Zudem bewohnten wir inzwischen einen alten Bauernhof am Bachtel im Zürcher Oberland, wo ich eine Mikrolandwirtschaft mit der Zucht von Schafen, Enten und Gänsen betrieb, und das Universitätsspital lag näher beim Zürcher Oberland als das Triemli.

Da schenkte mir mein Freund Gert ein Paar Tiroler Steinschafe, die ich persönlich im Osten Tirols abholte. An einem grauen Dezembermorgen fuhr ich mit Agamemnon und Lisi, zwei prachtvollen Schafen, zu meinem Minibauernhof zurück. Agamemnon war ein mächtiger, scheinbar gutmütiger Bock mit eindrucksvollen Hörnern; Lisi, seine schöne Frau, war scheu und flink. Voller Stolz brachte ich die beiden Tiere zunächst getrennt von meinen übrigen Schafen unter und hiess sie mit Kraftfutter, der Lieblingsdiät der Schafe, willkommen. Vanessa brachte mir das Telefon in den Stall: Der Stadtrat wollte wissen, ob ich bei einer Wahl mein Amt am Triemlispital antreten würde. Ja, er rufe im rechten Moment an, beschied ich ihm, ich sei glücklich und könne überzeugt zusagen. Eine halbe Stunde später wurde ich zum Chefarzt gewählt.

Meine Stelle sollte ich am 1. November 1991 antreten. Zur Vorbereitung empfing mich mein Vorgänger nach über zweimonatiger Verzögerung zu einigen orientierenden Gesprächen. Unsere gegenseitige Wertschätzung wurde dadurch nicht gesteigert. Schliesslich verzichtete ich auf weitere Unterredungen, die in ewigen Wiederholungen und Monologen bestanden, und entwickelte meine Konzepte selbständig. Wie fernes Donnergrollen hörte ich im Frühsommer Gerüchte, es werde eine Kampagne gegen mich geführt, und mein Geisteszustand sei Thema spöttischer Erörterungen bei Parties gehobener Kreise, die mein Vorgänger besuchte. Eines Morgens im Juli lud mich mein künftiger Vorgesetzter, der für das Gesundheitswesen zuständige Stadtrat, zu einem Gespräch ein. Mein Vorgänger habe Hinweise,

Agamemnon, der erste Steinschafbock, in älteren Tagen. Das Lamm Darling muss mit der Flasche gefüttert werden, da es seine Mutter nicht angenommen hat.

dass ich als Folge wiederholten extremen Höhenaufenthaltes und wegen zweimal erlittener Hirnödeme an nicht mehr reparablen Gehirnschäden leide. Er, der Stadtrat, wisse selbstverständlich, dass dem nicht so sei, aber er sei ja nicht Mediziner und somit nicht berufen, meinen Gesundheitszustand zu beurteilen. Aber er mache sich Sorgen um die Zukunft des Triemlispitals, und ganz besonders fürchte er die berüchtigte scharfe Zunge und gewisse Presseverbindungen meines Vorgängers. Dieser schlage eine Untersuchung meiner höheren Denkfunktion vor.

Ich fühlte mich wie von einem Bleihammer getroffen und von zunehmender Wut erfüllt. Mein Vorgänger hatte mich noch vor zwei Jahren über den grünen Klee gelobt, als eine andere Chefarztwahl anstand und ich so entsorgt werden sollte. Nun hatte er meine Publikationsliste sorgfältig studiert und eine Arbeit mit dem Titel «Persistent cognitive impairment in climbers after repetitive exposure to extreme altitude» – Dauernde Beeinträchtigung höherer Denkfunktionen nach wiederholtem extremem Höhenaufenthalt – gefunden, auf die ich besonders stolz war. Wir hatten einige

«Dann läutete das Telefon. Mein Freund Diego Wellig rief mich aus Zermatt an, er habe übermorgen Zeit, und die Matterhorn-Nordwand sei in guter Verfassung.»

Jahre zuvor auf Grund der von Wissenschaftlern geäusserten Befürchtungen, dass Besteigungen von hohen Achttausendern ohne Sauerstoffgerät zu Hirnschädigungen führten, acht Bergsteigerfreunde untersucht, die einen oder mehrere der höchsten Achttausender (Mount Everest, K 2, Kangchendzönga, Lhotse, Makalu) ohne Sauerstoffgerät bestiegen hatten. Dabei fanden meine Kollegen aus der Neuropsychologischen Abteilung des Universitätsspitals mittels komplizierter Tests bei fünf der acht Elite-Höhenbergsteiger diskreteste Beeinträchtigungen einiger Funktionen wie des Kurzzeitgedächtnisses oder der Fähigkeit, rasch von einem Konzept zum nächsten zu wechseln. Diese Störungen waren aber nur im Laboratorium nachweisbar und für das tägliche Leben ohne jede Bedeutung. In Tat und Wahrheit waren ja alle diese acht untersuchten Höhenbergsteiger nach wie vor im zivilen Leben ausserordentlich erfolgreich. Wir hatten die Arbeit im renommierten Journal «Neurology» publiziert.

Mein Vorgänger hatte schon vor meiner Wahl eine Abklärung dieser Punkte gefordert. Dabei erfüllte ich die Voraussetzungen der Studie gar nicht, denn die höchste Höhe, die ich je ohne Sauerstoff erreicht hatte, war jene des Shisha Pangma, 8046 Meter. Trotzdem war mein Vorgänger sicher, bei mir eine starke Beeinträchtigung der Konzentrationsfähigkeit, des Frischgedächtnisses und des Erkenntnisvermögens festgestellt zu haben. Dies hatte er in mehreren vielseitigen Briefen an Behörden und Kollegen festgehalten, die mir jetzt auf meinen Wunsch hin zugestellt wurden. Am Schluss eines solchen Schreibens hielt er fest, dass «er sicher der Erste wäre, der sich freuen würde, wenn seine Vermutung einer starken Hirnschädigung bei Professor Oelz aufgrund objektiver Befunde widerlegt werden sollte». Ich schrieb eine erste und eine zweite Entgegnung, mit denen ich aber nicht zufrieden war. Ich schäumte vor Wut, und mein Kopf war ein Bienenhaus: Die Stelle in meiner Gralsburg, dem Triemlispital, war in Gefahr.

Dann läutete das Telefon. Mein Freund Diego Wellig rief mich aus Zermatt an, er habe übermorgen Zeit, und die Matterhorn-Nordwand sei in guter Verfassung. Wir hatten schon nach unserer gemeinsamen Besteigung des Shisha Pangma vereinbart, diese Wand, die ihm vertraut war, einmal zusammen zu klettern. Diego hatte versprochen, gute Bedingungen auszukundschaften. Er sollte die ganze Tour führen; ich war als Freund und Gast willkommen. Dies war meine erste Führungstour, obwohl ich schon mit vielen Führerfreunden unterwegs gewesen war.

Mit 16 war ich am Fuss der Matterhorn-Nordwand gestanden, hatte mit Schaudern hinaufgeschaut und war mir sicher, dort nie hinaufsteigen zu können und zu wollen. Im Laufe der Jahre hatte sich die Angst in respektvolle Bewunderung gewandelt, und mein Wunsch, die haltlose 1200-Meter-Flucht zu durchklettern, wurde immer grösser. Am Tag nach Diegos Telefon verhandelte ich bis um 11.40 Uhr mit der Verwaltung des Triemlispitals über allerlei Details – offensichtlich hatte man mich noch nicht ganz abgeschrieben. Um 4 Uhr nachmittags traf ich in Zermatt ein, um 6 Uhr in der Hörnlihütte. Diego kam eine halbe Stunde später mit grossem Hallo, dann warf er die meiste Ausrüstung aus meinem grossen Rucksack, denn wir mussten morgen schnell sein. Er wollte am nächsten Abend für eine nächste Führungstour am Furkapass sein, und so blieb uns für die 1200-Meter-Wand, für die normalerweise 12 bis 18 Stunden Kletterzeit, eventuell mit einem Biwak, gerechnet werden, inklusive Abstieg nur der morgige Tag.

Wir sassen in der Küche der Hütte beim freundlichen Personal, und Diego begann, Bier alternierend mit italienischem Likör zu trinken. Ich ging bald schlafen; mein Führer versprach, mich zu wecken. Gerade meinte ich eingeschlafen zu sein, als er mich schon schüttelte. Ich tappte in die Küche, wo Diego noch immer mit den zwei freundlichen Mädchen vom letzten Abend sass. Schnell waren ein paar Brocken Frühstück hinuntergewürgt, wenig später querten wir in tiefer Dunkelheit auf den Matterhorn-Gletscher. Schemenhaft ahnte ich die riesige Wand über mir, Bangigkeit und äusserste Konzentration erfüllten mein ganzes Denken. Ich wusste nicht, wie müde Diego war, und es war mir auch egal. Wir kletterten einfach am kurzen Seil gleichzeitig über die Randkluft und Hunderte von Metern über das Einstiegseisfeld. Jeder Gedanke ans Triemli und an die Kampagne wegen meines Geisteszustandes, jede Sorge um die weitere berufliche Zukunft war gewichen. Die ersten Sonnenstrahlen sahen uns am Beginn des Quergangs in die riesige Rampe, die den mittleren Teil der Wand durchzieht. Ich fühlte mich unendlich wohl, nahm begeistert den wachsenden Abgrund wahr und freute mich am satten Zug der Eisgeräte und am Biss der Frontzacken. Plötzlich stiess ich auf Diego, der sich an einem Haken festgemacht hatte und gegen die Wand lehnte. Er sagte, ihm sei speiübel und er habe schrecklichen Durst. Die Augen hielt er geschlossen, die Hände verschränkte er über dem Pickel. Eine Flasche Cola, die ich aus meinem Rucksack zauberte, löste die Krise bald, und Diego war wieder der Alte. Das selbstverständliche Steigen ging weiter. Ich wurde übermütig und überlegte mir, ob ich nicht zurückkommen und die Tour noch einmal, diesmal allein, gehen könnte. Kurz vor Mittag war die schräge Rampe überwunden; einige Stufen führten nun zur Gipfelwand. Für einmal machte Diego Stand und zog das Seil ein, wobei dieses einige Steine löste. Ein faustgrosser Brocken traf mein Knie. Ich wollte schreien, so stark war der Schmerz, ich meinte, die Kniescheibe sei zertrümmert. Gut, dass es Helikopter gibt, die einen aus einer solchen Wand herausholen, schoss es mir durch den Kopf. Diego würde jetzt um Hilfe funken, und in einer Viertelstunde würden die Engel der Luft da sein, ich könnte mich in ein Seil einklinken und wäre gerettet.

Nach zehn Stunden intensivster Kletterei: Oswald Oelz beim Gipfelkreuz auf dem Matterhorn

Nach fünf Minuten liess der Schmerz nach: keine Zertrümmerung, kein Notruf, kein Helikopter. Wir kletterten weiter. Kurz vor drei Uhr erreichten wir den Gipfel, und um halb sechs Uhr abends waren wir wieder in der Hörnlihütte. Diego brachte seinen Flüssigkeitshaushalt in Ordnung und stieg noch am gleichen Abend ab, um für die Führungstour des nächsten Tages bereit zu sein. Ich hingegen genoss den kommenden Morgen. Mit steifen, schmerzenden Muskeln stieg ich langsam ab: ein tief zufriedener Mann, der die Matterhorn-Nordwand in zehn Stunden durchstiegen hatte.

Zwei Tage später schrieb ich mit klarem Kopf einen sechsseitigen Brief an meinen Vorgänger, in dem ich seine Argumente zerpflückte. Der Herr Stadtrat erhielt eine Kopie. Von meinem Vorgänger kam postwendend eine Empfangsbestätigung zurück. Inhaltlich auf mein Schreiben einzugehen, sei wohl müssig. «Als Antwort dürfte das Zitieren eines englischen Sprichwortes genügen: ‹The proof of the pudding lies in the eating› [die Qualität des Puddings zeigt sich beim Essen]. Mit freundlichen Grüssen.»

Von da an war Ruhe. Am 1. November 1991 trat ich meine Stelle als Chefarzt an, meine beruflich erfüllteste Zeit begann. Nach weniger als sechs Monaten schrieb das «Tagblatt der Stadt Zürich» anlässlich einer Presseorientierung unseres Spitals über meinen Amtsantritt: «Bereits nach den ersten sechs Monaten weht in der Medizinischen Klinik des Stadtspitals Triemli ein deutlich frischer Wind.» Der Pudding schien geraten.

«Mit banger Freude, unsicherem Stolz und riesiger Begeisterung übernahm ich die Führung einer Klinik.» Chefarzt Oswald Oelz im Stadtspital Triemli, 1991

MENDELSSOHN UND DER WALKER-PFEILER

Mit banger Freude, unsicherem Stolz und riesiger Begeisterung übernahm ich die Führung einer Klinik, in der die neusten medizinischen Erkenntnisse und Entwicklungen zum Wohl der Patienten angewandt und eingesetzt wurden. Mir wurde bewusst, wie gross der Fortschritt in der medizinischen Theorie und Praxis war, den ich in den vergangenen 30 Jahren meiner Berufstätigkeit miterlebt hatte. So erinnerte ich mich etwa an eine Vorlesung während meines Medizinstudiums in Innsbruck, in welcher der Professor die Einpflanzung künstlicher Herzklappen als experimentelle Prozedur von für den Patienten höchst unsicherem Wert charakterisiert hatte. Jetzt konnte ich erleben, dass selbst über 80 Jahre alten Patienten, die wegen ihrer Atemnot ihr Leben nur noch im Bett hatten verbringen können, eine solche Klappe eingesetzt wurde, falls sie das wirklich wollten. Nach einigen Wochen der Rekonvaleszenz gingen diese Patienten nun dank des Geschicks der Herzchirurgen und der Betreuungsteams in einen glücklichen letzten Lebensabschnitt. Manche Patienten mit rasch tödlich verlaufenden Krebserkrankungen konnten jetzt dank hoch aggressiver Chemotherapie und nachfolgender Transfusion ihrer eigenen, vorher gewonnenen Blutstammzellen geheilt oder zumindest in eine lange krankheits- und beschwerdefreie Lebensphase gebracht werden. Als Assistenzarzt auf der Intensivstation in den frühen Siebzigerjahren hatte mich das Schicksal von Patienten mit kardiogenem Schock, also einem Pumpversagen des Herzens als Folge eines sehr grossen Herzinfarktes, besonders bewegt. Trotz des Einsatzes all unserer damaligen Mittel waren diese oft noch jungen Männer zu 90 bis 95 Prozent bereits auf der Intensivstation verstorben; die wenigen Überlebenden hatten das Spital als Invalide mit kurzer Lebenserwartung verlassen. Jetzt eröffneten unsere Herzspezialisten im Laboratorium mittels Kathetern, Ballonen und blutverdünnenden Mitteln die verschlossenen Herzkranzgefässe dieser Schwerstkranken, von denen über die Hälfte das Spital geheilt oder mit nur geringer Beeinträchtigung verliessen. 1979 betreute ich einen jungen Mann mit einer rätselhaften Lungenentzündung, an der er in der Folge starb. Wir konnten uns seine offensichtliche Abwehrschwäche erst einige Monate später erklären, als die ersten Berichte über die rätselhafte Krankheit AIDS in New York und Kalifornien veröffentlicht wurden. Unser Patient war häufig in New York gewesen und hatte offensichtlich an AIDS gelitten. Während wir in den nächsten Jahren viel über AIDS lernten, starben trotzdem fast alle unserer Patienten innert dreier Jahre nach Ausbruch der Krankheit. Nun aber waren dank intensivster Forschung Medikamente gegen das Virus verfügbar, und die Verbesserung der Lebensqualität und die Erhöhung der Lebenserwartung dieser Patienten war für alle beglückend. Ein nicht weniger wichtiger Fortschritt ist die zunehmende Respektierung der Autonomie der Patienten, die selbst mitentscheiden sollen, welche und wieviel Behandlung sie wollen. Sie werden auch, zumindest in unseren Breitengraden, im Allgemeinen nicht mehr von Göttern in Weiss belogen.

Trotzdem bleiben bei vielen unheilbaren Krankheiten nur die Linderung der Beschwerden, das einfühlsame Gespräch und der Trost. Die Hinfälligkeit des Lebens und der schliesslich schicksalshafte Zerfall zum Tod sind durch alle Fortschritte und Heldentaten der Medizin nicht behebbar, der Macher muss hier zum Tröster und Helfer werden. Hier fand ich mein Vorbild in Dr. Hércules Gastelbondo, einer Romanfigur von Gabriel García Márquez, die im Werk «Der General in seinem Labyrinth» den Befreier Südamerikas, Simón Bolívar, in seinem letzten Lebensabschnitt betreut: «Gastelbondo war ein Greis, vom Glück gesalbt, riesig und friedfertig, sein völlig kahler Schädel glänzte, und er war geduldig wie eine Wasserleiche, was allein schon fremdes Leid linderte. Seine wissenschaftliche Ungläubigkeit und Kühnheit waren an der ganzen Küste berühmt. Er verordnete Schokoladencreme mit geschmolzenem Käse für Gallenverstimmungen, gab den Rat, sich in der Benommenheit der Verdauung der Liebe hinzugeben als gutes Mittel für ein langes Leben und rauchte ohne Pause ‹Fuhrmanns-Stumpen›, die er seinen Kranken gegen jede Art von Verstimmungen des Leibes verschrieb. ‹Den anderen Ärzten sterben ebenso viele Kranke wie mir›, sagte er, ‹aber bei mir sterben sie vergnügter.›»

Für unseren Kulturkreis hat das der Philologe Iso Camartin in seinen Worten formuliert. Anlässlich einer Feier zum Staatsexamen, dem Abschluss des Medizinstudiums, sprach er zu den jungen Medizinerinnen und Medizinern: «Aber vielleicht ist eine der grossartigsten Aufgaben von Medizinern doch, jene Menschen, die sich krank fühlen, deren Lusterfahrung unterbrochen ist, wieder an die Lustquelle ihrer Lebendigkeit zurückzuführen. Sie spüren zu lassen, dass das Leben von seiner Intention her nichts so sehr wie eine Lust zu sein hätte. Es ist zu hoffen, dass Sie als Ärztinnen und Ärzte im Laufe Ihres Berufslebens vor allem kompetente Reparaturexperten für abgebrochene Lebenslust werden.»

Mit dieser Grundauffassung und mit modernsten medizinischen Mitteln durfte ich nun mein Spital mitgestalten. Ich versuchte, den Patienten Energie, Lebensfreude und Hoffnung zu vermitteln; manchmal wurde ich dabei etwas atemlos. Das Erreichen meines beruflichen Höhepunkts hatte mir einen enormen Energievorrat gebracht, der sich durch die täglichen kleinen und grösseren Erfolge – waren sie eine Heilung oder nur ein Lächeln – erneuerte. Ich habe eben den leichtesten, schwierigsten, belohnendsten und zehrendsten Beruf der Welt.

Es war keine Zeit mehr für «Selbstmordversuche an den Achttausendern», wie ich in Grusskarten an Freunde meine Eskapaden früher charakterisiert hatte. Ich hatte mir vorgenommen, niemals länger als drei Wochen vom Spital abwesend zu sein. Dieser Entschluss fiel mir nicht schwer, da ich meine drei nach der Everest-Besteigung spielerisch formulierten Lebensziele erreicht hatte: «einen Achttausender, einen Weinkeller und ein Spital». Das Bergsteigerspiel ging nun in etwas gemässigteren Formen weiter. Eine vierzehntägige Erholungsreise nach Ecuador schenkte uns die drei höchsten Vulkangipfel des Landes und zwei weitere, abgelegene Vulkane. Eine zweite Reise in die Antarktis, die, entgegen der Absicht, ein paar Erstbesteigungen zu machen, nur eine Wiederholung des Gipfelgangs zum Vinson-Massiv brachte, endete in einem Schneesturm, so dass ich schliesslich einen Funkspruch an mein Spital aufgeben konnte: «Vom Sturm in der Antarktis aufgehalten, Rückkehr ungewiss». Etwas Flair und Aufregung der früheren Jahre waren noch vorhanden – trotzdem kehrte ich rechtzeitig zurück.

Seit einigen Jahren gab es unter den Kletterern der etwas ernsteren Richtung ein neues Zauberwort, nämlich die Wendenstöcke. Diese Wandfluchten aus allerbestem Hochgebirgskalk liegen im Gadmental, im Kernland der Schweiz. Hier haben Kaspar Ochsner und seine Freunde in den Achtzigerjahren dem modernen Felsklettern in der Schweiz ein weiteres Eldorado eröffnet. Die Routen in den Wendenstöcken waren aber viel zu schwierig für mich, sie waren für die echten Cracks reserviert; Touren, in denen der siebte Grad nicht meisterhaft beherrscht werden muss, existieren praktisch nicht. Schon der Zustieg zu den verschiedenen Routen galt unter den Sportkletterern als überaus schweiss- und adrenalintreibend. Zudem wurde, vor allem in deutschen Kletterjournalen, über Furcht erregende Bohrhakenabstände berichtet, die im Falle eines Sturzes gewaltige Freiflüge garantierten. Hier war also wieder etwas so unerreichbar wie einst der Everest, eine Gralsburg, eine blaue Blume, von der ich träumen konnte. Bei einem Interview mit einem Freund war ich so mutig, meinen Wunsch zu formulieren, einmal in den Wänden der Wendenstöcke eine Tour zu klettern. Die Idee liess mich nicht mehr los, so dass ich schliesslich Kobi Reichen, einen Freund und Bergführer aus Lauenen im Berner Oberland, fragte, ob er mich da wohl einmal führen würde. Ich kannte Kobi als einen der besten Bergführer der Schweiz, er hatte einen Teil unserer Versuchspersonen auf die Capanna «Regina Margherita» geführt, und wir hatten auch einmal zusammen eine Expedition geplant, die ich dann aus beruflichen Gründen nicht antreten konnte. Kobi hatte mich beeindruckt, wie er, nachdem er eine Gruppe von Versuchspersonen zu uns in die Margherita-Hütte geführt hatte, noch schnell in einer Stunde allein durch die Lyskamm-Nordwand gestiegen war.

Kobi kletterte mit mir in den Wendenstöcken als Eingehtour die Route «Sonnenkönig», die noch schöner und eindrücklicher war, als ich mir je hätte vorstellen können. Aus vielen Gründen war meine Angst einer respektvollen Bange gewichen. Zudem würden uns die soliden Bohrhaken an den Standplätzen in den Wendenstöcken zumindest davor bewahren, bei einem grossen Sturz gleich zusammen bis ins Kar abzustürzen.

Banger Blick zum Ziel: Der Walker-Pfeiler in den Grandes Jorasses, eine der anspruchsvollsten Klettertouren in den Alpen

Die gleiche Bange erfüllte mich 14 Tage später, als wir uns in Chamonix zwischen die vielen Touristen in den Zug nach Montenvers zwängten. Unser Ziel war der Walker-Pfeiler an der Nordwand der Grandes Jorasses, den Riccardo Cassin 1938 auf einer ebenso eleganten wie anspruchsvollen Route erstmals durchstieg. Ich ertappte mich, wie ich die wohlbeleibten Touristen neben uns im Zug beneidete: Sie würden am Nachmittag wieder beim Eiskaffee in Chamonix sitzen und am Abend ein grosses Essen mit Rotwein geniessen. Morgen würden sie erneut irgendwo hinauffahren. Ich aber musste morgen über den 1200 Meter hohen Granitpfeiler klettern, dessen Beschreibung ich auswendig kannte und für den man eine Kletterzeit von 18 bis 22 Stunden – einschliesslich eines oder zweier Biwaks – rechnete. Alle Grossen hatten ihn gemacht: Gaston Rébuffat, Hermann Buhl, Reinhold Messner mit Peter Habeler und viele andere; der Walker-Pfeiler galt als die begehrenswerteste Tour in den grossen Wänden der Alpen. Meine Hoffnung auf

«Nur langsam wurde ich glücklich, als wir am Nachmittag in der Leschaux-Hütte bei einer Flasche Rotwein von den Hängen des Aconcagua unser Ziel studierten.»

Rechte Seite: «Tipptopp» – ansteigende Querung nach der 75-Meter-Verschneidung am Walker-Pfeiler

schlechtes Wetter war durch den Wetterbericht zunichte gemacht worden, und nur langsam wurde ich glücklich, als wir am Nachmittag in der Leschaux-Hütte bei einer Flasche Rotwein von den Hängen des Aconcagua unser Ziel studierten. Die Linie über dem Pfeiler erschien perfekt, die Bedingungen waren gut.

Es gibt blödsinnige Melodien, die mich beim Klettern mit irritierender Monotonie verfolgen: «Ramona, zum Abschied sag' ich dir Goodbye» ist für mich immer mit längeren Querungen verbunden, seit wir das Lied zum ersten Mal summten, als wir in die Neumann-Stanek-Route an der Sulzfluh einstiegen. Mit boshafter Hartnäckigkeit verfolgt mich seit vielen Jahren auf unzähligen Touren auch der rückfällige und daher immer wieder entzweigeschnittene Hund:

> «Ein Hund kam in die Küche
> und stahl dem Koch ein Ei,
> da nahm der Koch das Messer
> und schnitt den Hund entzwei.
> Da kamen viele Hunde
> und gruben ihm ein Grab
> und setzten drauf 'nen Grabstein,
> worauf geschrieben stand:
> Ein Hund kam in die Küche...»

In der 75-Meter-Verschneidung am Walker-Pfeiler

Kein Gedanke an andere Melodien, an Kletterstellen oder an Sex kann diesen Hund verscheuchen. Ein Song über eisgekühlte Coca-Cola verfolgt mich auf jenen sonnigen Touren, bei denen wir nicht genügend Getränke mitführen.

Am Walker-Pfeiler war dies anders. Bei der Hinfahrt nach Chamonix hatte ich mir das erste und das zweite Klavierkonzert von Felix Mendelssohn mit meinem Lieblingspianisten Murray Perahia angehört. Als ich in den schwarzen Platten des Walker-Pfeilers die ersten schweren Seillängen hinter Kobi her kletterte, tauchte schemenhaft die Melodie des zweiten Satzes des zweiten Konzertes, ein sehnsuchtsvolles Thema, auf. Sie riss einmal kurz ab, als ein riesiges Steingewitter, von spanischen Seilschaften weiter oben ausgelöst, neben uns einschlug. Dann war die Melodie wieder da, in der 75-Meter-Verschneidung, die wir fast so leichtfüssig kletterten wie das Thema durch meinen Kopf zog. Am oberen Rand der Verschneidung hatten zwei Koreaner gerade ihre Biwakausrüstung zusammengepackt, als wir, teilweise

«1200 Meter Fels bis zum Ausstieg, eine Himmelsleiter mit einem Musikthema.» Nach der Durchsteigung des Walker-Pfeilers

gleichzeitig gehend, an ihnen vorbeikletterten. «You are very fast climbing», sagte der eine noch, dann waren wir weiter. Kobi genoss die Kletterei wie ich. Er redete ständig, sein Lieblingswort «tipptopp» kam alle paar Meter, besonders dann, wenn er seine Standplätze bekanntmachte und anpries. Ich hörte «tipptopp» und Mendelssohn und kletterte. Gegen Mittag hatten wir die neun Spanier erreicht, die eine oder zwei Seillängen über ihr zweites Biwak hinausgeklettert waren. Sie erwiesen sich als wahre Meister im Auslösen von Steinlawinen, was ihnen schliesslich, als auch noch ein Pickel herunterfiel und uns nur knapp verfehlte, einen brüllenden Wutausbruch von Kobi in bestem Berner Oberländer Dialekt bescherte. Wir überholten die etwas verdatterten Spanier rechts der Route in kleinsplittrigem Fels mit eher fragwürdigen Sicherungspunkten. Kobi versicherte mir aber selbst noch, als er an einem einzigen Klemmkeil Stand machte, dass dieser «tipptopp» sei. Immer noch war ich beim zweiten Satz, nie kam ich zum dritten. 1200 Meter Fels bis zum Ausstieg, eine Himmelsleiter mit einem Musikthema. Um sechs Uhr abends genossen wir ein gepflegtes italienisches Nachtessen in der italienischen Hütte auf der Südseite der Grandes Jorasses. Natürlich mit Rotwein, wie die Touristen in der Bahn. Den armen Spaniern aber war noch ein drittes Biwak in einem Wettersturz beschert.

Auf der Heimfahrt hörte ich dann das ganze Mendelssohn-Klavierkonzert, immer wieder.

«Der pausenlose Steinschlag brachte wenigstens den Vorteil, dass er Strukturen ins Eis schlug, die als Tritte für die Steigeisen dienen konnten.» Oswald Oelz im zweiten Eisfeld in der Eigernordwand, Juli 1995

EIGERANGST

Unverwechselbar: die Eigernordwand

Meine erste Motorradreise im Herbst 1961 führte nach Grindelwald. Ganz beiläufig erwähnte ich bei der Abfahrt, dass ich mir die Eigernordwand anschauen werde, und liess mit dieser bedeutungsschweren Aussage sorgenvolle Blicke und skeptische Bemerkungen zurück. Es blieb allerdings beim beklommenen Schauen von ganz unten; die Todeswand erschien mir wie ein riesiges Monster, das ich mit gruseligem Schaudern aus sicherer Entfernung anstarren konnte. Diese Wand zu durchsteigen, das war so unmöglich und so unerreichbar, wie etwa mit Brigitte Bardot ins Bett zu gehen. Ich kannte all die Schreckensgeschichten von den tollkühnen Männern, die in den Dreissigerjahren die Wand zu durchsteigen versuchten und dabei abstürzten, der Erschöpfung zum Opfer fielen oder von den Steinschlagsalven getötet wurden. Und natürlich war mir auch die tragische Geschichte des jungen Toni Kurz vertraut, der 1936 nach langem Todeskampf frei am Seil hängend starb, vor den Augen seiner hilflosen Retter. Dann waren da die Geschichte und die Fotos der Erstdurchsteigung von 1938, als Anderl Heckmair seine drei Gefährten durch die Schneestürme und das Lawinenchaos der Gipfelwand ins Leben zurückführte. Und schliesslich erinnerte ich mich auch an die Horrorstories, die der dreizehnten Durchsteigung 1957 vorausgingen, als der sterbend im Seil hängende Stefano Longhi immer wieder «fame e freddo» gerufen hatte, während eine riesige Schar von Helfern in einer einmaligen Rettungsaktion seinen Seilgefährten Claudio Corti aus der Wand hievten.

1973 stieg ich, alle Gefühle unterdrückend, eines Nachmittags mit Wolfi Nairz in die Wand ein. In der einzigartigen Strenge unserer Umgebung verflog unsere Unbekümmertheit sehr rasch. Die nahen grünen Wiesen von Alpiglen gehörten einer anderen Welt an, wir waren im gigantischen Halbrund der Wand gefangen. Da wir am Nachmittag eingestiegen waren, biwakierten wir plangemäss im «Schwalbennest», nachdem wir den einfachen unteren Wandteil seilfrei geklettert und dann den «Schwierigen Riss» und den «Hinterstoisser-Quergang» überwunden hatten. Ich bin normalerweise mit tiefem Schlaf gesegnet, aber in jener Nacht tat ich kaum ein Auge zu. Ich fühlte einen schweren Klotz im Magen, mir war fast schlecht vor Angst, und ich fing an, verzweifelt auf schlechtes Wetter zu hoffen. Um fünf Uhr früh entdeckte ich Spuren eines verräterischen Morgenrots und fern am Horizont einige Wölkchen. Ich deutete das als Anzeichen eines nahenden Wettersturzes und erklärte Wolfi, dass ich unter diesen Umständen nicht weitergehen wolle. Auch Wolfi zögerte nicht lange, wir seilten zum «Stollenloch» ab und sassen zwei Stunden später auf der Kleinen Scheidegg. Ich war glück-

lich, nicht mehr Angst haben zu müssen, obwohl nicht eine einzige Wolke den azurblauen Himmel störte. Bei strahlendem Sommerwetter reisten wir nach Hause zurück, betonten unsere Vorsicht und waren zufrieden, dass wir uns als Eiger-Männer gezeigt hatten. Im Inneren aber wusste ich um meine Angst, die den Bauch zum Stein macht und die Kehle zusammenschnürt.

Da waren die früheren Bergsteiger doch ganz andere Männer: Eugen Guido Lammer (1863–1945) pries die Todesgefahr und war bereit, sein Leben wie einen «zerbrochenen Bergstock» hinzuwerfen. Albert Frederick Mummery (1855–1895), der viele kühne Routen in den Alpen eröffnete, beklagte sich, wie langweilig doch die Normalroute auf den Montblanc sei. Er führte, seiner Zeit weit voraus, in massloser Kühnheit seinen letzten Feldzug in der Diamir-Flanke am Nanga Parbat (8125 m), wo er 1895 verschwand. Mummery lebte im Geiste Nietzsches: «Das Geheimnis des fruchtbaren Lebens heisst: gefährlich leben: Darum baut eure Häuser an die Hänge des Vesuv», und er folgte seiner Aufforderung: «Stirb zur rechten Zeit.» George H. L. Mallory (1886–1924) empfand die Besteigungsversuche am Everest «More like war than mountaineering», und so führte ihn sein letzter Angriff am späten Nachmittag des 8. Juni 1924 gegen den Gipfel – ohne Hoffnung, jemals wiederzukehren.

Angst durften auch die Krieger nicht haben, Angst überliess man allenfalls den Lyrikern. Bergsteiger waren Helden. Selbst Empfindsame wie der Münchner Kletterer Leo Maduschka erwähnen in ihren Gedichten zwar immer wieder den Tod, aber nie die Angst. Angst zu haben, war gesellschaftlich nicht akzeptabel. Leo Maduschka starb 1932 an Unterkühlung in der Nordwestwand der Civetta in den Dolomiten, gemäss dem Bericht seines Seilgefährten nach Absingen des Münchner Bergsteigerliedes, dessen letzte Strophe beginnt: «Und habe ich einmal, so das Schicksal es will, einen tiefen Sturz getan, so trete ich wie immer gelassen und still meine letzte Bergfahrt an.» Dies ist im Buch, das Maduschkas Freunde nach seinem Tod veröffentlichten, nachzulesen. Derlei Darstellung leitet nahtlos über zum Nazi-Kitsch, der im Bereich der Alpinliteratur im Originalbericht über die Erstdurchsteigung der Eigernordwand einen Glanzpunkt findet. «Wir haben die Nordwand durchklettert über den Gipfel hinaus bis zu unserem Führer», schloss Heinrich Harrer seinen Beitrag, und folgerichtig wird denn die Audienz bei Adolf Hitler nach vollbrachter Heldentat in diesem Buch als «der schönste Lohn» bezeichnet.

Es war noch immer das Zeitalter der furchtlosen Helden, das über den Zweiten Weltkrieg hinaus dauerte und in dem die Berichte der Erstbegeher sich so lesen, «dass man sich eigentlich nicht vorstellen kann, dass jemand ausser Jesus an diesen Wänden überhaupt eine Chance hat, den Gipfel lebend zu erreichen» (Reinhard Karl).

Dabei hatten alle Angst, die Helden in den Schützengräben ebenso wie die Bergsteiger, wenn sie beim Begräbnis eines abgestürzten Freundes die nächste Tour ausmachten. Doch erst die Revolution der Achtundsechzigerjahre erlaubte ihnen, das auch auszusprechen. «Mit aller Kraft halte ich mich fest, Zittern am ganzen Körper. Angst, Angst, Angst.» Reinhard Karl beschrieb so seine ersten Klettermeter. So sehr sich seine Kletterfähigkeiten auch später steigerten, die Angst blieb doch ein vertrauter Begleiter. Ganz elend war ihm vor Angst, als er unter der Nordwand der Westlichen Zinne in den Dolomiten stand – so wie mir, als ich an einem lauen Augustmorgen mit weichen Knien zur Ostwand der Cima del Bancon stolperte, weil Gaga das so festgelegt hatte. Dass ich vor Angst ständig musste, war meinem Freund egal. Die Angst, unter den Séracs der Ama-Dablam-Südwestwand zu klettern, löschte jede andere Empfindung aus und gab mir die Kraft, so schnell zu klettern wie noch nie zuvor im Leben. Angst ist das beste Doping.

Angst ist also ein unabdingbarer Bestandteil des ernsthaften Bergsteigens, und die Überwindung dieser Angst ist eine Droge, die süchtig macht. Eine gute Dosis Angst verbessert die Aussicht auf Überleben, darum ist es manchmal weise, ihr nachzugeben. Aus diesen Gründen stieg ich erst in die Nordwand des Matterhorns ein, als sie mir nicht mehr wie eine aus Eis und Stein geformte Unmöglichkeit erschien, eine Aufgabe für Übermenschen, eine reine Todesschneise. Als ich reif war, sie mit banger Gefasstheit zu durchsteigen, ergab sich ein Höhepunkt.

Das Leben mit der Angst und die Überwindung panischer Ängste ergab sich mit den Jahren, in denen Erfahrung und Können wuchsen. Die tiefste innerste Überzeugung, die in jedem von uns steckt, dass es ja schon irgendwie gehen wird und dass wir schon irgendwie überleben werden, hatte sich bestätigt. Zudem haben die Verbesserung der Sicherheitstechnik und der gelegentliche Einsatz von Bohrhaken die Seilschaftsabstürze, über die früher manche Gruselgeschichten im Umlauf waren, seltener gemacht. Schliesslich und vor allem aber hatte ich inzwischen erfahren, dass das Leben in jedem Fall endlich ist und der Tod ein sanftes Hinübergleiten in die Auflösung sein kann. Jetzt war die Zeit für die Eigernordwand reif.

Die beklemmende Ausgesetztheit im Aufstieg zum Götterquergang

Kobi erwähnte ganz beiläufig, dass er mich einlade, mit ihm die Eigernordwand zu durchsteigen; er hatte sie schon zweimal gemacht, einmal davon im Winter. Ich zögerte keinen Augenblick, die Einladung anzunehmen, und wartete auf die Mitteilung von Kobi, die den richtigen Zeitpunkt anzeigen würde. Mein Freund, der Berufsfotograf Röbi Bösch, wollte, nachdem ich nun ein Prominenter war, die Durchsteigung für die «Schweizer Illustrierte» fotografieren. Mir gefiel diese Idee, da sie weiteren Brennstoff für meinen Narzissmus versprach. An einem Samstagnachmittag im Juli 1995 trafen wir uns auf der Kleinen Scheidegg. Röbi wurde, damit er ungestört fotografieren konnte, von einem weiteren starken Bergführer aus dem Berner Oberland, Ueli Bühler, begleitet. Die Temperaturen waren relativ hoch, einige Sturzbäche in der Wand waren sichtbar, den Steinschlag konnten wir nur ahnen. Kobi meinte, es sei alles «tipptopp». Nach einem schönen Abendessen schliefen wir zwei Stunden lang.

Um halb ein Uhr morgens schüttelte mich Kobi. Schnell war ich angezogen und würgte ein paar Stück Brot und etwas Kaffee hinunter. Alle Gefühle waren ausgeschaltet, es galt jetzt nur noch, sich so schnell wie möglich, so effizient wie möglich zu bewegen. Kobi fragte mich beiläufig, ob es mir etwas ausmache, das unterste, weniger attraktive Wandviertel auszulassen und durch den Tunnel der Jungfraubahn bis zum «Stollenloch» aufzusteigen. Nein, natürlich machte mir das nichts aus, denn ich kannte den unteren Teil der Wand ja schon, und es würde wohl niemand danach fragen, wo wir eingestiegen sind. Einen Skandal wie 1961, als Toni Hiebeler bei der Winter-Erstdurchsteigung der Eigernordwand den Aufstieg beim «Stollenloch» wegen eines Schlechtwettereinbruchs unterbrochen hatte und dies dann zu vertuschen suchte, würde es wohl nicht geben.

Nach einem halbstündigen Marsch durch den Bahntunnel öffneten wir das Tor im «Stollenloch» und traten in die dunkle Eigernordwand hinaus. Ich schwitzte vom schnellen Gehen, hatte aufgehört, mich zu orientieren, da ich ja mit drei Führern unterwegs war, von denen jeder die Wand schon durchstiegen hatte. Aber alle tapsten zuerst im steilen, brüchigen Schotter herum, und keiner fand den Weg. Dann erinnerte ich mich wieder: Gleich links von unserem Standort musste doch der «Schwierige Riss» sein, über den ich vor 22 Jahren mit Wolfi abgeseilt hatte. Der Aufstieg gelang problemlos; am «Hinterstoisser-Quergang» erschien das Purpur des ersten Morgens. Als ich mich an einem alten Seilrest festhielt, den Kobi zuvor auch belastet hatte, brach der Haken auf, und ich rutschte fünf Meter über die steile Platte,

«Die Eigernordwand ist kein Schönheitskontest, sondern zeigt die wahren Emotionen.»

bis mich Kobis Seil hielt. Ich war nicht einmal erschrocken und kletterte sofort weiter. Wenig später erreichten wir das «Schwalbennest». Das erste Eisfeld existiert seit einigen Jahren wegen der Ausaperung nicht mehr; wir trafen abgeschliffene Platten mit einer Auflage aus feinem Sand und dünnem Eis an. Röbi hatte mir davon schon erzählt, diese Seillängen bis zum zweiten Eisfeld seien wegen einer kaum einen Millimeter dicken Eisglasur das Gefährlichste, was er je geklettert sei, und wären ein guter Grund, die Eigernordwand nicht noch einmal zu durchsteigen. Auch die Standplätze weckten wenig Vertrauen. Alte Haken, die zu einem Drittel im Fels stecken und dann abgebogen sind, garniert mit alten Seilfetzen: Das ist Eigeratmosphäre!

Das Erreichen des zweiten Eisfeldes bedeutete Erleichterung und stetiges Steigen. Der pausenlose Steinschlag brachte wenigstens den Vorteil, dass er Strukturen ins Eis schlug, die als Tritte für die Steigeisen dienen konnten. Dann kamen wir zum «Todesbiwak». Wir machten zehn Minuten Pause, würgten einen Riegel hinunter und spülten mit Tee. Röbi fotografierte mich dabei. Ein paar Tage später fragte er mich, ob er das Foto, das mich selbst nach seiner Meinung nicht von meiner vorteilhaftesten Seite zeige, publizieren dürfe. Die Eigernordwand ist kein Schönheitskontest, sondern zeigt die wahren Emotionen, also durfte das Foto gebracht werden.

Die Eigernordwand ist auch kein Ort für Melodien. Mich verfolgten weder «Eisgekühlte Coca-Cola» noch ein Konzertstück; ich war ausschliesslich darauf konzentriert, so schnell wie möglich, so gut wie möglich, so hoch wie möglich zu steigen. Doch plötzlich kam ein Schnitt: Ganz intensiv trat eine Patientin in mein Bewusstsein, die uns 14 Tage zuvor zugewiesen worden war. Zwei Jahre zuvor war sie wegen Brustkrebs operiert worden. Sie schien geheilt. Nun war sie zur Abklärung von Rückenschmerzen ins Spital eingetreten. Innert Stunden wusste ich auf Grund der modernen Untersuchungsmethoden, dass ihre Knochen, ihre Leber und ihre Lungen von Krebs durchsetzt waren und dass sie, wenn nicht ein Wunder geschah, innert weniger Monate sterben würde. Dies ist der Nachteil der modernen Untersuchungsmethoden; sie schaffen meist sehr schnell und gnadenlos Klarheit, wo man früher nicht sicher war und den Patienten vertrösten konnte. Die

Frau nahm meine Erklärungen gelassen auf, der Gedanke an ihre Kinder stimmte sie traurig. Wir beschlossen gemeinsam, eine Chemo- und Strahlentherapie zu versuchen, wohl wissend, dass die Aussichten auf einen Erfolg sehr gering waren. Das unentrinnbare Schicksal dieser Frau verfolgte mich. Konnten wir ihr noch mehr Chemotherapeutika, noch mehr Strahlen zumuten, verbesserten diese ihre Lebensqualität in der kurzen Spanne, die sie noch zu leben hatte?

«Ich war ausschliesslich darauf konzentriert, so schnell wie möglich, so gut wie möglich, so hoch wie möglich zu steigen.» Im zweiten Eisfeld

Die «Rampe» kletterten wir schnell, ich konnte mich zum Sichern jeweils an mehrere alte Haken binden, die Kobi mit fantasievollen Schlingenarrangements verbunden hatte. Ich erlebte die Geschichte des Quarzrisses, in dem Hermann Buhl und Lionel Terray aufs Äusserste gekämpft hatten, das steile «Rampeneisfeld», den «Brüchigen Riss» und die beklemmende Ausgesetztheit im Aufstieg zum «Götterquergang». Die rasch aufziehenden Nebel am bröseligen Kalk des «Götterquergangs» verhinderten gnädig den weiteren Blick in die Tiefe und bestätigten einmal mehr den Ausruf von Reinhard Karl: «Mein Gott, was ist dieser Berg für ein Schutthaufen!»

«Ich konnte mich zum Sichern jeweils an mehrere alte Haken binden, die Kobi mit fantasievollen Schlingenarrangements verbunden hatte.» Kobi Reichen sichert den nachkommenden Oswald Oelz in der «Spinne».

Zehn Meter vor dem Ende des «Götterquergangs», der von links nach rechts ins Eisfeld der «Spinne» führt, machten wir Stand. Röbi bat Kobi, einen Moment zu warten, um mit Ueli in die «Spinne» vorauszuklettern und uns von oben in der Eisrinne über dem riesigen Abgrund zu fotografieren. In diesem Moment wurde der Hintergrundsound der vielen kleinen Steinbröckel, der uns seit dem zweiten Eisfeld begleitet, vom Krachen einer grösseren Steinlawine übertönt. Ein ganzes infernalisches Orchester aus Sirren, Pfeifen und Krachen legte mit Furioso los, die Einschläge waren die chaotischen Taktgeber. Kobi wurde innert eines Augenblicks zur gestressten Kampfmaschine: «Schluss mit Fötele, i Deckig und use!» Durch die «Spinne» hetzte uns die Angst, erst am oberen Rand, unter dem Schutz eines Überhangs, durfte Röbi wieder in Ruhe fotografieren. Dann begann es zu schneien. Die ganze Schweiz litt unter Hitze und Sonnenbrand, aber hier, im Konkav der Eigernordwand, schneite es heftig, stürmte es, und bald zeigten sich kleine Sturzbäche. Ich fühlte eine ruhige Zuversicht, mit Kobi würde ich diese Ausstiegsrisse, mit denen Anderl Heckmair und Hermann Buhl mit letzten Kräften gekämpft hatten, sicher durchsteigen. Ich hatte meine Angst

Nach 16 Stunden Eigerangst die Erleichterung auf dem Gipfel: Kobi Reichen und Oswald Oelz

nicht abgelegt, aber sie war zur gefassten Beklommenheit geworden. Sie war da zusammen mit der Freude im Brodeln der Emotionen: eine Bange, die auch unseren Gang ins unbekannte Land begleiten wird, den wir dereinst alle antreten werden.

Kobi kletterte voraus durch alle Sturzbäche. Wir hatten noch genügend Licht, um am selben Tag zum Gipfel zu kommen. Ein Stein traf meinen Zeigefinger und schmerzte höllisch, aber das kalte Wasser und der Schnee kühlten rasch. Später sollte ich davon monatelang das Andenken eines blutunterlaufenen Nagels und eines dicken Fingers herumtragen. Dann waren die Ausstiegsrisse zu Ende, Kobi war schon nach links ins Gipfeleisfeld gequert, wo Dougal Haston bei der Wintererstbegehung der Harlin-Direttissima bei minus 30 Grad Celsius und Winden von 140 Stundenkilometern Geschwindigkeit überleben musste. Für uns aber hörte der Schneefall nun auf. Tief unten zwischen den Nebeln ahnten wir grüne Wiesen. Tritt um Tritt liess ich die Eigernordwand unter mir, es war ein erlösendes Aus-Steigen. Um sieben Uhr abends waren wir auf dem Gipfel und um 0.30 Uhr wieder an unserem Ausgangspunkt, der Station Eigergletscher. Zwei Flaschen Bier und traumloses Schlafen beendeten diesen mit einem 23-Stunden-Trip erfüllten Sonntag.

Meine Patienten besuchte ich erst am Montagnachmittag. Ihr Kommentar zu meinen verpflasterten Fingern: «Aha, der Herr Professor war also am Sonntag wieder bergsteigen.»

Einsames Abenteuer in der Grossen Mauer am Heiligkreuzkofel in den Dolomiten

KLETTERN IM ALTER: PLAISIR, DOLOMITEN-STAND-PLÄTZE UND SANDSTEIN

Hans Peter Eisendle

In der Schweiz gibt es perfekt abgesicherte Plaisir-Routen mit zwei Bohrhaken am Standplatz und soliden Bohrhaken alle paar Meter dazwischen. Wer hier nicht grundlegende Fehler macht, kann fast absolut sicher turnen und das reine Klettervergnügen erleben. Ich liebe solches Plaisir, wenn ich einfach unbeschwert geniessen will, und freue mich auf meine Pensionistenzeit, wenn am Morgen die schwierige Entscheidung zwischen einer Skitour, einer sonnigen Plaisir-Kalkwand oder einer Kombination beider Möglichkeiten zu fällen ist. Dass ich jemals plaisirartige Treckings und geführte Reise aus dem Katalog in Anspruch nehmen werde, halte ich dagegen für unwahrscheinlich. Zu sehr stört mich der Gedanke eines vorbestimmten Weges und Rastplatzes und die Vorstellung, dass mich jemand anweist, was ich zu tun habe. Ich will meinen Weg selbst suchen, schätze die Herausforderung der Ungewissheit und die Freude, etwas für mich allein zu entdecken. So habe ich in den letzten Jahren mit kleinen Freundesgruppen Reisen zum Ruwenzori in Zentralafrika, nach Bolivien, Dolpa und zu weiteren Plätzen, die ich nicht verraten möchte, unternommen. Jeder Tag war frei bestimmt und ein Erleben von Unbekanntem. Diese Freiheit will ich behalten.

Plaisir, «Sanierung» klassischer Routen und «Erschliessung» sind Ausdruck unseres letzten Endes zum Fluch gewordenen Auftrages, uns die Erde untertan zu machen. So wird auch das Unbekannte in den Bergen der Welt gegenwärtig mit einer Schnelligkeit zerstört, die dem Tempo der Vernichtung des Regenwaldes um nichts nachsteht. Wände, durch die vor dreissig Jahren ein einziger oder gar kein Anstieg geführt hat, sind heute von einem Spinnennetz von Routen überzogen, mit denen sich die Erschliesser ein Denkmal setzten. Berufsmässige Erstbegeher eröffnen jedes Jahr Dutzende neuer Routen, zuweilen gar unter dem Motto: «eine Erstbegehung pro Tag». Es herrscht die panische Endzeitstimmung des Schlussverkaufs; das Unbekannte, Geheimnisvolle steht zur Disposition. Bislang hat sich diese Entwicklung auf relativ leicht zugängliche Gebiete beschränkt, nach deren kompletter «Erschliessung und Sanierung» wird nun auch Potenzial in Madagaskar, Grönland und der Antarktis geortet und der Bohrer daselbst angesetzt. Egal, wieviel wir schon haben: Wir alle wollen mehr, und wir schonen nichts. Auch ich funktioniere so.

Dafür werden die alten, klassischen Routen einsam. In den letzten Jahren hatte ich das Privileg, mit meinem Freund Hans Peter Eisendle einige der grossen Touren in den Dolomiten zu klettern. Mit Ausnahme der Nordwand der Grossen Zinne trafen wir nirgendwo andere Seilschaften, denn diese klinken glücklicherweise lieber Bolts in Arco. Die klassischen Routen weisen keine Schwierigkeiten der obersten Grade auf – das ist gut so für mich, da ich zu meinem tiefen Schmerz trotz aller Bemühungen nach wie vor einfach nichts klettern kann, was den siebten Schwierigkeitsgrad übersteigt, und auch dort schon mit allerlei schmutzigen Tricks arbeiten muss. Die Frage ist hier nicht «to bolt or not to be» wie in den Wendenstöcken, sondern dass man die Route findet, das sichere Klettern bei wechselnder Gesteinsqualität beherrscht sowie die Fähigkeit, die natürlichen Sicherungsmöglichkeiten auszunützen. Hans Peter, einer der besten Dolomiten-Kletterer der letzten 20 Jahre, erklärte mir denn auch immer wieder mit der sanftesten Stimme der Welt, wie sicher seine Standplätze an einem oder zwei Haken dank zusätzlicher Keile seien, und beruhigte meine flatternden Nerven mit dem Hinweis, dass sich in den schweren Dolomiten-Routen in den letzten Jahren kein Absturz einer Seilschaft bis ins Kar ereignet habe. So werden die Cassin-Führe am Torre Trieste, der Pilastro Detassis der Cima Tossa und die «Modernen Zeiten» in der Marmolada zu einsamen Abenteuern, denen ein letzter Rest Ungewissheit bleibt. Es bleibt nur zu hoffen, dass diese Abenteuer nicht «saniert» und damit zerstört werden. Und es ist zu wünschen, dass wir in letzter Minute lernen, mit unseren Ressourcen sparsam, schonend und sensibel umzugehen, um einen Rest der geliebten Wildnis zu erhalten. Dazu brauchen wir Toleranz und Bescheidenheit statt Gier.

An der Chandelle am Frêney-Pfeiler im Montblanc-Massiv

Wildnis und Abenteuer dieser feineren Sorte habe ich in den letzten Jahren mehrfach mit meinem Freund Röbi Bösch an den Sandsteintürmen des Wadi Rum in Jordanien gefunden. Es ist jene Landschaft, in welcher der Film «Lawrence of Arabia» gedreht wurde, der damals, in den Sechzigerjahren, das Interesse mancher bergsteigender Filmbesucher geweckt haben mag.

Im Herbst 1984 erkundete ein Team englischer Kletterer auf Einladung des jordanischen Tourismusministeriums, geführt von den dort lebenden Beduinen, einige dieser Gipfel. In den folgenden Jahren wurde eine sanfte Erschliessung eingeleitet. Traumhaft schöne Routen mit ansprechenden Namen wie «Beauty» oder «Alan and his perverse frog» stammen aus jener Zeit. Sie folgen natürlichen Linien und wurden mittels Keilen, Schlingen und Normalhaken abgesichert. Wenn es einmal wirklich nicht anders möglich war, so wurde zwar ein Loch gebohrt, darin aber irgendeine Konstruktion von Normalhaken versenkt, wie etwa am Ende des 6b-Quergangs in «Alan and his perverse frog». Solche Standplätze stellen dann gehobene Anforderung an die «Moral».

Dr. Kurt Schoisswohl alias Gaga, der Überlebende zahlreicher Horrorstürze, in reiferen Jahren (oben). Zum Glück lässt sich der Trockenheit in der jordanischen Wüste abhelfen: Röbi Bösch, Oswald Oelz und Corinna Bösch im Wadi Rum

Die nächste Erschliessungsperiode wurde vom Salzburger Bergsteiger Albert Precht und von seinen Freunden dominiert. Albert hatte 1974 an unserer Makalu-Südwand-Expedition teilgenommen, in der Höhe meist unter Kopfweh gelitten und sich deswegen ganz dem Felsklettern verschrieben. Er gilt als der reinste Vertreter eines eleganten und bohrhakenfreien Kletterstils. Mit dieser absoluten «No Bolt»-Ethik eröffneten Albert und seine Freunde bei österlichen Feldzügen im Wadi Rum überaus kühne Anstiege durch offene, grosse Wände von bis zu 22 Seillängen und mit Schwierigkeiten bis zum achten Grad. Die meisten dieser Routen sind wohl auch wegen der hohen

Die roten Sandsteintürme des Wadi Rum

«moralischen Ansprüche» noch nicht wiederholt worden. Precht zieht denn auch kompromisslos gegen den Einsatz von Bohrhaken im Wadi Rum zu Felde: «Es ist sinnlos, mit Bohrmaschinen das Abenteuer niederzurasieren. Der Fels im Wadi Rum ist für die furchtbare Brutalität der Bohrmaschinen nicht geeignet, die Haken brechen nach wenigen Jahren aus. Die Routen sollten mit mehr Mut und Sinn fürs Abenteuer eröffnet werden und die Felsen so unberührt wie irgend möglich gelassen werden.»

Soviel Kletterethik ist für Erschliesser mit weniger starken Nerven zuviel. Neben schwierigen, durch Bolts gesicherten Einseillängen-Routen bis zum neunten Schwierigkeitsgrad wurden bei der angeblich derzeit schwierigsten Route «Raid mit the Camel» Bohrhaken an den Standplätzen verwendet.

Mit der Zeit hatten sich Röbi und ich im Wadi Rum etwas an den Sandstein gewöhnt. Das ist auch wirklich nötig, da viele der anvisierten Griffe mit einem Geräusch wie indisches Fladenbrot zerbrechen. Nach Regenfällen werden diese Formationen noch brüchiger. So hat Röbi eine Brüchigkeits-Skala für das Wadi Rum entwickelt: Sehr brüchig bedeutet, dass die Griffe bereits bei Berührung zerbröseln; brüchig heisst, dass ein Stein, der aus einem Meter Höhe zu Boden fällt, sich in einen Sandhaufen verwandelt; alles andere ist guter und fester Fels.

Nach solcher Einführung und Gewöhnung hatten wir uns für den Abschluss unserer zweiten Reise zwei besonders gepriesene Routen mit gebohrten Standhaken vorgenommen: Vater und Sohn Edwards eröffneten im

Traditionelle Standsicherung in «The Beauty»

Rechte Seite: «Abenteuerlich war die vierte Seillänge an einer filigranen, weit abstehenden Schuppe, die in einen Quergang an winzigsten Leistchen überging.» In der Route «Raid mit the Camel»

März 1987 «Lion heart» am Jebel-Rum-Massiv und beschrieben diese Route als eine der besten, die sie je gemacht hätten. Spätere Wiederholer charakterisierten sie gar als «A world classic». Auch wir waren begeistert, und zum Glück wurden die strapazierten Nerven alternder Erlebnis-Bergsteiger an jedem Standplatz durch zwei solid anmutende Bohrhaken beruhigt. Dazwischen fand sich anspruchsvolle Kletterei, die selbst abgesichert werden musste.

Für den letzten Tag hatten wir uns die Route «Raid mit the Camel» vorgenommen. Sie ist eine Kreation der Südtiroler Helmut Gargitter, Claus Obrist und Christoph Hainz und wurde von ihnen gänzlich frei geklettert. In den dreizehn Seillängen platzierten die Erstbegeher 23 Bohrhaken, einschliesslich ein bis zwei Bohrhaken an den Standplätzen. Gemäss Urteil der Zweitbegeher handelt es sich um «Another world classic» mit «excellent bolts».

Die Einstiegsseillänge mit 6a+ erlaubt eine kurze Eingewöhnung auf ausserordentlich kompaktem, verlässlichem Sandstein. Die nächsten drei Seillängen in 6c bis 7a folgen einem senkrechten bis überhängenden kompakten Riss mit einigen der hässlichen, aber sehr spärlich platzierten Bohrhaken. Dazwischen bleibt noch reichlich freier Raum für dringend benötigte Keile. Röbi hatte für die wahrscheinlich dritte Begehung beschlossen, alles «on sight» zu gehen, also jede Stelle im ersten Versuch gänzlich frei zu klettern, und er tat dies auch. Für mich waren diese Seillängen wiederum hoffnungslos zu schwer, so dass ich tief in meine Rostpunkt-Trickkiste greifen musste, mich an Bohrhaken klammerte und an Keilen festhielt. Abenteuerlich und eindrücklich war die vierte dieser Längen an einer filigranen, weit abstehenden Schuppe, die in einen Quergang an winzigsten Leistchen überging. Ich konnte hier nur innigst hoffen, dass diese auch wirklich hielten. Dann begann senkrechtes griffiges Wunderland von 5+ bis 6a. Wäre dies Kalk gewesen, so hatten wir wohl geschrien vor lauter Lust; das Flow-Erlebnis wäre garantiert gewesen. Im Sandstein aber resultierte der Endorphin-Schub aus einer weiterhin kontinuierlichen Adrenalinsekretion, da wir gelernt hatten, vor allem grossen, gut aussehenden Griffen nicht zu trauen. Ich sagte mir: «Dies ist die letzte Tour, die ich im Wadi Rum klettere. Wenn wir die angeblich zur Zeit schwerste Tour abgehakt haben, brauchen wir hierher nicht mehr zurückzukehren, das

«Mit der Zeit hatten sich Röbi und ich im Wadi Rum etwas an den Sandstein gewöhnt.» Die Route «Merlin's Crack»

Gebiet ist dann erledigt, nie zurück.» Die neunte Seillänge schlängelte sich senkrecht bis überhängend durch krümelnde Ausbuchtungen und bröselnde Sanduhren. «Ja, hier geht's durch», hatten die Zweitbegeher geschrieben, so unglaublich es aussieht. Es folgten die drei letzten Seillängen in 6b bis 6b+ vom feinsten Sandstein. Die Leistchen schienen zu halten, und der Ruf des Muezzins, der uns schon zwei-, dreimal während des Tages erreicht hatte, drang zum letzten Mal aus Wadi Rum in unsere isolierte Welt. Die Spannung blieb auch noch während des Abseilens erhalten, da die ständige Ungewissheit bestand, ob sich die Seile an einem oder mehreren der unzählbaren lauernden Vorsprünge verhängen. Nur mein angegrautes Haar verhinderte dann tatsächlich schon beim zweiten Abziehversuch übelste Zornausbrüche von Röbi: Die Seile bewegten sich nicht, ich hatte den Knoten nicht über eine zweite Kante heruntergezogen. Schliesslich klappte es dank engagiertem Schütteln und Reissen doch noch, und die Abfahrt fand ihre Fortsetzung. Der eine oder andere der «excellent bolts» wackelte zwar, aber es waren ja immer zwei an jedem Standplatz. Ewig werden diese allerdings nicht halten. Dann zogen wir zum letzten Mal unsere Seile ab, problemlos, nie zurück.

Am nächsten Morgen blickten wir noch einmal in die Ostwand des Jebel Rum und dann, als wir hinausfuhren, verstohlen auf die andere Talseite. Schliesslich warteten hier noch die Routen «Stairways to heaven» und «Traumfrau», denn eigentlich musste ich ja jetzt doch einmal eine Route von Albert Precht klettern.

Selbst Routen, die schon von zahllosen Partien durchklettert worden sind, können ihre Geheimnisse bewahren. Voraussetzung dafür ist aber, dass

sie nicht kaputt saniert werden. Das Reinigungspotenzial des Gebirges ist intakt und wirksam. Der Khumbu-Eisfall am Mount Everest würde sich nach ein bis zwei «expeditionsfreien» Jahren seiner Stricke und Leitern entledigt haben, und die Bohrhaken des Wadi Rum fallen in einem oder zwei Jahrzehnten aus dem Sandstein wie die Zähne im dritten Lebensabschnitt aus dem Kiefer. Der Bonatti-Pfeiler in den Drus hat seine Haken samt Griffen abgeworfen und gibt sich wieder unberührt. Und der Frêney-Pfeiler am Montblanc hat die Bergsteiger verloren, da der Anstieg wegen der Eisschmelze noch problematischer geworden ist und gebohrte Haken fehlen.

Wahrscheinlich wird es noch Hunderte von Jahren dauern, bis Kletterrouten wie die «Blaue Lagune» in den Wendenstöcken oder die «Silbergeier» an der vierten Kirchlispitze vom Schweiss zu vieler Kletterer blankpoliert sind. Aber dann wird es wohl so oder so keine Kletterer mehr geben, und selbst die Fleischbank-Ostwand wird sich regenerieren. Dies ist für die Zukunft der Gebirge tröstlich. Für unsere Zeit aber müssen gerade jene die Plaisir-Reservate tolerieren, die dagegen zu Felde ziehen. Denn da sie Zirkusplatz für viele sind, helfen sie, das Abenteuer und die Einsamkeit an anderen Orten zu bewahren.

«Selbst Routen, die schon von zahllosen Partien durchklettert worden sind, können ihre Geheimnisse bewahren.» «Excalibur» in den Wendenstöcken

Die Augen Buddhas.
Stupa in Bodnath,
Katmandu

EPILOG – AUF DEM WASSER ZU SINGEN

Albert Frederick Mummery (1855–1895)

Die Berge meiner Jugend waren Krücken, mit denen ich mein werdendes schwaches Ego stützte, Trophäen, die ich zunächst unfreiwillig, dann getrieben vom eigenen Ehrgeiz sammelte. An diesem Zwang, Trophäen zu sammeln, hat sich trotz zunehmend weisser Haare nichts geändert; Erfolge beim Bergsteigen sind auch heute eine wesentliche Stütze meines Selbstbewusstseins. In einigen Jahren, wenn mich der Stadtrat von Zürich in den Ruhestand versetzt, werde ich denn auch wieder vermehrt auf Trophäen-Jagd gehen und alle jene kleineren und grösseren Exemplare, die ich noch ergattern kann, einfangen. So beruhige ich heute mein schlechtes Gewissen wegen der Vernachlässigung meiner bergsteigerischen Aufgaben. Man muss arbeiten, und wenn man nicht arbeitet, muss man bergsteigen, sagte meine Mutter. Sie meinte damit aber wohl, man müsse arbeiten, um die nötigen Mittel fürs Bergsteigen zu verdienen. Möglicherweise könnte mich eine Psychoanalyse von diesem Zwang befreien und mir nach Jahren auf der Couch ein ruhiges Sitzen in der Sonne oder friedliches Gehen im Wald ermöglichen.

Mein Zwang ist aber mit einer Hassliebe verbunden: So sehr ich ihn jahrzehntelang beim mühseligen morgendlichen Stolpern zu einem Einstieg, beim bangen Warten an einem unsicheren Standplatz oder bei der Qual unendlichen atemlosen Höhersteigens verflucht habe, so sehr habe ich ihn spätestens nach vollbrachter Tat geliebt und nach neuem Stoff gesucht. So stiegen wir nach dem Walker-Pfeiler müde und unendlich zufrieden auf der italienischen Seite der Grandes Jorasses zu Tal, aber unsere Augen und unsere Wünsche waren schon auf den uns gegenüber aufragenden Frêney-Pfeiler des Montblanc gerichtet. Das tausendfache Warum des Morgens war wie immer spätestens vom Gipfelwind davongeweht worden. Alle Wege enden letztendlich in Glück, manchmal in orgiastischem Glück: Die Welt ist nie vollkommener als am Endpunkt eines hohen Gipfels. Das Glück, ein lang ersehntes und umworbenes Ziel zu erreichen, das Glück der makellosen Schönheit und das Glück des ausgelaugten, schmerzenden, erschöpften Körpers mit der vollständig zufriedenen Seele ist alle Antwort auf das Warum. Aus diesen Gründen sind die hohen Berge und die grossen Touren die Inseln im Ozean meines Lebens; sie gleichen den Eisriesen der Ellsworth Mountains über dem wattigen Nebelmeer der Antarktis. Die Landmarken meiner Lebensjahre sind nicht die beruflichen Erfolge, sondern die Endpunkte über den Wolken.

«Inseln im Ozean meines Lebens» – in der Antarktis

Für Albert Frederick Mummery (1855–1895), einen der Väter des modernen Alpinismus, war Bergsteigen Balsam gegen die Enttäuschungen in einer eifersüchtigen und missgünstigen Umgebung, die ihm unter anderem die Aufnahme in den elitären «Alpine Club» verweigerte. In fast poetischen Worten schildert er, wie das Erlebnis der Gebirgslandschaft die Seele erleichtert und stärkt: «But happily to most of us the great brown slabs bending over into immeasurable space, the lines and curves of the wind-moulded cornice, the delicate undulations of the fissured snow, are old and trusted friends, ever luring us to health and fun and laughter, and enabling us to bid a sturdy defiance to all the ills that time and life oppose.» Den gleichen Gedanken formulierte Friedrich Nietzsche in etwas anderer Form: «Wer auf den höchsten Berg steigt, der lacht über alle Trauerspiele und Trauerernste.» So war auch mir das Bergsteigen Heilmittel gegen Erschöpfung, Frustration und Trauer, gegen den Ärger über den Übermut und die Unfähigkeit der Ämter und Direktionen – und manchmal auch gegen die Pein verschmähter Liebe. Vor allem aber gab es mir immer wieder die Energie für die erschöpfende Praxis der Medizin. So sehr mein Beruf der wichtigste Inhalt und die tägliche Freude meines Lebens ist, die dem Gebenden unaufhörlich zurückgibt, so ist die medizinische Tätigkeit doch letzten Endes immer eine Sisyphusarbeit: Einmal sterben ja alle, die Patienten und wir selbst auch. Die Begleitung im unausweichlichen Sterbeprozess und die Hilfe für einen guten Tod vermitteln wohl tiefe Erlebnisse, aber sie zehren. Und noch mehr belasten die unfassbaren Tragödien wie jene der jungen Mutter, die an Brustkrebs stirbt, jene des 23-jährigen Mannes, der fassungslos seinen Schmerz hinausschreit, als er erfährt, dass er an seinem Knochentumor sterben wird, oder jene des 19-jährigen blonden Mannequins, das beim Wasserskifahren seine Halsschlagader verletzt, eine Seite des Gehirns verliert und ein Leben lang einseitig gelähmt sein wird. Auch nach mehr als 30 Jahren ärztlichen Tuns verfolgen mich solche Patientenschicksale, so wie auch die Trauer des Gatten, der nach 50 Ehejahren seine Frau verliert, bis in die Träume. Das Gehen im Himalaja oder das Klettern in den Wendenstöcken bringen dann zwar keine Distanz, aber die Kraft, das zu ertragen.

Das Erreichen eines bergsteigerischen Ziels bedeutet Erfolg und «Heldentum», also erstrebenswerte Ziele unserer Gesellschaft. Gabriel García Márquez meint, dass dafür die Mütter und die Frauen verantwortlich sind, deren Vorgängerinnen, die griechischen Frauen, ihren Männern und Söhnen, die in den Krieg zogen, nachriefen: «Kehrt zurück mit dem Schild oder auf dem Schild, aber nicht ohne den Schild», also: «Kommt als Sieger oder als Tote, aber nicht als Besiegte zurück.»

Es ist mir unmöglich, die Bedeutung der Mütter gegen jene unserer Aggressionsgene bei der Werdung unseres Machismo aufzuwiegen, aber Machos, Rad schlagende Pfaue sind wir alle. Wir halten uns selbst für unendlich wichtig, für den Nabel der Welt, und versuchen krampfhaft, die geahnte eigene Bedeutungslosigkeit zu übertünchen. Darum reflektieren die einen mit Timbre über sich selbst als Bundesrat, Obersargträger, Direktor, Koordinator einer Bedürfnisanstalt oder Chefarzt, die anderen meinen, die Bergsteigerei oder die Zucht von Tiroler Steinschafen hebe sie aus der Masse. Dabei werden wir alle, ob Bergsteiger oder Dichter, uns bald unentrinnbar auflösen wie Trillionen von Eiskristallen in jeder Sekunde, sobald die Sonne durch den Nebel dringt. Dies wird in einem schwingenden Universum geschehen, dessen Unvorstellbarkeit mir am anschaulichsten wurde, als ich vom Urknall in der Frühgeschichte des Kosmos las. In der Inflationsperiode, vom Moment, als das Universum 10^{-35} Sekunden alt war, bis zum Zeitpunkt, als es 10^{-33} Sekunden alt wurde, dehnte es sich von weniger als der Grösse eines Atoms, also von 10^{-11} Metern, auf die Grösse einer Grapefruit aus; das Licht reist in dieser Zeit nur gerade 3×10^{-25} Meter! Seither dauert dieser Prozess 15 Milliarden Jahre an. Wir sind in diesem stellaren Gefüge universellen Auseinanderfliegens so wichtig wie ein Kolibakterium im Darm einer Maus, die von meiner Katze Ophelia gefressen wird. So verlieren die Heldentaten ihren Glanz; der Clown hört auf, sich zu ernst zu nehmen, und entdeckt beim Lachen über sich selbst neue Werte.

Das sollte ein tröstlicher Gedanke sein. Zumindest hat er mir erlaubt, trotz Erfolgsprogramm und gelebtem Machismo mit den Jahren die Dinge noch besser zu geniessen. In Zentralafrika habe ich gelernt, was ein Musungu ist: So wird ein Weisser bezeichnet, der verrückt und offensichtlich sinnlos ständig durch die Gegend rennt, während die einheimische Bevölkerung ruhig im Schatten sitzt und sich wundert. Ich bin froh, dass es mir zuweilen gelingt, aus meiner Musungu-Haut zu schlüpfen.

Die erinnernswertesten Momente des Jahres 1996 erlebte ich darum nicht am Sajama, dem höchsten Berg Boliviens, oder in der Marmolada-Südwand, sondern in eigentlich ganz unspektakulären Situationen. Es waren Momente, in denen die Seele tief berührt war, weil sie so unerträglich schön waren wie manche Stellen in Schuberts Klaviersonaten: Während eines ganzen Tages fuhren wir auf dem Titicacasee mit einem kleinen Fischerboot zur Sonnen- und zur Mondinsel und sahen die weissen Kordilleren über den einzigartigsten Blautönen der Welt. Einige Monate später kletterte ich mit Tommy die 22-Seillängen-Route «Adlerauge» am Wellhorn im Berner Oberland. 500 Meter über dem Gletscherboden sah ich in einem senkrechten Kalkriff drei Meter links von mir die grössten und schönsten Edelweiss-Sterne, die mir jemals begegnet waren; sie blühten und bewegten sich im friedlichen sanften Gletscherwind. Und schliesslich fühlte ich noch einmal jene orgiastischen Hitzegefühle im Bauch, als eines Abends an einem Konzert in der Kyburg bei Winterthur die «Sonatori de la Gioiosa Marca» den «Herbst» aus Antonio Vivaldis «Vier Jahreszeiten» als Zugabe spielten und damit die ganze Gesellschaft und die uralten Burgmauern zum Schwingen brachten. Diese Glücksmomente sind vergleichbar jenen, die Antoine de Saint-Exupéry erlebte, als er in der Sahara nahe dem Verdursten von einem Beduinen gefunden wurde oder als ich am Glacier Dome, dem Tod durch

Erschöpfung nahe, meine Freunde wieder traf. Die vierzig Millionen Dollar, die Bill Gates täglich reicher wird und inzwischen zu einer Gesamtsumme von 100 Milliarden Dollar angehäuft hat, können das nicht kaufen.

Ich hatte das Glück, in 50 Jahren mehr Träume zu verwirklichen, als ich mir je nur vorzustellen gewagt habe, die grossen und die kleinen, die alpinistischen und die medizinischen. Darum machen mich auch manche Patiententragödien besonders betroffen und traurig. Ein aufwühlendes Erlebnis war die Begegnung mit einem 65-jährigen Mann, der mit schwersten Bauchschmerzen ins Spital eingeliefert wurde. Rasch fanden wir heraus, dass ein Krebsgeschwür in seinem Bauch durchgebrochen war und zum Austritt von Darminhalt in die freie Bauchhöhle geführt hatte. Ich musste ihm sagen, dass er unheilbar krank war und die vorgeschlagene Operation geringe Erfolgsaussichten hatte. Er schaute mich mit traurigen Augen an und sagte: «Jetzt habe ich mein ganzes Leben gearbeitet, jetzt bin ich gerade seit drei Wochen pensioniert, und jetzt wollte ich es endlich ein bisschen schön haben.» Er starb noch auf dem Operationstisch. Solchen Patienten bin ich oft begegnet. Sie sparten sich ihr Leben für die Zeit nach der Pensionierung auf und wurden vom frühen Tod darum betrogen.

Nicht auf Grund einer Lebensphilosophie, sondern aus Unbekümmertheit und angeborenem Optimismus, dass es schon irgendwie gut gehen werde, habe ich im Leben immer jene Dinge getan, die mir Lust und Freude bereitet haben, selten habe ich etwas aufgeschoben. Je älter ich werde, umso mehr lebe ich jeden Tag, als ob es der letzte wäre; schliesslich verrinnt das Leben wie Sand durchs Sieb. Freund Hein könnte jetzt jederzeit kommen; ich weiss, dass er ein sanfter Freund sein kann. Trotzdem möchte ich dieses Treffen noch so weit wie möglich hinausschieben, weil ich mir noch vieles vorstelle, das es zu erleben gilt. Ich habe unerhörte Lust auf noch viel mehr vom Gleichen. Später dann, wenn ich müde werde, sitze ich vielleicht ruhig auf der Bank in der Sonne des Zürcher Oberlandes oder ordne meine Papageienbäume aus Ecuador und sinniere über die unerfüllten Träume wie den K 2, den Cerro Torre oder den achten Grad. Dabei könnte ich in Freundschaft und Trauer an meine toten Freunde denken, an Franz, Andi, Reinhard, Marcel, Stefan und Friedl, an Willi, den Bergführer, an Sepp und Pani, die mir am Glacier Dome entgegenkamen, an Ang Dorje, Ang Phu, Gregory, Kurt, Ulrike, Wanda, Yurek und all die anderen. Ihr Motto war: Es ist besser, einen Tag als Tiger zu leben als hundert Tage als Schaf. Sie hatten Tigerjahre,

und sie sind bei dem gestorben, was sie am liebsten taten. So gingen sie voraus in die chaotischen Wellen des Universums, wie viele meiner Patienten.

«Ich habe unerhörte Lust auf noch viel mehr vom Gleichen.»

Und ich werde den Schluss von Franz Schuberts Lied «Auf dem Wasser zu singen» hören:

«Ach, es entschwindet mit tauigem Flügel
Mir auf den wiegenden Wellen die Zeit,
Morgen entschwinde mit schimmerndem Flügel
Wieder wie gestern und heute die Zeit,
Bis ich auf höherem strahlenden Flügel
Selber entschwinde der wechselnden Zeit.»

DAS KLEINE EINMALEINS DER BERGMEDIZIN

Die akute Bergkrankheit und das Höhen-Hirnödem

Unter akuter Bergkrankheit versteht man das Auftreten von Symptomen (Beschwerden) und körperlichen Veränderungen (Befunden) einige Stunden bis Tage nach Aufstieg oder Auffahrt auf Höhen über 2500–3000 m oder nach dem Aufstieg von einer bereits erreichten Höhe in eine noch grössere Höhe. Besonders empfindliche Personen können Anzeichen der akuten Bergkrankheit schon in Höhen über 2000 m aufweisen.

Die Ursache der akuten Bergkrankheit ist der mit zunehmender Höhe geringer werdende Sauerstoffpartialdruck, der im Organismus zu Sauerstoffmangel führt. Über eine Reihe von nur teilweise verstandenen Folgeerscheinungen wie verminderter Salz- und Wasserausscheidung, Gewebsschwellung sowie Anstieg des Hirndrucks und des Blutdrucks im Lungenkreislauf entstehen die Beschwerden und Befunde der akuten Bergkrankheit und des Höhen-Hirn- und -Lungenödems.

Alle Patienten mit akuter Bergkrankheit leiden unter Kopfweh; die akute Bergkrankheit ist so definiert und findet ihre stärkste Ausprägung im Gehirn, welches von allen Organen des Körpers am empfindlichsten auf Sauerstoffmangel reagiert. Die Schwere dieses Kopfwehs kann von einem leichten Druck bis zu derart peinigenden Schmerzen reichen, dass der Betroffene meint, der Kopf würde ihm zerspringen. Kopfweh am Abend, nach einem anstrengenden Bergtag in der Sonne, bedeutet nicht unbedingt akute Bergkrankheit, da sich dieses Kopfweh innert weniger Stunden verflüchtigen kann. Kopfweh, das sich während der Nacht oder am Morgen entwickelt, ist hingegen charakteristisch für die akute Bergkrankheit. Gleichgültigkeit und übermässige Müdigkeit gehören ebenfalls zur akuten Bergkrankheit sowie Schwindel und Schlafstörungen. Viele Patienten klagen auch über Appetitverlust und Übelkeit und leiden in den schwereren Fällen an wiederholtem Erbrechen.

Die Untersuchung eines Patienten mit akuter Bergkrankheit kann periphere Ödeme (Schwellungen) zeigen, also geschwollene Augen und/oder geschwollene Hände und Füsse, bei schwereren Fällen auch Gleichgewichtsstörungen. Wird ein Patient mit diesen Erscheinungen aufgefordert, mit geschlossenen Beinen und geschlossenen Augen zu stehen, so schwankt er oder fällt sogar um. Er ist auch nicht in der Lage, ohne das Gleichgewicht zu verlieren auf einer Linie zu gehen, wenn er die Ferse jeweils vor die Zehen setzen muss. Die Körpertemperatur der Patienten kann bis auf 38 °C erhöht sein. Diese Temperaturerhöhung bedeutet nicht, dass eine Erkältung oder Infektionskrankheit vorliegt, sondern ist Teil der akuten Bergkrankheit.

Bei vernichtendem Kopfweh, Gleichgewichtsstörungen und beeinträchtigter Bewusstseinslage liegt eine Gehirnschwellung vor, ein Höhen-Hirnödem, die schwerste Ausprägung der akuten Bergkrankheit im Gehirn. Dieses ist die Folge von vermehrter Wassereinlagerung im Gehirn. Da das Gehirn im Schädelskelett eingebettet ist, kann es sich nicht ausdehnen. Wenn es anschwillt, steigt somit der Druck im Gehirn, was seine Funktion beeinträchtigt. Wenn Patienten mit einem Hirnödem nicht sofort absteigen oder abtransportiert werden oder aber Sauerstoff erhalten und mit Medikamenten behandelt werden, folgt bald Bewusstlosigkeit und der Tod.

Fast alle Bergsteiger, die regelmässig in grössere Höhen aufbrechen, haben schon leichte bis mittelschwere Symptome der akuten Bergkrankheit am eigenen Leib erfahren. In den Alpen leiden in Höhen zwischen 2500 und 4000 m 5–20 % der untersuchten Bergsteiger an akuter Bergkrankheit, über 4000 m 20–40 %. Auch bei Trecking-Touristen in Nepal oder in Südamerika findet man je nach Höhe eine Häufigkeit der akuten Bergkrankheit von 10 bis 50 %.

Das Höhen-Lungenödem

Patienten mit akuter Bergkrankheit tragen ein erhöhtes Risiko, auch ein Höhen-Lungenödem zu entwickeln, welches die Manifestation der Bergkrankheit in der Lunge darstellt. Bei 20 % der Patienten, die unter einem Höhen-Lungenödem leiden, treten aber keine Symptome von Seiten des Gehirns auf wie etwa Kopfweh. Beim Höhen-Lungenödem wird durch den erhöhten Druck im Lungenkreislauf Blutwasser aus den Kapillaren der Lungen ins Zwischengewebe und dann in die Lungenbläschen, die Alveolen, gepresst, wodurch die Sauerstoffaufnahme in der Lunge beeinträchtigt und schliesslich verunmöglicht wird. Die Patienten leiden zunächst unter vermehrter Atemnot bei körperlicher Anstrengung, das heisst, sie bleiben hinter ihrer Gruppe zurück oder haben Mühe, in der Hütte vom Parterre in den ersten Stock zu steigen. Im weiteren Verlauf kommt dann Atemnot in Ruhe dazu, welche besonders beim Liegen ausgeprägt ist. Aufsitzen und Stehen schaffen eine gewisse Erleichterung. Die Frequenz der Atemzüge, welche normalerweise maximal 20 pro Minute beträgt, ist erhöht, ferner besteht ein beschleunigter Puls. Die Patienten leiden an zuerst trockenem, später produktivem Husten. Es wird Schaum abgehustet, der manchmal Blutspuren zeigt. Bei Beginn des Höhen-Lungenödems können mit dem Stethoskop über der Lunge brodelnde, rasselnde Geräusche gehört werden, welche durch die Ansammlung des Wassers in den Lungenbläschen entstehen. Bei schwereren Formen des Höhen-Lungenödems kann dieses Rasseln auch ohne Stethoskop gehört werden.

Das Höhen-Lungenödem ist in den Alpen selten, immerhin aber müssen in den Schweizer Alpen deswegen jedes Jahr 10 bis 20 Bergsteiger durch Flugrettungsorganisationen evakuiert werden. Bei Trecking-Touristen in Nepal wird eine Häufigkeit von 1 bis 2 % angenommen. Bei Expeditionsbergsteigern ist sie höher; überdurchschnittlich häufig treten hier schwere Fälle mit tödlichem Verlauf auf.

Symptome und Befunde der akuten Bergkrankheit

Kopfweh:
Von leichtem Druck bis zu vernichtendem Schmerz

Müdigkeit und/oder Schwäche:
Von leichter Müdigkeit und Schwäche bis zur völligen Unfähigkeit, irgendetwas zu tun

Schwindel:
Von mildem Schwindel bis zur schweren Form, die das Aufstehen verunmöglicht

Schlafstörungen:
Von leicht gestörtem Schlaf bis zur völligen Unfähigkeit zu schlafen

Magensymptome:
Von eingeschränktem Appetit und leichter Übelkeit bis zur schwersten Übelkeit mit Erbrechen

Veränderung der Bewusstseinslage:
Von Gleichgültigkeit und Lethargie, Verwirrtheit und Antriebslosigkeit bis zur tiefen Bewusstlosigkeit

Gleichgewichtsstörungen:
Von Schwierigkeiten bei Balance-Manövern und der Unfähigkeit, eine gerade Linie zu gehen, bis zum Niederstürzen und zur Unfähigkeit zu stehen

Periphere Ödeme:
Schwellungen um die Augen, Schwellungen der Hände und Füsse

Erhöhte Körpertemperatur:
Bis 38,5 °C

Symptome und Befunde des Höhen-Hirnödems

Kopfweh:
Vernichtendes Kopfweh, das nicht auf Aspirin und dergleichen anspricht

Schwindel:
Von leichtem bis zu schwerem Schwindel

Erbrechen:
Gleichgewichtsstörungen, Lethargie, Benommenheit, Bewusstlosigkeit

Symptome und Befunde des Höhen-Lungenödems

Atemnot:
Von vermehrter Atemnot bei körperlicher Tätigkeit über Atemnot beim Liegen und in Ruhe bis zum Ersticken

Husten:
Zunächst quälender trockener Reizhusten, dann zunehmend produktiver Husten mit schaumigem Auswurf und eventuellen Blutspuren

Rasselgeräusche:
Zunächst nur mit dem Stethoskop feststellbar, später Rasseln, das die Atmung begleitet

Zyanose:
Blaue Lippen, blaugraues Gesicht

«Vorbeugung» der akuten Bergkrankheit auf natürliche Art

Die beste und sinnvollste Prophylaxe der akuten Bergkrankheit und des Höhen-Lungenödems ist der so genannte langsame Aufstieg, der eine gute Akklimatisation ermöglicht. Als Daumenregel wird empfohlen, in Höhen über 2500–3000 m die Schlafhöhe täglich um nicht mehr als 300 m zu steigern. Natürlich kann während des Tages höher aufgestiegen werden, entscheidend ist allein die Schlafhöhe. Bei Beachten dieser Regel sind die allermeisten Bergsteiger vor der Bergkrankheit und vor dem Höhen-Lungenödem geschützt. Es handelt sich hier um einen Erfahrungswert, der die grösstmögliche Sicherheit bietet. Es gibt andere Empfehlungen wie Verschiebung der Schlafhöhe um 500 Höhenmeter pro Tag und pro tausend Höhenmeter eine Zusatznacht und dergleichen.

Das Hauptproblem für die Aufstellung fixer Regeln liegt in den grossen Unterschieden bei der Akklimatisationsgeschwindigkeit und bei der individuellen Höhentoleranz. Jeder Bergsteiger muss deswegen seine individuelle Höhentauglichkeit selbst testen und daraus seine Regeln entwickeln. Zudem kann auch beim gleichen Bergsteiger die Höhentauglichkeit variieren, wenn zum Beispiel eine Erkältungskrankheit die Sauerstoffaufnahme in der Lunge beeinträchtigt.

Guter Gesundheits- und Trainingszustand schützen nicht vor der akuten Bergkrankheit und vor dem Höhen-Lungenödem. Gerade junge, trainierte Bergsteiger sind besonders gefährdet, weil sie dazu neigen, zu schnell zu hoch aufzusteigen und die ersten Warnsymptome der akuten Bergkrankheit nicht zu beachten. Leider besteht nach wie vor keine brauchbare Vorsorgeuntersuchung, um die Disposition für akute Bergkrankheit zu testen. Die wichtigste Regel für die Vorbeugung der akuten Bergkrankheit ist darum das aufmerksame Beobachten des eigenen Körpers und der Mut, sich einzugestehen, dass man sich nicht wohl fühlt. Man muss also akzeptieren, dass man an akuter Bergkrankheit leidet, und darf seine Unpässlichkeit nicht auf eine Magenverstimmung, einen Schnupfen, eine Grippe oder Ähnliches zurückführen. «Wenn man sich in der Höhe nicht gut fühlt, so leidet man an akuter Bergkrankheit, es sei denn, man beweise eine andere Krankheit.» Dieser Satz des erfahrenen Bergmediziners David Shlim kann nicht genug beachtet werden. Daneben gibt es weitere von Shlim und Peter Hackett entwickelte Regeln, die verhindern sollen, dass jemand an akuter Bergkrankheit stirbt:

1. **Lerne die frühen Symptome der akuten Bergkrankheit kennen und akzeptiere sie.** Der Bergsteiger oder Trecking-Tourist muss sich eine minimale Kenntnis der Symptome der akuten Bergkrankheit aneignen und auf diese Symptome achten. Dabei muss er auch die anderen Mitglieder seiner Gruppe eventuell kritisch im Auge behalten, da manchen die nötige Einsicht fehlt.
2. **Steig nie auf eine grössere Schlafhöhe auf, wenn du an irgendwelchen Symptomen der akuten Bergkrankheit leidest.** Wenn die Symptome einer auch nur leichten akuten Bergkrankheit bestehen, so darf nicht auf eine höhere Schlafhöhe aufgestiegen werden. Die natürliche Behandlung dieses Zustandes ist das Einschalten von einem oder zwei Rasttagen, üblicherweise gehen dann leichte Symptome vorbei, und es darf weiter aufgestiegen werden.
3. **Du musst absteigen, wenn deine Beschwerden zunehmen, während du auf gleicher Höhe bist.** Wenn Kopfweh, Übelkeit oder gar Erbrechen auf gleicher Höhe zunehmen, wird die Krankheit schlimmer. Das Lungen- oder das Hirnödem kann innert Stunden eintreten, und es muss deswegen unbedingt abgestiegen werden.
4. **Lass nie einen kranken Bergsteiger allein.** Es gehört an sich zu den Grundprinzipien zwischenmenschlichen Verhaltens, kranken Personen beizustehen und sie nicht allein zu lassen. Leider wurde und wird besonders heute auch gegen dieses Prinzip häufig verstossen, weil man seine Ferienreise nicht mit Warten auf Kranke beeinträchtigen will. Davon ausgenommen ist selbstverständlich die lebensbedrohliche Situation in grosser Höhe, bei der ein Schwerkranker nicht mehr abtransportiert werden kann und der Begleiter absteigen muss, um das eigene Leben zu retten.

Vorbeugung der akuten Bergkrankheit mit Medikamenten

Bei besonders höhenempfindlichen Personen, die nicht auf den Bergsport verzichten wollen, oder bei Rettungsaktionen, die zu raschem Aufstieg zwingen, und schliesslich bei Touren wie am Kilimandscharo, wo innert fünf Tagen bis auf eine Höhe von 5900 m aufgestiegen wird (Terror des Zeitplans), empfiehlt sich die prophylaktische Einnahme von Diamox, 250–500 mg einmal am Tag, vom ersten Tag der Höhenexposition bis zur Rückkehr ins Flachland. Diamox führt zu einer Ansäuerung des Blutes und dadurch zu einer gesteigerten Atmung. So wird die Sauerstoffversorgung des Organismus und damit die Leistungsfähigkeit verbessert. Symptome und Erscheinungen der akuten Bergkrankheit treten in geringerem Masse und in leichterer Form auf. Diamox führt zu einer vermehrten Wasserausscheidung durch die Nieren, deswegen muss in den ersten zwei Tagen mehr getrunken werden, zudem verursacht es Kribbeln und «Ameisenlaufen». Diese Erscheinungen verschwinden nach Absetzen des Medikamentes. Die schwerste Nebenwirkung von Diamox: Das Bier schmeckt grausig, solange man das Medikament schluckt!

Als Alternative zu Diamox kann das kortisonartige Präparat Dexamethason ein- bis zweimal pro Tag in einer Dosis von 2 bis 4 mg eingenommen werden.

Vorbeugung des Höhen-Lungenödems mit Medikamenten

Personen mit starker Disposition für die Entwicklung eines Höhen-Lungenödems sollten sich überlegen, ob sie nicht das Höhenbergsteigen aufgeben und sich einer anderen Sportart zuwenden wollen. Falls sie dies nicht können, so ist als Prophylaxe die Einnahme des Kreislaufmittels Nifedipin (Adalat CR 30–60 mg einmal pro Tag) zu empfehlen. Wir haben in einer gut kontrollierten Studie gezeigt, dass dieses Medikament die Entwicklung eines Höhen-Lungenödems auch bei starker Disposition weitgehend verhindert.

Behandlung der akuten Bergkrankheit sowie des Höhen-Lungen- und -Hirnödems

Bei milder akuter Bergkrankheit wirkt am besten ein Rasttag, eventuell unterstützt durch ein leichtes Kopfwehmittel sowie Diamox. Meist gehen dann die Beschwerden der akuten Bergkrankheit vorbei, und es kann weiter aufgestiegen werden.

Bei schwerer akuter Bergkrankheit und Verdacht auf ein Höhen-Hirnödem besteht akute Lebensgefahr, der Patient muss sofort absteigen oder abtransportiert werden. Wenn vorhanden, kann dies mit Sauerstoff mit einer Flussrate von 2 bis 4 l/Min. unterstützt werden. Als Medikament hat sich Dexamethason bewährt, das bei Erbrechen gespritzt werden muss. Die meisten Patienten erholen sich innert weniger Stunden etwas und können dann aus eigener Kraft absteigen. Der Überdrucksack kann diese Behandlung unterstützen und verschafft innerhalb kurzer Zeit eine deutliche Erleichterung.

Abstieg, Abtransport und Sauerstoff sind auch die entscheidende Therapie beim Höhen-Lungenödem. Falls der Abstieg wegen Lawinengefahr oder wegen der Wetterverhältnisse nicht möglich ist, empfiehlt sich die Behandlung mit Nifedipin (Adalat 10 mg sowie Adalat 20 mg retard alle sechs Stunden. Adalat 10 mg kann zu bedrohlichem Abfall des Blutdrucks führen und sollte nur im äussersten Notfall und mit entsprechender Erfahrung eingesetzt werden). Auch diese Behandlung kann mit dem Überdrucksack unterstützt werden.

Der in äusserste Not geratene Bergsteiger, der nicht beurteilen kann, ob er an einem Hirnödem, einem Lungenödem oder beidem leidet, greift am besten zum «Margherita-Cocktail», der in jeder Rucksackapotheke Platz finden sollte (siehe Tabelle).

Notfallbehandlung der akuten Bergkrankheit und des Höhen-Lungen- und -Hirnödems

Milde akute Bergkrankheit
Kopfweh, Gleichgültigkeit, Appetitlosigkeit, Übelkeit und Schlaflosigkeit

1. Rasttag, Entspannung
2. Aspirin, Panadol
3. Diamox 500 mg einmal pro Tag

Schwere akute Bergkrankheit / Höhen-Hirnödem
Schweres Kopfweh, das nicht auf Aspirin reagiert, Erbrechen, Schwindel, Gleichgewichtsstörungen, Bewusstseinstrübungen und Bewusstlosigkeit

1. Abstieg, Abtransport, Sauerstoff
2. Dexamethason 8 mg als Tablette oder intravenös gefolgt von Dexamethason 4 mg alle sechs Stunden oder Prednison 50–100 mg als Tabletten oder intravenös gefolgt von Prednison 50 mg alle acht bis zwölf Stunden
3. Überdrucksack

Massnahmen 2 und 3 können kombiniert werden.

Höhen-Lungenödem
Atemnot, rasselnde Atemgeräusche, Blauverfärbung des Gesichts, schnelle Atmung

1. Abstieg, Abtransport, Sauerstoff
2. Adalat 20 mg retard gefolgt von Adalat 20 mg retard alle sechs Stunden. Im äussersten Notfall Adalat 10–20 mg. Vorsicht: Blutdruckabfall möglich!
3. Überdrucksack

Massnahmen 2 und 3 können kombiniert werden.

Notfallsituation mit Hinweisen auf schwere akute Bergkrankheit und auf ein Höhen-Lungenödem

1. Abstieg, Abtransport, Sauerstoff
2. «Margherita-Cocktail»: Dexamethason oder Prednison wie oben plus Adalat wie oben plus Diamox 500 mg
3. Überdrucksack

Massnahmen 2 und 3 können kombiniert werden.

Zeittafel

Die Seitenzahlen in Klammern verweisen auf den entsprechenden Text im Buch.

1948 Schönjöchl, 2493 m, Tirol (19)

1951 Drei Schwestern, 2052 m, Rätikon (22)

Schesaplana, 2967 m, Rätikon (22)

1954 Zuckerhütl, 3511 m, Stubai (22)

1955 Zimba-Westgrat, II, Rätikon (22)

1958 Weissmies, 4023 m, plus drei weitere Viertausender, Wallis (22)

Machreisen-Nordwand, III+, Kalkkögel, Tirol (22)

Kleine Sulzfluh-Westwand, Neumann-Stanek, IV–V, Rätikon (23)

1959 Drusenstock, erste gesamte West-Ost-Überschreitung, Rätikon (24)

Dent d'Hérens, 4171 m (24)

Dent Blanche, 4356 m (24)

Matterhorn, Zmuttgrat, 4477 m (24 f.)

Fleischbank-Ostwand, Dülfer, V (25)

Leuchsturm-Südwand, V+ (25)

Fleischbank-Südostwand, V+ (26)

Grosser-Drusenturm-Südwand, Burgerweg, VI (26)

1960 Dent du Géant, 4013 m, Montblanc-Gebiet (29)

Grosser-Drusenturm-Südpfeiler, Niedermann, VI, Versuch (31 f.)

1961 ff. Touren in Tirol, Südtirol, Vorarlberg und im Wallis

1963 Mauk-Westwand, Buhl, VI+

1964 Rotwand-Südwestwand, Eisenstecken, VI+

Rotwand-Südwestwand, Hermann-Buhl-Gedächtnisweg, VI+

1967 Cima-del-Bancon-Ostwand, VI+ (239)

Laliderer-Nordwand, Rebitsch, Rettungseinsatz (43 f.)

1970 Kilimandscharo, 5895 m, Versuch (50 f.)

Mount Kenya, Batian, 5199 m (51–61)

1971 Bhutan-Trecking einschliesslich Lunana (64 f.)

1972 Manaslu-Südwand, 8156 m, Nepal (66–76)

1974 Aconcagua-Südwand, 6959 m (78–80)

Makalu-Südwand, 8463 m (81)

1976 Mount McKinley, 6194 m, «Messner-Couloir», erste Begehung (87–89)

1977 Pico de Orizaba, 5699 m

Popocatépetl, 5452 m

Ixtacihuátl, 5286 m

Tajamulco, 4220 m

Ladakh-Trecking

1978 Mount Everest, 8848 m (92–111)

1979 Ama-Dablam-Westwand, 6828 m (117–124)

1980 Annapurna-Treck, einschliesslich Chulu West, 6200 m (148 f.)

1981 Shisha Pangma, 8046 m, Versuch (149–153)

1982 Frühjahr: Cho-Oyu-Südwand, 8201 m, Versuch (8–15)

November/Dezember: Cho-Oyu-Südwand, Winterexpedition (154–158)

1982 ff. Studien zur Häufigkeit und zu den Erscheinungsformen der akuten Bergkrankheit in den Schweizer Alpen: Berner Oberland und ab 1983 Capanna «Regina Margherita» (162 f.)

1983 Glacier Dome, 7193 m, Annapurna-Massiv (164–171)

1984 Studien zur akuten Bergkrankheit in der Capanna «Regina Margherita», Nachweis der Wirksamkeit von Dexamethason (172 f.)

1985 Shisha Pangma, 8046 m (176–181)

1986 Makalu, 8463 m, Versuch (184–191)

Vinson-Massiv, 4897 m, Antarktis (199–202)

Aconcagua, 6959 m (204)

1987 Kilimandscharo, 5895 m (205 f.)

1988 f. Studie zur Wirksamkeit von Nifedipin bei Höhen-Lungenödem, «Margherita-Cocktail» (191–195)

1989 Elbrus, 5633 m, Kaukasus (207)

Manaslu-Nordwand, 8156 m, Versuch (194)

1990 Ecuador:
Chimborazo, 6267 m
Cotopaxi, 5897 m
Illniza Sur, 5263 m
Tungurahua, 5005 m
Cayambe, 5786 m

Carstensz-Pyramide, 4884 m, Irian Jaya (208–211)

Mount Kenya, 5199 m (61)

Studien zur Prophylaxe des Höhen-Lungenödems mittels Nifedipin

1991 Matterhorn-Nordwand, 4477 m (220–223)

1992 Zweite Antarktisreise und Besteigung des Vinson-Massivs, 4897 m (228)

1994 Wendenstöcke:
Excalibur, VII
Sonnenkönig, VII+ (228 f.)

Walker-Pfeiler, Grandes Jorasses (229–233)

1995 Ruwenzori:
Pt. Margherita, 5110 m
Pt. Albert, 5087 m
Pt. Alexandria, 5091 m

Mustang-Trecking

Scheidegg, Wetterhorn, Westpfeiler, VI+

Eigernordwand (240–245)

Ama Dablam, 6828 m (125–128)

1996 Bolivien:
Condoriri, 5648 m
Sajama, 6530 m

Marmolada-Südwand, Südtiroler-Weg mit Messner-Ausstieg, VI+

Wellhorn, Adlerauge, VII

Erste Jordanienreise

1997 Zweite Jordanienreise:
Lion Heart, 6b (249–252)
Raid mit the Camel 6a–7a (252)

Grosse-Zinne-Nordwand, Comici, VI+

Heiligkreuzkofel, Grosse Mauer, VI

Dolpa-Trecking

1998 Frêney-Pfeiler, Montblanc

Cima Tossa, Pilastro Detassis, VI

Torre Trieste, Cassin, VI+

Heiligkreuzkofel, Mayerl-Verschneidung, VI

Im Text erwähnte und zitierte Literatur

Baertsch, Peter; Maggiorini, M.; Ritter, M.; Noti, Ch.; Vock, P.; Oelz, O.: Prevention of high-altitude pulmonary edema by nifedipine. In: New England Journal of Medicine 1991; 325: 1284–1289.

Bass, Dick; Wells, F.; Ridgeway, R.: Seven Summits. Warner Books Inc., New York 1986.

Buhl, Hermann: Achttausend drüber und drunter, Nymphenburger, München 1954.

Camartin, Iso: Der Heiler, der Schmerz und die Lust. In: Schweiz. Ärztezeitung 1998; 79: 735.

Ferrazzini, Gian Mario; Maggiorini, M.; Kriemler, S.; Baertsch, P.; Oelz, O.: Successful treatment of acute mountain sickness with dexamethasone. In: British Medical Journal 1987; 1380–1382.

Grove, Florence Crawford: The Frosty Caucasus. Longmans, Green & Co., London 1875.

Heckmair, Anderl; Vörg, L.; Kasparek, F.; Harrer, H.: Um die Eiger-Nordwand. Zentralverlag der NSDAP, München 1938.

Hillary, Peter: A Sunny Day in the Himalayas. Vikas Publishing House PVT Ltd., New Delhi 1980.

Karl, Reinhard: Erlebnis Berg: Zeit zum Atmen. Limpert, Bad Homburg 1980.

Keller, Hans Ruedi; Maggiorini, M.; Baertsch, P.; Oelz, O.: Simulated descent v dexamethasone in treatment of acute mountain sickness: A randomised trial. In: British Medical Journal 1995; 310: 1232–1235.

Lammer, Eugen Guido: Jungborn. Bergfahrten und Höhengedanken eines einsamen Pfadsuchers. Wien 1922.

Maduschka, Leo: Junger Mensch im Gebirg. München 1936.

Maggiorini, Marco; Baertsch, P.; Oelz, O.: Association between raised body temperature and acute mountain sickness: cross sectional study. In: British Medical Journal 1997; 315: 400–403.

Maggiorini, Marco; Bühler, B.; Walter, M.; Oelz, O.: Prevalence of acute mountain sickness in the Swiss Alps. In: British Medical Journal 1990; 301: 853–855.

Márquez, Gabriel García: Der General in seinem Labyrinth. Goldmann, München 1992.

Matthiessen, Peter: The snow leopard. The Viking Press, New York 1978.

Messner, Reinhold: Die rote Rakete am Nanga Parbat. Nymphenburger, München 1971.

Messner, Reinhold: Der gläserne Horizont. BLV Verlagsgesellschaft mbH, München 1982.

Meyer, Hans: Ostafrikanische Gletscherfahrten. Von Duncker & Humblot, Leipzig 1890.

Morrow, Pat: Beyond Everest. Camden House Publishing Ltd., Camden 1986.

Mummery, Albert Frederick: My climbs in the Alps and the Caucasus. T. Fisher Unwin, London 1895.

Oelz, Oswald: High altitude cerebral oedema after positive airway pressure breathing at high altitude. In: Lancet ii 1983; 1948.

Oelz, Oswald: A case of high-altitude pulmonary edeme treated with nifedipine. In: Journal of the American Medical Association 1987; 257: 780.

Oelz, Oswald; Howald, H.; Di Prampero, P. E.; Hoppeler, H.; Claassen, H.; Jenny, R.; Bühlmann, A.; Ferretti, G.; Brückner, J. C.; Veincsteinas, A.; Gussoni, M.; Cerretelli, P.: Physiological profile of world-class high-altitude climbers. In: Journal of Applied Physiology 1986; 60: 1734–1742.

Oelz, Oswald; Maggiorini, M.; Ritter, M.; Waber, U.; Jenni, R.; Vock, P.; Baertsch, P.: Nifedipine for high altitude pulmonary oedema. In: Lancet ii 1989; 1241–1244.

Regard, Marianne; Oelz, O.; Brugger, P.; Landis, T.: Persistent cognitive impairment in climbers after repeated exposure to extreme altitude. In: Neurology 1989; 39: 210–213.

Saint-Exupéry, Antoine de: Wind, Sand und Sterne. Niemeyer, Tübingen 1966.

Tichy, Herbert: Cho Oyu: Gnade der Götter. Ullstein & Co., Wien 1955.

Bildnachweis

Die Fotos auf den Seiten 2, 221, 234–245 und 250–253 sowie die Farbtafeln 1, 2, 11, 12 und 13 verdanke ich meinem Freund, dem Berufsfotografen Röbi Bösch. Alle übrigen Bilder stammen aus meinem Archiv. Folgenden Personen habe ich meine Kamera in die Hand gedrückt, um mich beim Bergsteigen oder anderswo ablichten zu lassen: Vanessa Oelz, Hans Peter Bircher, Hans Peter Eisendle, Gert Judmaier, Markus Itten, Reinhard Karl, Peter Hannes Lehmann, Reinhold Messner, Pat Morrow, Wolfi Nairz, Kobi Reichen, Marcel Rüedi, Peter Weber, Diego Wellig, Stefan Wörner und Hans Zenner.